本书得到德州学院校级人才引进项目"中俄创新经济比较及对中国的启示"（2015skrc04）、山东省软科学研究计划项目"山东省食品产业优化升级与技术创新耦合性研究"（2016RKB01474）和德州学院学术出版基金资助

中俄创新经济发展及其经济增长效用比较研究

许倩倩 ◎ 著

中国社会科学出版社

图书在版编目（CIP）数据

中俄创新经济发展及其经济增长效用比较研究／许倩倩著．—北京：中国社会科学出版社，2018.8
ISBN 978 - 7 - 5203 - 3247 - 7

Ⅰ.①中… Ⅱ.①许… Ⅲ.①经济发展—对比研究—中国、俄罗斯 Ⅳ.①F124②F151.24

中国版本图书馆 CIP 数据核字（2018）第 224917 号

出 版 人	赵剑英
责任编辑	陈雅慧
责任校对	王　斐
责任印制	戴　宽

出　　版	中国社会科学出版社
社　　址	北京鼓楼西大街甲 158 号
邮　　编	100720
网　　址	http://www.csspw.cn
发 行 部	010 - 84083685
门 市 部	010 - 84029450
经　　销	新华书店及其他书店
印　　刷	北京明恒达印务有限公司
装　　订	廊坊市广阳区广增装订厂
版　　次	2018 年 8 月第 1 版
印　　次	2018 年 8 月第 1 次印刷
开　　本	710×1000　1/16
印　　张	17
字　　数	247 千字
定　　价	79.00 元

凡购买中国社会科学出版社图书，如有质量问题请与本社营销中心联系调换
电话：010 - 84083683
版权所有　侵权必究

前　言

本书致力于研究中国和俄罗斯创新经济的发展路径以及创新的经济绩效，重点是在阐述两国各自创新经济发展及绩效的基础上对两国进行比较分析。对于两国创新经济的描述主要是以技术创新、创新政策的发展路径为主线，而创新经济的绩效主要是研究创新对于经济增长的贡献作用，经济增长既是各国经济发展非常重要的主题，又是衡量创新经济发展绩效的重要指标。经济增长会带动经济和社会的巨大发展，为经济和社会发展带来乘数效应。只有某种经济模式能够实现经济持续稳定增长，给社会带来源源不断的好处，才能推动经济的持续发展。中国和俄罗斯致力于创新经济发展模式，目的就是实现经济的稳定和持续增长，从而带动整个社会的发展和进步。

本书首先阐述了创新的相关理论和学派，并以熊彼特的创新理论、技术创新学派、制度创新学派、技术和制度创新综合学派、国家创新系统为主线分析了创新理论的演化路径。其次，从技术创新发展路径、创新政策的发展以及创新的经济绩效三个方面分别对中国和俄罗斯创新经济的发展予以阐述。本书是以世界范围内的技术创新和创新政策的总体发展情况与发展路径的相关分析为起点的，在对两国各自创新经济的发展进行详细研究后加以比较分析和总结。在技术创新发展路径方面，分别对中俄两国技术创新的发展背景、发展模式和创新经济模式的实现途径进行了比较分析，总结了中国和俄罗斯在发展技术创新方面的异质特点和共通之处。在创新政策的发展方面，分别从两国具体的创新政策、创新政策的推进方法和推进效果等角度加以阐述、评价和比较分析，在分析了两国不同的创新政策和推进方法之后，比较了创新政策的效果，总结出典型的发展中国家的共同特点。

在对中国和俄罗斯创新经济绩效的研究方面，运用了实证研究和定量分析的方法。定量分析能够更加直观地反映技术创新对于经济增长的推动作用。由于数据收集和样本大小的限制，在实证研究中国和俄罗斯的创新绩效时构建了两种不同的模型。在对中国的创新绩效进行实证分析时，选取了中国30个地区的截面数据，2004—2013年的10个时点数据，以国内生产总值、研发投入和技术创新三个变量的对数变量来构造静态面板数据模型，并通过相关检验最终建立了固定效应模型。从模型计量分析的各参数结果中可以看出，当技术创新因素每增加一个单位，国内生产总值会随之增加0.15个单位，即技术创新在经济增长绩效中所占比重为15%，说明中国技术创新的发展成果在促进经济增长中起到了重要且显著的作用，是推动中国经济增长的重要因素。在对俄罗斯进行创新绩效的实证研究时，由于在收集俄罗斯各地区的相关数据时难度较大，从而无法通过建立面板模型对其创新绩效进行分析，作者收集了俄罗斯从1994年到2012年18年的国内生产总值数据和国内专利申请量数据。由于统计数据的缺失及统计口径的不同，采用俄罗斯国内专利申请量来衡量其技术创新发展情况，因为只有年度数据，所以建立了向量自回归模型进行定量分析，在分析过程中采用了协整检验、格兰杰因果检验、脉冲响应和方差分解等方法，并通过检验和分析建立了反映变量间长期关系的向量误差修正模型。在俄罗斯技术创新和创新经济的发展中，技术创新因素对经济增长的推动作用是十分显著的，并且存在着明显的放大作用，技术创新因素的变动可以引发数倍的经济增长效用。

通过对中国与俄罗斯在技术创新发展路径、创新政策及创新政策推进方法、技术创新经济绩效等方面多层次、多角度的比较分析，利用对比分析、实证分析的方法加以论证和研究，得出了诸如发展创新经济是经济转型的必然选择和发展趋势，它的本质和内涵就是将比较优势向竞争优势转变，在向创新经济转型的过程中应该处理好创新经济与制造经济、创新经济与资源经济之间的关系等结论，并总结出在创新经济发展中，技术创新是推动两国创新经济发展的源动力，技术创新发展绩效直接决定着创新经济发展成功与否，但同时也不能忽略创新制度政策对于技术创新发展的重要作用。此外，在向创新经济转变的过程中,经济发展模式与转型实现途径决定了创新经济发展的绩效。发展创新经济并使之成为经济转型的长期战略和最终目标,这不仅是中国和俄罗斯的必然选择,也可以成为其他发展中国家和新兴经济体的参考和借鉴。

目 录

第一章　导论 …………………………………………………… (1)
　第一节　研究背景及问题的提出 ……………………………… (1)
　　一　研究背景 ……………………………………………… (1)
　　二　问题的提出 …………………………………………… (4)
　第二节　相关概念界定 ………………………………………… (5)
　　一　创新与技术创新 ……………………………………… (5)
　　二　制度创新 ……………………………………………… (6)
　第三节　研究的目的和意义 …………………………………… (8)
　第四节　研究思路、方法与创新 ……………………………… (10)
　　一　研究思路 ……………………………………………… (10)
　　二　研究方法 ……………………………………………… (11)
　　三　主要创新 ……………………………………………… (11)
　第五节　结构安排 ……………………………………………… (12)

第二章　创新理论及分析框架 ………………………………… (15)
　第一节　创新理论的发展 ……………………………………… (15)
　　一　熊彼特的创新经济理论 ……………………………… (15)
　　二　创新理论的演化 ……………………………………… (17)
　第二节　分析框架 ……………………………………………… (24)

第三章　创新经济的提出及推进过程 ………………………… (30)
　第一节　创新与经济增长
　　　　——创新经济推进的原动力 ……………………… (31)
　　一　创新的经济效应分析 ………………………………… (31)

二　创新对经济增长的重要意义 …………………………（34）
第二节　技术创新的推进过程 ……………………………………（44）
　　一　知识创新与技术创新 …………………………………（44）
　　二　知识创新与技术创新的有效衔接 ……………………（47）
　　三　技术创新的推进过程 …………………………………（48）
第三节　创新政策的推进过程 ……………………………………（65）
　　一　创新政策概述 …………………………………………（65）
　　二　创新政策的内涵 ………………………………………（70）
　　三　创新政策的特点、分类和主客体 ……………………（71）
　　四　创新政策的演进 ………………………………………（75）
　　五　创新政策理论模型 ……………………………………（81）
　　六　创新政策研究的发展 …………………………………（96）

第四章　中俄技术创新发展路径比较 ……………………………（107）
第一节　中国在技术创新领域的发展路径 ………………………（108）
　　一　中国技术创新发展概述 ………………………………（108）
　　二　在转变经济发展方式中开展创新 ……………………（112）
　　三　创新与集约型经济增长方式的结合 …………………（117）
　　四　中国技术创新的发展态势 ……………………………（123）
　　五　中国企业在市场创新中面临的挑战及战略选择 ……（126）
第二节　俄罗斯技术创新发展路径 ………………………………（133）
　　一　俄罗斯技术创新发展概况 ……………………………（134）
　　二　俄罗斯技术创新基础与技术创新成果 ………………（137）
第三节　中俄技术创新发展路径比较 ……………………………（158）
　　一　中俄在技术创新发展背景上的比较 …………………（158）
　　二　中俄在技术创新发展模式上的比较 …………………（167）
　　三　中俄技术创新发展的实现路径比较 …………………（175）

第五章　中俄创新政策比较 …………………………………………（179）
第一节　中国和俄罗斯在创新政策演进方面的比较 ……………（179）
　　一　中国创新政策的演进 …………………………………（179）
　　二　俄罗斯创新政策的演进 ………………………………（185）

三　小结 …………………………………………………（194）
　第二节　中国和俄罗斯在创新政策推进方法
　　　　　方面的比较 ………………………………………（197）
　　一　中国对于创新政策的推进方法 …………………（197）
　　二　俄罗斯创新政策推进方法 ………………………（208）
　　三　小结 …………………………………………………（214）

第六章　中俄技术创新经济绩效比较 ………………………（221）
　第一节　中国技术创新经济绩效分析 …………………（221）
　　一　概述 …………………………………………………（221）
　　二　中国技术创新经济绩效实证分析 ………………（223）
　第二节　俄罗斯技术创新经济绩效实证分析 …………（227）
　　一　数据的选择 ………………………………………（227）
　　二　建立模型和实证结果分析 ………………………（228）
　第三节　小结 ……………………………………………（231）

第七章　中俄创新政策经济绩效比较 ………………………（234）
　第一节　中俄创新政策经济绩效实证分析 ……………（234）
　　一　模型的建立 ………………………………………（235）
　　二　数据的选择 ………………………………………（235）
　　三　实证结果分析 ……………………………………（236）
　第二节　小结 ……………………………………………（238）

第八章　结论与启示 …………………………………………（241）

参考文献 ………………………………………………………（252）

第一章 导论

第一节 研究背景及问题的提出

一 研究背景

创新经济是通过技术创新和制度创新推动产业变革和经济结构调整,从而促进经济发展的经济发展模式。萨缪尔森等指出:"历史上,增长从来不是一种简单复制的过程,像增加钢铁厂和电厂的数目那么容易。事实上,使欧洲、北美和日本生产潜力获得巨大提高的正是永无止境的发明和技术创新的涓涓细流。"[①] 在《经济发展理论——对于利润、资本、信贷、利息和经济周期的考察》中,熊彼特首次提出了创新的理论观点:"创新就是建立一种新的生产函数。"[②] 创新经济扩展了传统的生产函数,除了资本、劳动力以外,还加入了技术创新这个生产要素。技术创新带来的技术进步成为经济增长和发展的动力,它不但改变了经济结构和经济发展方式,还使整个世界发生了巨大的变革。生物、信息、新材料、新能源等技术是技术创新的伟大成果,它们影响着生产和生活的各个方面,使社会生产力得到了飞跃性的发展。如果说技术创新是推动创新经济发展的发动机,那么制度创新就是润滑油,它为发动机的正常运转提供了保障和支持。技术创新促进了经济的发展,提升了国家的综合竞争力,因此一国技术创新的

---

① [美]萨缪尔森等:《经济学》,萧琛等译,华夏出版社1999年版,第420页。
② [美]熊彼特:《经济发展理论——对于利润、资本、信贷、利息和经济周期的考察》,何畏、易家祥译,商务印书馆2000年版,第73—74页。

发展程度直接影响着该国的整体实力。政府虽然无法像企业或个人那样直接参与技术创新，但可以通过制定有效的制度政策来激励技术创新的发展。一方面，政府可以通过制定相关政策来弥补技术市场自身的缺陷，从而对参与技术创新的企业或个人给予支持和鼓励；另一方面，由于技术创新自身特点所决定的不确定性和外部性等特点，给技术创新发展造成的壁垒也可以通过政府制度政策来进行规避和调节，从而减少不确定性和外部性对技术创新的阻碍作用。

以几个有代表性的发达国家为例。据统计，科技进步对发达国家科技增长的贡献率，20世纪初约占5%，四五十年代上升到40%，七八十年代达到60%，90年代高达80%。[①] 美国是从发展创新经济中获利的具有代表性的国家之一。20世纪90年代以来，美国又一次进入了经济持续稳定增长时期，这虽然与美国雄厚的物质基础和坚实的国力以及宽松的国际政治经济背景密不可分，但不能忽略美国大力发展技术创新的努力和制定的有效的制度政策。作为市场经济体制最完善的国家，技术创新的发展无疑为其经济增长及时注入了强心剂。在美国，研发投入几乎涉及所有的前沿领域。在过去的25年里，创新产生的生产力对美国GDP增长的贡献率达到50%。近50年来，美国曾经数次面临竞争危机，最终都是依靠创新取得了新的优势。[②] 此外，美国制定的有效的科技战略和政策为创新的顺利进行提供了有力的支持和保障，从人才、投资和基础设施三大方面入手，培养创新人才，鼓励创新活动，提供创新平台。与美国不同，日、韩是自然资源相对贫乏的国家，但却通过不断创新取得了比某些自然资源丰富的国家更快的经济增长速度和更大的经济增长效果。它们利用技术创新和制度创新的有机融合，使创新经济得以快速发展。如日本通过"技术聚变"这一途径，使前沿科技相互融合，注重多源性和跨行业开发；鼓励企业作为创新的主导进行创新活动。单从日本研发投入来看，占70%—80%的资金来自于民间机构和企业自身，国家只承担了20%

---

① 李志强等：《市场结构与经济创新》，《中国软科学》2001年第10期，第29—33页。

② 赵玉林：《创新经济学》，中国经济出版社2006年版，第438页。

左右；注重对国外先进技术的引进、消化和吸收，创新经济得到高速发展。

　　同处于转型时期的中国和俄罗斯，在发展创新经济方面都处在起步阶段，有许多经验可以相互借鉴，也同样面临着许多相似的问题亟待解决。20世纪90年代，中国技术进步对经济增长的贡献率只达到31%左右，①这不仅远远低于发达国家的水平，甚至还低于某些发展中国家的水平。②但改革开放以来，中国对技术创新日益重视，政府为鼓励创新而进行的研发投入逐年增加，在整个国民生产总值中所占的比重也逐年提升。1993年，中国在研发方面的投资仅占全球的3.3%，而2009年已上升到世界总投资的12.8%，超越了日本，领先于德、法、英这些老牌投资大国，成为世界研发投资中的"亚军"。2004—2010年，中国研发投入呈逐年大幅度增加的趋势，同时，中国技术市场的成交额也得到了迅速增加。③随着技术创新的大力推进，中国与技术先进国家之间的科技水平差距逐年缩小。在创新政策方面，在大力发展技术创新这一战略目标下，政府在技术创新资助、对创新企业的税收优惠、对创新产品的政府采购、对创新产业的风险投资等方面做出了很大的努力，为中国技术创新的发展提供了有力保障，为创新经济的发展奠定了基础。同中国一样，作为世界大国，俄罗斯在世界经济中占有举足轻重的地位，但其创新经济的发展与世界先进国家还有相当大的差距，俄罗斯的创新产品在世界同类产品市场上的占有率只有6%，高技术附加值产品的出口占俄罗斯产品总出口额的比重不足3%，仅与印度持平，与中国的25%存在较大差距。④目前，俄罗斯积极从事创新活动的企业只占企业总数的10%—11%，远低于发达国家的40%—50%。随着科技创新对提升国家竞

---

①　金军等：《政府对研究与开发补贴引导企业技术创新的激励机制》，《北京理工大学学报》1999年第4期，第424—428页。
②　陈镜明：《论市场经济条件下我国企业技术创新的动力机制》，《世界科技研究与发展》2000年第1期，第105—107页。
③　许倩倩：《研发投入和技术创新对经济增长的影响——基于中国30个地区的面板数据实证研究》，《现代管理科学》2012年第10期，第76—78页。
④　http://old.sibai.ru/content/view/1639/1809/.

争力的作用日益凸显，俄罗斯逐渐重视以技术创新为依托的创新型经济发展。俄罗斯国家统计年鉴显示，俄罗斯技术型产品出口额从2004年的3.6亿美元增加到2010年的6.28亿美元，年平均涨幅达到10.6%。在创新政策方面，俄罗斯在多个地区相继建立的科技园区和技术创新中心为加速技术创新发展和技术人才培养奠定了基础。同时，政府研发投入的比例增加，2008年俄罗斯在创新方面的投入为1.3万亿卢布，其中国家预算拨款就达到了0.95万亿卢布。此外，俄罗斯政府在教育体制改革、增加对创新的风险投资规模等方面也做出了较大努力。中国和俄罗斯在创新经济发展的初期都取得了可喜的成绩，这和两国注重发展技术创新及与之协调的政策创新密不可分。但也不能否认创新经济发展之路任重而道远，还存在许多不尽如人意甚至阻碍其发展的因素和弊端，需要两国做出更大的努力。

二　问题的提出

截至目前，技术创新对经济增长乃至创新经济的影响相关研究较多，而制度创新对创新经济进而整个经济增长的研究较少，将技术创新和制度创新二者结合起来分析其对经济的效用问题就更少了，尤其是针对中国和俄罗斯这类转型国家。一方面，技术创新的发展虽然会对创新经济产生直接效用，但是制度创新又是影响技术创新的重要因素，因此，单单从技术创新这个角度研究创新经济的实施效果存在片面性，只有将技术创新和制度创新各因素结合起来进行分析才更为全面；另一方面，尽管以美国为代表的创新型国家自20世纪60年代就开始了创新经济的发展，并取得了举世瞩目的成就，使经济得到了飞跃式增长，作为转型国家，对发达国家的一些创新技术和政策可以引进、吸收并再创新，但不同的国情、不同的经济体制和市场结构有其自身的特点，转型国家不能一味地生搬硬套，应在引进、吸收和借鉴的基础上，根据自身特点进行调整和改进，这样才能有助于本国创新经济的发展。因此，本书选择两个典型的转型国家：中国和俄罗斯，从技术和制度相结合的角度对创新经济的实施效果进行分析，并比较中俄两国创新经济的发展路径和效果，以期给予中国及其他转型国家以启示。

第二节 相关概念界定

一 创新与技术创新

到目前为止，关于创新概念的界定仍众说纷纭，有的将创新与技术创新画上等号，认为技术上的创新就是创新概念的全部体现；有的认为创新是一个综合性的概念，它还包括技术创新、制度创新、金融创新、组织创新等。创新理论的创始人、美籍奥地利经济学家熊彼特在其著作《经济发展理论——对于利润、资本、信贷、利息和经济周期的考察》中创新性地提出了创新的理论观点，他认为，所谓创新就是把一种关于生产要素和生产条件的"新组合"引入生产过程，这个新组合包括：（1）引入新产品；（2）引进新工艺；（3）开辟新市场；（4）控制原材料的新供应来源；（5）实现企业的新组织。① 其中的核心思想就是技术创新，这一思想对以后技术创新理论的发展有着深远的影响，在此基础上发展起来的创新理论逐渐分化成两种主流观点：一种是将技术创新等同于创新的狭义的创新理论；另一种认为创新不仅发生于技术层面，还存在于组织、管理、制度政策、金融等与技术创新密不可分的其他环节。美国经济学家曼斯菲尔德认为，创新存在于新产品从设计制造到商业化推广的整个阶段，产品创新是从企业的产品构思开始，以新产品的销售和交货为终结的探索性活动。② 美国管理学家德鲁克认为，创新并非只发生在技术层面，凡是可以将现有生产要素创造出新价值的行为都可以称为创新行为，所以与技术创新有关的组织、管理、制度政策设计、金融市场等环节同样可以有创新行为的发生，这一观点属于我们上面提到的广义的创新理论。

国内学者对创新概念的界定大都集中在技术创新这一层面。经济学家傅家骥认为，技术创新是企业家抓住市场信息的潜在赢利机会，

---

① [美] 熊彼特：《经济发展理论——对于利润、资本、信贷、利息和经济周期的考察》，何畏、易家祥译，商务印书馆2000年版，第73—74页。

② E. Mansfield, *The Economics of Technological Change*, New York, W. W. Norton and Company, 1971.

以获取商业利益为目标，重新组织生产条件和要素，建立起效能更强、效率更高和费用更低的生产经营系统，从而推出新的产品，新的工艺，从而开辟出新的市场，获得新的原材料来源或建立企业新的组织的过程。① 柳玉林认为，技术创新是与新产品的制造、新工艺过程或设备的首次商业应用有关的技术的、设计的制造及商业活动，它包括产品创新、过程创新和扩散。② 许庆瑞认为，技术创新是技术变革的一个阶段，技术变革过程大体可以分为技术发明、创新和扩散三个阶段。发明是指有史以来第一次提出某种技术的新概念、新思想、新原理；创新则是发明之后实现新技术的第一次商业性应用，是科学转化为直接生产力的阶段。③

作者认为，创新不是一个静态的点或面，而是一个动态的过程，它存在于产品在设计、制造和投入生产过程中的技术发明和创造上，存在于新产品产业化和商业化过程中的组织管理方法创新上，存在于与技术创新相协调的、为技术创新顺利实施提供保障的制度政策创新上，存在于与新产品商业化密切相关的市场创新上，存在于与技术创新风险规避相关的金融创新、信用担保、风险投资运作等整个新产品制造、产业化、商业化的链条中，以及存在于由此所带来的技术、制度、组织、金融等的变革方面。

二 制度创新

同技术创新一样，关于创新制度政策的理解也是从不同角度进行的。前面提到，技术创新是一个动态的过程，技术创新无法脱离组织、金融、市场创新而独自进行，更无法离开制度创新所提供的激励和保障作用。如果说技术创新的目标是技术的发明、创造和扩散，以及使其应用于新产品后的产业化和商业化从而达到经济的高速增长，那么制度创新的目的就是保证技术创新的发展效率。从交易费用理论的角度分析，技术创新的实现也存在交易成本，交易成本的大小直接

---

① 傅家骥：《技术创新学》，清华大学出版社1998年版，第54页。
② 柳玉林：《技术创新经济学》，中国经济出版社1993年版，第1—2页。
③ 许庆瑞：《研究、发展与技术创新》，高等教育出版社2000年版，第43页。

关系到技术创新成功与否以及技术创新的发展效率。而制度创新是降低技术创新过程中交易费用的行之有效的方法，创新制度政策将技术创新过程中由于其不确定性和外部性所引起的交易费用降低到可以接受和操作的水平，从而使与技术创新相关联的各种活动得以顺利进行，并以此推动创新经济的发展和实现经济增长。

制度创新的对象是创新制度政策，何为创新制度政策？国内外学者对此有不同的观点。英国著名学者罗斯韦尔称：所谓创新政策是指科技政策和产业政策的相互协调，它是一个整合的概念。[①] 法国创新政策专家高丁认为，创新政策与解决当今世界上最重大的经济问题密切相关，创新政策应包括支持创新者、技术文化和减少创新障碍这几个方面[②]。OECD组织的科技委员会认为，发展创新政策的目的是要"把科技政策与政府其他政策，特别是经济、社会和产业政策，包括能源教育和人力资源政策形成一个整体"[③]。中国科学院政策与管理研究所对创新制度政策的理解与OECD基本一致，这说明他们都在肯定创新制度政策在创新过程中的重要地位的前提下，注重创新制度政策与其他技术创新相关联环节的相关政策的协调和配合。有些学者把创新制度政策理解为与技术创新活动直接相关的政策制定，如黄顺基等人认为，创新制度政策是"政府旨在促进工业技术创新而采取的各种直接和间接的措施"[④]。

所谓制度创新即是以创新制度政策的形式制定的用于降低技术创新交易费用和风险，并将与技术创新活动相关联的各因素有效协调和配合而生成的规则。而所谓的创新制度政策并不是单纯的政策本身，而是一个政策环境，是一国政府为了鼓励技术创新活动，促进技术创新发展，保证技术创新效率而制定的，并作用于整个技术创新从发

[①] Roy Rothwell, "Public Policy: To Have or Have Not?" *R&D Management*, 1986, 16 (1): 25.

[②] 贾蔚文等：《技术创新——科技与经济一体化发展的道路》，中国经济出版社1994年版，第19页。

[③] 贾蔚文等：《技术创新——科技与经济一体化发展的道路》，第19页。

[④] 黄顺基、王学治、郑志勇主编：《大创新：企业活力论》，科学技术文献出版社1995年版，第227页。

明、制造、扩散到新产品产业化、商业化推广全过程的各种直接和间接的政策体系。

第三节 研究的目的和意义

本书以"中俄创新经济的实施和效应分析"为研究主题，主要是因为：首先，技术创新与创新经济间的相关研究有了较多积累，制度创新与创新经济间的相关性研究，尤其是在定量分析方面相对较少，将技术创新与制度创新二者结合起来分析对创新经济的影响作用的相关研究也不广泛和深刻。其次，从整体上或者针对某个发达国家创新经济实施进程和效果的研究较多，针对转型国家的研究较少，将技术和制度创新两个层面结合起来分析转型国家创新经济的实施和效果的更是寥寥无几。具体来说，笔者选择本课题进行研究主要基于以下几个方面的考虑：

第一，研究创新经济的实施和效应，不但要考虑技术创新因素，还要考虑制度创新因素。诚然，技术创新是推动创新经济发展的直接动力，如果没有技术创新，创新经济就无从谈起。企业可以通过技术创新提升自身竞争力，促进企业自身发展，进而带动相关产业的发展并推动整个社会的变革，使一国经济实力和国际竞争力的增强成为有源之水。而创新制度和政策也有其必要性，技术创新并不能"理想化"地自觉有效地进行，它需要外界的调节。技术创新不是最终目的，其最终目的是要使创新产品进入市场流通环节，使之产业化和商业化。而技术市场同其他市场一样有自身的缺陷，在这种情况下需要政府制定和实施与之相配套的创新制度政策。另外，技术创新自身具有外部性和不确定性特点，同样需要创新制度政策来进行激励并提供保障。即使技术创新成为有源之水，没有创新制度这个渠道做引导，也无法使其循环起来并创造出价值。因此，本书从技术创新和创新制度两方面对创新经济实施的效应进行分析。

第二，虽然技术和制度创新的重要性已经为大家所公认，但大部分研究成果都是针对技术或制度的某一个方面，对经济发展的效应进行分析；即使有研究对技术和制度进行了相互协调和互动，也只停留在二者关系的分析层面。近几年来，随着技术创新与创新制度政策相互协调、共同作用越发引起人们的重视，学者们开始关注二者结合后对创新经济的影响作用，但这类研究成果较少，并且大都是定性分析，定量分析则寥寥无几。因此，本书通过搜集相关数据，用定量分析的方法对创新经济的实施和效应进行研究，以期得出更为客观的结论。

第三，随着技术创新对一国乃至世界经济的影响越来越大，学者们对技术创新和与之相协调配合的创新制度越来越重视，相关研究也越来越多。但这些学术成果大致可以分为以下几类：一是无针对性的，从整体上进行的研究；二是以技术创新发展相对成熟的发达国家为例进行的研究；三是针对某个国家具体情况进行的研究。由于每个国家的国情不同，别国先进的创新技术和创新经验只能起到启发和借鉴作用。转型国家正处于向市场经济转变的过程中，并且大都是发展中国家，转向市场经济并不是最终目的，最终目的是大力发展经济和提升国力，因此，发展创新经济是其必然选择，并且在借鉴和吸收有益成果的基础上，还要适应自身国情。笔者选取了转型国家中极具代表性的中国和俄罗斯进行研究，试图总结出转型国家发展创新经济的路径、效应并提出建议，从而弥补相关研究的空白。

基于以上考虑，本书以技术创新和创新制度政策与创新经济发展的关系为研究对象，从理论结合实证的角度，用定量和定性分析的方法分析了技术创新和创新制度政策与转型国家创新经济发展的关系，并对其实施路径、效果和效应形成的原因进行分析。作为幅员辽阔、自然资源丰富的大国，中国和俄罗斯有很多共同之处，在发展创新经济的路径上有许多可以相互借鉴和学习的地方，但由于国情不同，也有许多不同的特点和效果。不过，伴随着经济的增长，不合理的能源消耗和环境问题日益严重，从粗放式的资源消耗型国家向集约式的创新型国家转变成为两国共同的目标和发展方向。通过研究，不仅可以充分了解技术创新和创新制度政策二者结合对转型国家创新经济发展所带来的绩效，丰富相关理论，还能通过分析两国发展创新经济的不同路径总结转型国家发展创新经济的可资借鉴和改进之处，对制定具有差异性的政策建议也有一定的启发意义。

第四节 研究思路、方法与创新

经济转型一直是像中国和俄罗斯这样典型的发展中国家所面临的重要问题，向何种经济发展模式转变对于中国和俄罗斯来说都具有重要意义，这决定着它们的经济能否持续、稳定增长。在不断实践和摸索中，中俄两国都选择了创新经济发展模式作为这一时期经济转型的目标，这也说明发展创新经济已成为发展中国家的必然趋势。就目前的研究成果来看，创新经济相关研究较多，但大多集中于对创新经济发展较为成熟、技术水平较高的发达国家的研究上，对于发展中国家尤其是处于转型期的发展中国家创新经济的研究不仅数量有限，而且多以定性研究为主或者对其创新经济的发展事实进行描述。因此，有必要选取中国和俄罗斯这两个有代表性的处于转型期的发展中国家，从技术创新、创新制度政策、创新绩效的相互比较视角对其创新经济的发展进行系统分析和研究。

一 研究思路

首先，本书从创新相关理论及其发展和演化入手，分析了创新经济的产生和推进过程，并在此基础上分析了与创新经济发展密切相关的技术创新和创新制度政策的发展和推进轨迹；其次，分别从技术创新发展背景、技术创新发展模式以及技术创新的实现路径几个方面对中国和俄罗斯技术创新发展进行比较分析；再次，从创新制度政策的演进、创新制度政策的推进方法角度对中国和俄罗斯的创新制度政策的发展情况进行比较分析；第四，运用静态面板模型、向量自回归模型（VAR）和向量误差修正模型（VEC）对于中国和俄罗斯的创新经济发展绩效进行定量的实证分析，分析影响经济增长的技术创新因素以及这些因素对于经济增长的影响程度，从而总结两国技术创新及发展创新经济对于各自经济增长的推动作用；最后，从技术创新发展路径、创新制度政策及创新经济发展绩效三个方面分别对中国和俄罗斯进行分析和比较并提出相关结论和重要启示。

二 研究方法

从现有的研究成果来看，关于创新经济发展及效应等相关领域的研究大都采用基本理论描述和定性分析的方法，相关研究主要停留在对于创新经济发展中所存在的问题、相对应的解决对策及其发展前景的分析上，采用计量统计和实证研究方法的较少，定量分析不足。笔者将定性分析和定量研究的方法相结合，充分发挥这两种方法各自的优势。一方面运用定性分析的方法深刻阐述创新和创新政策的相关理论及演进路径，在熊彼特创新理论及技术创新和制度创新各学派及理论思想的基础上分析中国和俄罗斯各自在技术创新发展和演进、创新制度政策相关理论及推进方法等方面的具体情况；另一方面用计量统计的方法进行定量分析和测算。在计量统计的方法中，运用静态面板模型、向量自回归模型和误差修正模型等进行数据分析，并且运用新近发展起来的协整检验、脉冲响应、方差分解、格兰杰因果检验等方法进行相关数据的分析及检验。

三 主要创新

本书创新之处主要体现在以下四个方面：

其一，在研究视野上，跳出了以往在创新经济相关领域的研究成果中针对创新理论和创新经济发展及演进路径进行研究的圈子，将创新经济研究的视角定位于具体的国家，并且所研究的对象国家并不是创新经济发展较为成熟的发达国家，而是处于转型期的发展中国家，并选取了极具代表性的中国和俄罗斯这两个国家进行具体分析，这不仅更具有现实意义，而且会为发展中国家创新经济相关研究得出许多创新性结论。

其二，在理论分析上，通过对中国和俄罗斯在技术创新发展和演进、创新政策的具体措施和推进方法加以分析的基础上，对两国进行比较研究，在分析各自不同特点的同时总结出发展中国家的共通之处。

其三，在研究方法上，运用静态面板模型、向量自回归模型和误差修正模型等计量模型进行数据分析，并且运用新近发展起来的协整检验、脉冲响应、方差分解、格兰杰因果检验等方法来分析中国和俄罗斯创新经济对于经济增长的作用绩效。

其四，在政策建议中，根据对中国和俄罗斯创新经济发展具体情况的分析，提出有针对性的政策建议，通过运用计量分析的方法得出具体的创新经济对于两国经济增长绩效的贡献度。最后得出可以推广至大多数发展中国家的关于发展创新经济的启示和结论。

第五节　结构安排

本书在提出研究问题和研究对象之后，对以往创新经济的相关理论进行总结和评价，并在此基础上提出理论框架。为了更加具体地对中国和俄罗斯的创新经济发展及其绩效进行比较，本书从两国技术创新发展、创新制度政策及其推进方法、技术创新的经济绩效三个方面进行分析，在取得比较结果的基础上总结得出结论和启示。本书共分七章，其逻辑思路和框架结构如图1.1。

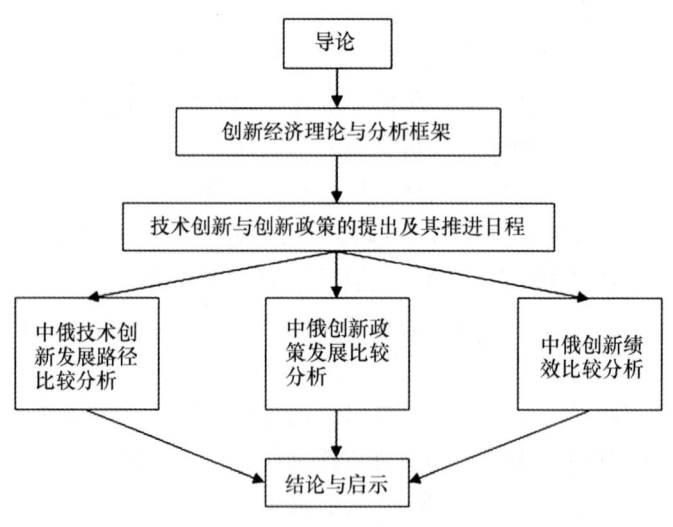

图1.1　本书的逻辑思路和框架结构

本章为导论，在分析相关研究背景的基础上提出所要研究的问题，并对创新、技术创新、制度创新等概念进行界定。此外，还阐述了研究目的和意义，介绍了本书的研究思路、方法、创新之处和结构安排。

第二章为创新理论及分析框架。论述了创新理论的发展，包括具有代表性的熊彼特的创新经济理论以及创新理论的演化，这其中回顾了技术创新学派、制度创新学派、技术创新与制度创新综合学派、国家创新系统的相关理论思想和演化路径。在此基础上，提出分析框架。

第三章为创新经济的提出及推进过程。论述了创新的经济效应和对经济增长的重要意义，并详细阐述了技术创新和政策创新的推进过程。其中，技术创新的推进过程阐述了知识创新与技术创新的逻辑关系，描述了从第一次技术革命到第三次技术革命中技术创新的整个发展历程。在关于创新政策的推进过程中介绍了创新政策及其特点、分类、目标和主客体，从创新政策的形成、技术创新政策及其重点的转变、创新理论模型的角度分析了创新政策的演进，最后分三个阶段分析了关于创新政策研究的发展概况。

第四章为中俄技术创新发展路径比较。论述了中国和俄罗斯两国在技术创新领域的发展路径。在中国技术创新发展领域，描述了中国技术创新发展的具体情况，在向集约型增长方式转变的过程中开展创新，阐述了中国技术创新的发展态势尤其是中国企业在创新发展中所面临的挑战和选择。在关于俄罗斯技术创新发展路径的分析中，对俄罗斯技术创新发展的情况进行了概述，描述了技术创新基础和技术创新成果。最后分别从技术创新发展背景、发展模式和实现途径三个方面对中国和俄罗斯技术创新的发展进行了比较分析。

第五章为中俄创新政策比较。在分别详细阐述中国和俄罗斯创新制度政策演进过程的基础上对两国在创新制度政策方面及其推进方法的不同之处和共通之处进行比较分析。

第六章为中俄技术创新经济绩效比较。利用静态面板模型对中国技术创新绩效进行定量分析，同时利用向量自回归模型和误差修正模型对俄罗斯技术创新绩效进行计量分析，在得出两国技术创新相关因素对于经济增长的关联性和贡献度的基础上分析比较了中俄两国技创新的经济绩效。

　　第七章为中俄创新政策经济绩效比较。通过建立模型，选择数据，进行了实证结果分析，得出中俄创新政策的经济绩效。

　　第八章为结论与启示。通过对中国与俄罗斯两国多方面的创新经济发展的比较与分析，得出针对中国和俄罗斯的创新经济发展的重要结论并推及大多数发展中国家创新经济发展的启示。

第二章 创新理论及分析框架

第一节 创新理论的发展

一 熊彼特的创新经济理论

熊彼特是创新理论的开拓者和奠基人,他在《经济发展理论——对于利润、资本、信贷、利息和经济周期的考察》中首次提出创新的理论观点,为创新理论的提出和发展拉开了序幕。他认为,创新就是"建立一种新的生产函数",将一些从未使用过的生产资料和生产条件进行"新组合"并引入这种"新的生产函数"中,从而创造价值。这种新组合包括五个方面:引入新产品、引进新工艺、开辟新市场、控制原材料的新供应来源和实现企业的新组织。① 其中引入新产品、引进新工艺和控制原材料的新供应来源属于技术创新的范畴,包括设计、制造和原材料使用等和创新有关的整个生产技术环节。开辟新市场属于管理创新和市场创新的范畴,它包括如何通过提高原有产品使用价值来增加该产品的市场占有率和收益率,也包括在原有市场趋于饱和或者竞争性加剧的情况下开拓新市场,这些活动与企业或组织的管理意识有关,和以改变原有市场类型、交易方式等为途径的市场创新也密切相关。实现企业的新组织属于组织创新的范畴,包括优化原有组织形式和创造适合企业发展的新的组织形式,使之与技术创新相协调,从而提高创新效率。

---

① [美]熊彼特:《经济发展理论——对于利润、资本、信贷、利息和经济周期的考察》,何畏、易家祥译,商务印书馆2000年版,第73—74页。

创新与企业家、创新与经济增长、创新与破坏是熊彼特创新经济理论的三个具有代表性也是核心的理论观点。

创新与企业家。熊彼特提到经济发展是一个动态的过程，经济发展的理想化的静态均衡在实际中无法达到，它是一个扰动、替代、均衡、再扰动、再替代、再均衡的动态变化过程，使其发生这种动态和不连续性变化的原因就是创新。企业家就是这种创新活动的引领者，在创新活动可以带来利润和利益的前提下，企业家会推动创新活动不断进行，创新者才可称为真正意义上的企业家。为了达到这种目标，企业家必须具备三个必要素质：具有战略眼光，能够快速、准确地发现某领域的创新价值和商机；具有胆识和魄力，拥有敢为天下先的决心和勇气去面对未知的创新风险；具有组织才能，能够优化或者建立新的组织形式，激励创新活动的发生和新生产要素的重新组合。

创新与经济增长。创新与经济增长和经济周期的关系密切。创新是经济增长的原动力，它促使经济周期性地发生变化性增长。其原因是创新活动一旦发生并产业化和商业化，短期的垄断性利润是巨大的，这会吸引其他企业竞相模仿，"成功使得更多的人步其后尘，直到最终创新变得众所周知及对它的接受是一种自由选择时为止"[①]。随着大规模创新活动的发生，对生产资料和银行的需求也随之增加，从而引起经济的增长和繁荣；当加入某项创新活动的企业数目越来越多时，垄断利润随之减少，参与的企业数目也随之减少，对生产资料和银行的需求程度降低，从而使经济进入萎缩甚至停滞阶段。可以看出，经济在创新的推动下进行着从振兴、繁荣、衰退到萧条的周期性增长。

创新与破坏。创新是一种破坏性地创造过程，创新的发生伴随着旧有技术、产品、组织形式、管理模式等的改进甚至被淘汰，只有经历这种新老更替的过程，创新技术和创新企业才会不断成熟、不断涌现，才会不断创造价值，才会促进经济的不断增长。

熊彼特的创新经济理论，在非均衡经济学和制度经济学之间找到

[①] [荷] 范·杜因：《经济长波与创新》，刘守英、罗靖译，上海译文出版社1993年版，第110页。

了有利的契合点，虽然他的理论在问世之初，并没有得到广泛的关注和重视，但随着创新技术的不断发展进步，随着创新对经济增长影响的不断深化，人们愈发重视创新经济理论，并在该理论的影响下开始了创新理论的系统性演化。

二　创新理论的演化

熊彼特之后创新理论的发展更加广泛，其外延性更强，不仅仅围绕技术创新本身，而且更加关注与技术创新有关的其他领域，并着重研究这些领域与技术创新的相关性，以及对经济增长的影响作用。总的来说，熊彼特之后创新理论的发展主要分化成两个流派：技术创新学派和制度创新学派。

（一）技术创新学派及其理论思想

技术创新学派的代表人物主要有索罗、弗里曼、曼斯菲尔德和斯通曼等人，他们将关注点放在技术及其演化、创新和扩散等方面。

索罗的研究工作和理论的创立发生在技术创新的兴起时期，这个时期的研究并不关注技术创新的外延性领域，而是着重研究技术创新本身的演化、结构和绩效。索罗认为，经济增长的决定性因素就是技术创新，没有技术创新，经济只能实现短期增长，不可能得到持续性长期增长。他摒弃了传统的把资本积累和劳动力投入量增加作为经济增长原因的观点，认为资本积累本身具有报酬递减的特点，只有技术创新可以克服这一缺点并使经济得到进一步增长。他通过对英国1900—1949年经济数据的研究，得出了技术创新对经济增长的贡献率达到40%的结论，这一结论更加明确了技术创新对经济增长具有长期性且决定性的推动作用。但这一时期的研究主要以案例分析为主，根据数据进行针对性分析，虽然已经涉及了与技术创新有关的组织、风险、管理等方面，但还未形成完整的创新理论体系和框架，并且关注点大多集中在创新整体相对静态的方面，未深入创新的整个过程，动态观察技术创新的发展以及与之相关领域的整合和相互作用。

随着技术创新对经济增长的影响作用逐渐增大，对经济增长贡献率的不断提升，各国愈来愈重视对技术创新演化机理以及对经济增长的内在作用机制进行研究，并且取得了丰硕的成果，把对技术创新的研究推向了繁荣。具有代表性的就是弗里曼的《工业创新经济学》、斯通曼的《技术扩散与计算机革命》和《技术变迁的经济分析》及曼斯菲尔德的《技术变迁经济学》的出版。弗里曼是最早系统地建立创新经济学理论体系的经济学家，在其著作中，他不仅强调技术创新对经济增长的重要推动作用，还提出制度政策是激励技术创新活动开展的重要因素，并为政府提供了一套制度政策作为建议以推动技术创新的发展。斯通曼主要对技术扩散的路径依赖问题进行了研究，同一国家、同一地区和同一产业中的不同企业对新技术的采用速度有快有慢，同一创新成果在不同国家的扩散有快有慢，在不同国家的不同地区的扩散也有快有慢。[1] 产生以上结果的原因是存在技术创新过程中的路径依赖问题，这为研究技术创新的扩散效率提供了有益的理论支撑。曼斯菲尔德创立了技术模仿创新论，对技术的扩散和推广过程、模仿和技术创新及技术推广的相互关系、技术创新和模仿的变动速度进行了研究，为研究技术扩散和推广的时间间隔问题提供了有力的理论支持。这一时期更加关注纵向的深度性研究，研究方法也不仅仅局限在案例分析上，而是开始重视样本调查辅助理论推导的方法，如数理统计、宏观经济分析、信息与决策理论分析和组织行为理论分析等，这些方法使创新技术研究成果的可信性和全面性增加。在研究内容方面更趋于向纵深发展，重视对技术创新理论机理的探求，不仅仅停留在其对经济增长的绩效层面。这一时期的相关研究使技术创新经济学脱离经济学和管理学的范畴独立出来，为以后技术创新体系研究的发展奠定了良好的基础。

20 世纪 80 年代中期，技术创新理论的发展更趋于成熟，这一时期的代表性成果是勒梅特的《大公司的创新激励》和厄特巴克的《创新动态控制》。他们对已有理论加以深入和扩展，在企业创新方面注重研究企业创新活动激励、企业组织结构对创新活动的影响、中小企业技术创新的支持激励、企业规模与创新效率的相关性等问题；

---

[1] P. Stoneman, *Technological Diffusion and the Computer Revolution*, Cambridge, Cambridge University Press, 1976. P. Stoneman, *The Economic Analysis of Technical Change*, Oxford, Oxford University Press, 1983.

在技术创新层面注重技术创新活动的实现途径、创新风险的规避和管理、技术扩散和技术市场竞争等方面的相关研究。这些研究不再只局限于对技术创新发展的理论和政策分析这一层面，而是更贴近实际生活，注重研究成果的经济效益和社会效益。

随着经济全球化的发展和各国对可持续发展战略的日益重视，技术创新研究对象的外延更加广泛，将技术创新理论与其他领域理论融合在一起成为新的研究方向，如技术创新理论与生态化理论、社会资本理论、博弈论等的融合，为技术创新理论更全面、更有效的发展开辟了新的研究思路。

（二）制度创新学派及其理论思想

制度创新学派就是将制度因素引入技术创新的相关研究中来，分析制度政策和制度安排对技术创新进而对经济增长的影响，新制度经济学由此诞生。新制度经济学以新古典经济学中一般静态均衡和比较静态均衡的方法为研究手段，分析影响技术创新的各种制度因素，认为好的制度政策和制度安排对创新活动有激励作用，进而促进创新经济的发展；反之，则会降低创新效率，甚至阻碍创新的进一步发展。

新制度经济学的主要代表人物诺斯在其1961年到1990年相继出版的著作《1790—1860年美国经济增长》（1961）、《制度变迁与美国经济增长》（1971）、《西方世界的兴起》（1973）和《制度、制度变迁与经济绩效》（1990）中逐步完善了制度创新学派的理论框架，重点研究了制度创新与制度安排对技术创新与经济增长的影响作用。他认为，在技术创新过程中，不确定性和外部性风险是不可避免的，这会严重阻碍技术创新的发展，只有依靠合理的制度创新和制度安排才能有效降低不确定性和外部性风险所带来的巨大成本，从而激励企业或个人的技术创新积极性，增加创新企业的创新利润，这样才能使技术创新活动和创新经济良好有效地开展下去。但是与技术创新活动相协调的制度政策和制度安排并不能自发产生，需要人为制定和完善，这就需要政府、企业和其他相关组织之间共同协调配合，主动制定降低技术创新风险和成本的制度政策并加以创新改进，这样才能真正对技术创新活动起到保障和激励作用。

市场结构的选择是制度设定过程中对经济发展具有重要影响的部

分。20世纪70年代,美国经济学家卡米恩和施瓦茨从垄断竞争的角度对技术创新效果和效率进行了深入研究。他们认为,竞争程度、企业规模和垄断力量是影响技术创新发展的重要因素,从市场结构的角度看,介于垄断和完全竞争之间"中等程度的竞争"的市场结构是最有利于技术创新活动进行的市场结构。在垄断市场上,由于较高的进入壁垒和高昂的垄断利润,企业的创新积极性缺乏,不利于技术创新的进一步改进和再创造;而完全竞争下的市场环境,无法保障在不确定性和外部性环境下创新企业利润,从而会遏止企业创新活动的开展。只有"中等程度的竞争"的市场结构才会避免以上情况所带来的不利影响,这为各国发展技术创新和创新经济中制度选择和安排提供了有益的借鉴。

在对舒尔茨和诺斯等人的相关理论加以总结和综合的基础上,拉坦提出了诱致性制度变迁理论。他认为,技术创新和制度因素是互为动因的,应将它们当作整体放在一个逻辑框架中进行分析。"导致技术变迁的新知识的产生是制度发展过程的结果,技术变迁反过来又代表了一个对制度变迁需求的有力来源。"[①] 当社会科学知识及与技术创新有关的商业、法律、社会服务等方面的知识得以发展和完善时,制度变迁的供给曲线就会向右移动,从而降低了制度供给成本。这说明不但制度变迁和制度安排对技术创新、知识的积累和进步有着有力的推动作用,激励了创新活动的发生,并且技术创新的发展和相关领域知识的不断积累也会使制度的制定和实施成本大大降低,从而互为动因,良性地循环发展下去。作为制度创新的对象,制度政策的制定、推广、实施不单单与政府有关,同样需要依靠个人和企业组织。当一种制度政策被个人所接受,对个人创新活动真正有所激励和保障时,创新制度政策才会体现其价值,同样,创新制度政策的价值也体现在其是否与企业的组织结构、创新活动和计划等相协调上。反之,个人、企业的创新成果和由此创造出来的经济效益和社会效益一方面

---

① [美]拉坦:《诱致性制度变迁理论》,[美] R. 科斯、A. 阿尔钦、D. 诺斯《财产权利与制度变迁——产权学派与新制度学派译文集》,上海三联书店1991年版,第123—125页。

可以反馈制度效果，另一方面是引致政府完善和制定创新制度政策的动力。总之，制度的创新需要个人、企业的自愿配合与政府的安排相结合来实现。

起源于西方的关于制度安排、变迁和创新的新制度经济学为技术创新和创新经济的发展提供了有效的分析框架和工具，中国在制度创新理论方面的研究起步较晚，但随着改革开放的不断推进，对技术及相关领域的创新需求不断增加，学者在结合中国改革开放和制度结构变迁的基础上，对制度创新及相关方面进行了大量研究，代表人物有制度创新领域的修泽、张春霖等，管理创新领域的梁镇、赵国杰、芮明杰等。

总之，技术创新和制度创新并不是两个平行的研究理论，它们应作为一个整体的两个不可或缺的部分。一方面，创新制度政策为创新活动的进行提供了激励机制，推动了技术创新的不断进步，同时还保障了创新者的创新收益，增加了创新主体的创新积极性；另一方面，技术创新推动了社会科学知识和其他相关领域知识的积累和创造，降低了制度制定和实施成本，进一步引致了制度的完善和变迁。制度创新绩效反映在技术创新成果中，并与技术创新成果一同推动了经济的增长和发展。随着改革开放和经济体制改革的不断深化，中国在技术创新和制度变迁方面取得了丰硕成果，这对推动中国创新经济发展和经济增长起到了重要的作用，但是也不能忽视中国在制度变迁方面相对滞后的事实。相对滞后的制度变迁，无法形成与技术创新和技术变迁相适应和协调的激励框架和保障措施，这会阻碍中国创新经济的进一步发展。

（三）技术创新与制度创新的综合演化

在技术创新和制度创新下所形成的制度环境是协同融合的。良好的制度环境会激励创新活动，降低创新风险，保障创新收益；同时，技术创新所带动的知识创新和积累又引致了制度创新和制度变迁，并保证了制度变迁的顺利演化。因此，技术创新与制度创新之间是互为动因的，它们的共同作用推动着创新和创新经济的发展。

根据主导因素的不同，创新可以分为技术创新主导型、制度创新主导型和技术与制度创新共同主导型。技术创新主导型主要表现在企业的创新活动或一国的创新经济发展主要依靠技术创新来推动方面，对于资源的配置和经济结构的调整也是从技术创新的角度进行衡量和决策的，制度创新只是扮演着辅助者的角色，制度创新的目的是为技术创新的有益发展构造良好的制度环境，以提高创新效率和绩效。制度创新主导型是政府或企业将发展创新经济的重点放在制度政策的改进和完善上，在打破原有不利于创新活动开展的制度框架的同时，以协调和配合技术创新为目标，建立新的并完善旧的制度政策，资源配置和经济结构调整首先考虑能否对改善制度环境起到有益作用，从而为技术创新的发展创造良好的运行机制。技术与制度创新共同主导型，是在企业开展创新活动时，并不注重在技术创新和制度创新之间寻找侧重点，而是将技术创新和制度创新当作一个相互协调、共同运作的整体来进行考量。在进行资源配置和经济结构的相应调整时，努力在技术创新和制度创新之间寻求平衡点，重视技术创新和制度创新共同协作下对创新活动效率及绩效提高所发挥的更大的支撑作用，在大力发展技术创新的同时，也不忽视企业对自身制度政策和组织结构的创建和完善。

随着企业创新活动的开展和不断成熟，企业创新的主导因素从技术创新主导型、制度创新主导型向技术与制度创新共同主导型演进，目的是构建二者之间协同作用的良好模式，持续推动企业创新的开展。中国海尔集团从一个名不见经传的小企业发展成为引领国际家电技术潮流的国际知名的大集团，它的成功历程说明，企业技术与制度创新协同过程具有明显的演化动态性。[1]

（四）国家创新系统理论

弗里曼是第一位提出国家创新系统这一概念的学者，他于1987年明确提出国家创新系统这一理论观点。他通过对日本经济的研究，发现日本虽然是一个资源禀赋相对较低的国家，但通过国家大力推动技术创新，加之政府对协调技术创新进行的制度创新和相应的组织结构调整，使日本经济得到了迅猛的发展，日本一跃成为战后工业大

---

[1] 许庆瑞、谢章澍、杨志蓉：《企业技术与制度创新协同的动态分析》，《科研管理》2006年第7期，第116页。

国。弗里曼提出，日本的崛起，原因就在于技术创新与政府职能的有效结合上，体现了国家在一国发展技术创新和创新经济中所发挥的重要作用。弗里曼还强调体制对建立国家创新系统的重要影响作用，他认为，国家创新系统是由"公私部门的机构组成的网络，它们的活动和相互作用促成、引进、修改和扩散了各种新技术""技术的发展不仅仅取决于研究开发活动，还要依赖于许多其他相关的活动，如教育、培训、生产工艺、设计和质量控制等"[①]。美国学者查德·纳尔逊在其1993年出版的《国家创新系统》中提出，国家创新系统是一个复杂系统，一国技术创新的推动和与之相协调的制度政策的制定不单单依靠政府，还需要如承担公共技术研究的大学或科研机构，各级政府中负责对技术创新进行投资和规划的政府部门等的共同协作。只有具有更高的体制效率，才会适应复杂的创新系统，从而提高技术创新效率。创新制度政策不仅要保障技术创新的顺利进行，还要有协调性与灵活性，要能适应不断变化的技术创新趋势和其间出现的复杂情况，即制度变迁和制度安排要有足够的弹性。

弗里曼和纳尔逊的研究成果主要集中在对宏观层面的国家创新系统的相关研究上。伦德瓦尔从微观层面，从企业与用户相互关系这一角度进行了研究。他认为，不论是构成要素还是其相互关系都是创新系统中的重要组成部分。创新系统中的构成要素，从狭义上讲就是承担研究工作的各个高校、研发组织和机构等，它们直接参与技术创新活动和创新系统的构成；从广义上讲，构成要素还包括所有能影响狭义构成要素的因素，如生产、营销、管理、金融、投资等相关组织机构，以及与创新密不可分的经济结构和制度政策等。构成要素对于创建创新系统固然重要，但是"相互关系"这一部分也是不可或缺的。创新系统一方面是一个社会系统，在社会中扮演各种角色的人们相互作用，才完成了社会知识的创造和积累；另一方面创新系统还是一个以正反馈和再生产为特征的动态系统，只有在不断的生产、正反馈、改进、再生产中，创新才能真正得以实现，"相互关系"是完成

---

① [英]弗里曼：《工业创新经济学》，华宏勋、华宏慈等译，北京大学出版社2004年版，第380页。

这种创造、积累、正反馈和再生产的重要因素。因此构成要素的质量与效率、相互关系的协调性和完成度都直接影响着一个国家创新系统的创建，对之应加以足够的重视。

国家创新系统理论的研究趋势，是从宏观和微观两个层面对创新系统的创建进行研究。美国经济学家波特在经济全球化的大背景下，将国家创新系统的微观机制和宏观绩效联系起来进行了深入研究。[1]他认为，从微观层面讲，一国的创新竞争力是由企业的创新能力和创新效率所决定的，因此，国家应以形成有效性与协调性兼具的制度政策环境为目的进行制度变迁和制度安排，鼓励企业创新，保障创新收益。除此之外，他还总结出四个与国家创新竞争力直接相关的重要因素：受到补贴影响的生产要素，影响资本市场和教育的政策等；由于产品和工艺标准而改变的需求状况；辅助性产业；公司的战略与竞争结构。

国家创新系统的创建，其最终目标仍是大力发展创新经济，以推动经济持续增长，增加国家竞争力。但国家创新系统理论研究的侧重点是所有与创新有关的构成要素及其相互关系共同协调作用所产出的绩效，而并非只针对一个方面来研究。因此国家创新系统理论与之前提出的相关创新理论相比，更加全面和贴近实际，是发展创新经济的重要理论工具。

第二节 分析框架

从前文对于创新相关理论的梳理，可以总结出创新相关理论演进的大致路线。首先是熊彼特最早提出了创新的概念及相关理论，提出创新的本质以及创新的运作机理，即创新需要企业家的推动作用，企业家由于创新带来的利润的提升而对创新具有需求，并在克服创新风险的前提下实现对于创新活动的推动；创新是经济增长的源动力，创新是通过改变生产方式和提高生产效率来促进经济的快速增长的；创

---

[1] 参见［美］迈克尔·波特《国家竞争优势》，李明轩、邱如美译，华夏出版社2002年版。

新具有动态的破坏性，创新的实质是在打破原有的生产方式、技术水平、组织和管理形式的基础上实现创造性的突破，从而使与生产相关的各个环节的运行效率得以大幅度提升。其次是技术创新学派，技术创新学派将经济增长归结于技术创新的推动作用，将技术创新作为经济增长的内生因素来研究；与之相对应的另一个学派是制度创新学派，顾名思义，就是在对经济增长发挥效用的各个因素中，该学派更加重视制度政策的相关研究和制度对于经济增长的重要作用。再次是一些学者结合技术创新学派和制度创新学派二者的优点，发展出了技术创新与制度创新的综合学派，目的是在认同技术创新与制度创新对于经济增长具有同等重要作用的前提下，研究综合运用这两种理论实现经济高质量增长的路径。最后是国家创新系统跳出了单一的理论学派的圈子，将创新与经济增长提高到国家层次，以整个国家为研究对象，从宏观到微观层面分析与创新相关的各个因素之间的相互作用，更加具有系统性和整体性。

熊彼特创新性地提出了创新的理论观点，但是相对于后期的各种流派还不成熟，虽然熊彼特一针见血地指出了创新的实质，但这些都只是停留在理论的层面并且过于笼统，并没有进一步分析创新对于经济增长的内在机理以及实现路径。然而作为创新观点的最初提出者，其理论高度非后继者可比。接下来的各种流派，如技术创新学派和制度创新学派，分别从技术创新和制度创新的角度深刻剖析了技术创新和制度创新与经济增长的内在机理以及实现经济增长的具体路径，但是过分的集中就会导致缺乏全面性。在此基础上，一些学者将二者结合起来，形成技术创新和制度创新综合学派。该学派及其理论综合了技术创新和制度创新对于经济增长的有益推动作用，肯定了二者相互协调共同实现经济增长路径的可行性，但是该学派主要着眼于企业这个创新单位，注重研究企业中技术创新和制度创新的相互协调、共同作用，因而忽略了创新与经济增长在更高层次上的相互作用。创新国家系统在系统性和整体性上实现了突破，强调所有与创新有关的构成要素及其相互关系共同协调的作用绩效，并且从宏观和微观的层面对于创新与经济增长加以立体的论述，相比于先前的创新理论，其全面性得到了大幅度提升，但是在针对性和现实性上还相对欠缺。创新经济是一个动态的、具有较高实践性的经济发展模式，相关的理论也应能够涵盖和反映出这一特点，以往的创新理论的理论性很高，但是或多或少都缺乏针对性和现实性，难免导致操作性差的后果。

在分析和研究关于创新的主流学派相关理论的基础上，笔者提出了本书的分析框架：

其一，比较研究中国和俄罗斯两国创新经济发展和绩效的课题，需要建立在一个统一并且具有一定理论包容性的分析框架基础上。这个分析框架包括三个方面的内容：一是比较研究中国和俄罗斯创新经济发展及其绩效问题的原因，以及研究这一问题的出发点和最终目标；二是研究这一问题的分析框架所包含的要素以及各要素之间的关系；三是在理清前面两个问题的基础上，需要结合创新理论及其演进的一般规律，针对中国和俄罗斯创新经济发展及其绩效进行比较和概括总结。鉴于此，笔者借鉴熊彼特的创新理论、技术创新学派理论、制度创新学派理论、技术创新与制度创新综合学派理论和国家创新系统理论，构建一个从技术创新和创新制度政策的视角，将宏观和微观两个层面作为出发点的理论分析框架。该框架所包含的基本逻辑关系以及基本构成要素主要有以下几个方面：明确创新是打破或改善原有生产关系和生产方式，实现经济长期、稳定增长的原动力；在创新这一包含着技术创新、生产关系和生产方式创新、组织和管理创新等要素的综合概念中，技术创新是使创新不断进行的重要且必需的推动因素；创新制度政策为技术创新提供了良好的运行环境，具有协调性和整体性的创新政策体系保障了技术创新从研发到真正创造经济价值整个链条的有效运转；发展创新经济是一个系统性工程，需要宏观角度的国家层面和微观角度的企业、个人层面各要素间的相互协作、共同配合；中国和俄罗斯这类处于转型期的发展中国家，在创新经济发展绩效上有着不同于创新经济发展较为成熟的发达国家的特点；中国和俄罗斯由于各自国情不同，创新经济发展绩效也存在差异性；其他发展中国家在发展创新经济的过程中可以借鉴中国和俄罗斯发展模式与路径中的相关经验。

其二，以转型时期的中国和俄罗斯创新经济发展及绩效的比较分析为主要的研究切入点。处于转型期的国家在发展创新经济方面起步较晚，技术创新水平与发达国家相比有着较大差距，在创新政策方面，不论是政策的研究、制定，还是政策的执行都需要政府拥有更为强大的协调能力，这样才能为技术创新和创新经济的发展构建良好的政策环境，这些都是转型期国家在发展创新经济过程中的主要特征。俄罗斯继承了苏联时期雄厚的科技基础和人力资本，可以说，技术创新的发展有了重要且高质量的开端，但是技术创新不能脱离创新政策环境而独立存在，处于转型时期的俄罗斯政府能力弱化造成很多创新政策无法有效实施或者在执行过程中发生严重扭曲，加之转型初期实施的"休克疗法"所导致的严重后果，使俄罗斯的经济结构和产业结构改革步伐缓慢，对创新经济的发展形成了阻碍。相比于俄罗斯，中国无论是在经济基础还是在科技基础上都没有优势，很多科技研发和技术创新都是从零开始。但是与俄罗斯不同的是，中国的经济转型更为成功，中国政府表现出更为强势的制度政策的制定、执行和协调能力，使转型时期的各项改革措施得以顺利贯彻和执行，从而保证了改革的效果。这点也充分体现在对技术创新和科技研发的扶持以及对创新政策的制定、执行和协调方面。因此，对于转型国家创新经济发展及其绩效的研究应从中国和俄罗斯两个典型国家的比较分析入手。

其三，深入探究转型深化过程中中国与俄罗斯经济发展新模式。由计划经济向市场经济转变是中国与俄罗斯经济转型的最终目标，在向这个目标转变的过程中要及时调整经济发展模式，从而适应转型不同阶段的需要。同时，经济发展模式也直接决定着政府相关政策的特征及执行绩效。从转型进程来看，尽管中国和俄罗斯国情不同，采用的转型战略和方式、路径也有着较大差异，但是通过改革经济发展模式来实现经济成功向市场经济转型的目标是一致的，而就目前发展情况看，向创新经济发展模式转变已经成为中国和俄罗斯在改革经济发展模式过程中的共通之处。中国在转型初期，为了使本国经济得以快速增长，人民生活水平得以较快提升，采取了改革开放的战略，并通过大力发展制造经济实现了经济的飞跃，取得了举世瞩目的成就。但是制造经济快速发展的背后也潜藏着巨大的隐患，在劳动力和资源成本逐渐提高的情况下制造业丧失了比较优势，经济增长持续力差，生态环境恶化，等等。现有的经济结构和产业已不适应国际经济形势的发展变化，这与经济持续、稳定、健康发展的目标相背离。鉴于此，中国确立了创新经济这个经济发展新模式，用依托技术和资本的集约型经济增长方式代替依靠廉价劳动力和资源的粗放型经济增长方式，在提升技术水平的同时增加产品的技术附加值，增强竞争实力，从而大大提高经济增长绩效。俄罗斯虽然继承了苏联的经济基础和技术基础，但是由于转型危机和经济危机给俄罗斯经济所带来的重创，加之对资源经济的过度依赖，导致俄罗斯经济恢复和增长情况一直不太理想。因此，俄罗斯政府希望通过大力发展创新经济来逐渐摆脱对资源经济的过度依赖，从而在保证国家经济安全的前提下实现经济的重新崛起和快速增长。因此，无论是中国从制造经济向创新经济的转变，还是俄罗斯从资源经济向创新经济的转变，都是在转型深入时期的新选择，同时政府作为创新政策的制定者，在构建良好的政策环境以及保证执行绩效中也应发挥重要的引导和协调作用。

其四，对经济转型中的中国与俄罗斯创新经济的发展进行全面、深入的比较与绩效评估。同为转型国家的中国和俄罗斯在创新经济发展方面具备一定的共性特征，也存在着明显的个性差异。因此，只有通过对中国和俄罗斯创新经济发展进行比较研究，才能揭示出两国创新经济发展中的共性特征和个性差异，并对转型国家创新经济发展绩效进行全面和客观的评估。在创新经济发展中的技术创新领域，中国与俄罗斯主要是在技术创新发展背景、技术创新发展模式和技术创新实现路径上具有个性差异，但也有着共通之处。笔者通过在这三个方面对中国与俄罗斯技术创新发展中的差异性进行深入剖析和比较，并在此基础上归纳两国在技术创新发展中的共通之处。在创新经济发展中的创新政策领域，中国和俄罗斯两国的差异性在于具体的创新政策以及创新政策的推进方法，由此比较分析两国在创新政策方面的发展和演化并归纳其共通之处。关于创新经济发展的绩效问题，已有的研究成果多以定性研究为主，少见定量研究，本书利用实证研究的方法，定量分析中国与俄罗斯在创新经济发展中所取得的经济绩效，并在此基础上对两国创新经济绩效进行全面、深入的评估。

其五，为中国和俄罗斯创新经济的未来发展之路提供适宜的战略选择和政策建议。通过上述四个方面的分析研究，不仅可以全面、深刻地把握中国与俄罗斯在创新经济发展方面的共性特征和个性差异，揭示出以中国和俄罗斯为代表的转型国家在创新经济发展中的一般规律，而且可以有针对性地为中国与俄罗斯未来的创新经济发展之路提供切实可行的思路和政策建议。总而言之，在新时期转型进程中，向创新经济转变是中国与俄罗斯共同的发展战略，但是由于国情不同，中国是从制造经济向创新经济转变，而俄罗斯是由资源经济向创新经济转变。在这种转变中，中国发展创新经济的重点是改变现有的经济结构和产业结构，由粗放型向集约型转变，由低端制造产业向高端创新产业转变，逐步提升"中国制造"的技术含量和市场竞争力。俄罗斯发展创新经济的重点是处理好创新经济与资源经济之间的关系，资源经济对于俄罗斯经济和社会的影响十分深远，在短时期内不可能完全脱离对于资源经济的依赖，这就需要充分发挥资源经济的正向作用，降低资源经济的不利影响，并在此基础上逐步实现创新经济对资源经济的取代。本书将通过全面、深入的理论和实证研究对中俄两国创新经济发展的比较观点与结论加以科学论证。

第三章 创新经济的提出及推进过程

发展创新经济是通过技术创新这一工具拉动本国经济发展，达到经济增长的目的。经济增长是每个国家努力的目标，一国的经济发展状况和经济增长水平，直接影响甚至决定着它在世界经济和政治舞台上的地位，是一国综合实力和国际竞争力的真实体现。

经济增长虽然是最终目的，但以怎样的方式实现经济增长才是评价经济增长绩效的重要参考。根据马克思的观点，经济增长方式即两种类型的扩大再生产，包括内涵型扩大再生产和外延型扩大再生产。外延型扩大再生产主要通过增加各生产要素的投入来实现经济规模的扩大，从而达到经济增长的目的。内涵型扩大再生产主要通过技术进步和科学有效的管理来提高生产要素质量和使用效率，从而实现生产规模的扩大和生产效率的提高来达到经济增长的目标。从现代经济学的观点看，经济增长方式分为粗放型经济增长方式和集约型经济增长方式，分别对应上面的外延型扩大再生产和内涵型扩大再生产。粗放型经济增长方式虽然实现了生产规模的扩大和经济增长，但它是通过增加资本、人力、资源等生产要素的数量来达到产品数量的增加；而集约型经济增长方式则侧重于依靠技术进步来提高资本、人力、资源的质量和利用率，在增加产品数量的同时，提高了产品质量。显而易见，粗放型经济增长方式资源消耗高，成本高，产品质量相对较低，经济效益低，虽然实现了经济增长，却付出了资源过度消耗，生态环境破坏严重，发展方式不可持续等代价；而集约型经济增长方式在自然资源禀赋固定的前提下，依靠技术提高其利用效率，消耗低，成本低，产品质量不断提高，经济效益好。在世界竞争日趋激烈的今天，如何实现经济的可持续增长是每个国家都要考虑的战略问题，而技术创新是实现持续增长战略的必要工具。

经济全球化和信息化使各国之间、各个领域之间的技术交流更加顺畅和频繁，技术的传播、扩散和再创造变得更加容易和便捷。因此，除了在技术创新领域不断进步之外，给予技术创新一个良好的运行环境也是十分重要的。创新制度政策的制定就在保障创新收益，鼓励企业和个人创新活动，提高创新市场的交易效率等方面起着重要的支撑作用。因此在发展创新经济以促进经济增长的过程中，技术创新和制度创新是相互耦合，不可或缺的。

第一节 创新与经济增长
——创新经济推进的原动力

前面提到，实现经济增长的方式有多种，但要真正实现可持续且稳定的经济增长，创新在其中起着决定性作用。这里分别从经济增长效应、经济增长原动力和创新如何改变经济增长方式几方面对创新与经济增长的关系进行分析。

一 创新的经济效应分析

创新之所以对经济增长有巨大的推动作用并且成为经济增长的内生作用因素，原因是创新有其自身内在的特征和效应：扩散效应、群聚效应、加速效应和更换效应。

（一）扩散效应

创新的扩散效应是以点带面的辐射过程，熊彼特将创新的扩散效应定义为规模性的模仿行为。一项新技术的推广，往往是通过"规模性的模仿过程"在同产业的不同部门或者不同产业之间进行推广，从而使创新依靠扩散效应创造了社会效益，甚至引起产业革命。如蒸汽机、电、计算机等的发明引起了类似于"核裂变"式的创新推广和再创新，使之广泛应用于社会的各个部门。不同的技术创新，它的扩散速度也千差万别。曼斯菲尔德在其研究中提到，有的技术从发明到成熟，从形成产品到产业化、商业化需要五年的时间来完成，而有的技术却需要50年甚至更多的时间才能完成，这其中当然有外界因素的影响，但技术创新本身的特性也对其完成过程的时间跨度有重要作用。

技术创新具有相对优势性、协调性、复杂性、可试验性等特性。相对优势性即新技术相对于原有陈旧技术的优势，这种优势性体现在成本更低、效益更好、生产效率更高、利润更大等方面，总之是由相对的经济绩效决定着创新的扩散效率。只有当新的技术经济绩效更高时，扩散过程才有可能实现。协调性是指创新要与已有的产品、技术、生产模式、客户群等相协调，与市场的需求相一致，从而降低创新使用的风险，增强模仿者及使用者的信心。复杂性与前面两个特性不同，创新的扩散效率与创新的复杂性呈负相关，如果一项创新较为复杂，模仿者要么需要增加时间和精力去消化吸收，增加了机会成本；要么是模仿者能力未达到新技术的完整性模仿要求，从而降低了模仿者收益。可试验性是指存在对技术的一定程度的试验过程，这可以为新技术的扩散起到铺垫和缓冲作用，给予模仿者以适应的过程，从而提高扩散效率。总之，要实现技术的顺利推广，就要发挥其相对优势性、协调性等特点，用可试验性或完善产品及技术设计来克服复杂性这一弊端。

扩散的路径分为线状和网状两种。线状即逐级按顺序扩散；网状扩散见图 3.1 所示。除此之外，创新扩散过程中还存在着主体换位、扩散时滞和"回波"转换的情况。主体换位即技术创新的初始主体并不一定是固定不变的，会随着模仿者的吸收、再创造等活动而换位；扩散时滞指由于外界各种因素的影响，技术创新的扩散有一定的滞后性，从其启动到产生结果是需要一定时间的。当一种创新还未扩散到最后一级模仿者时，新一轮的创新已进入新的扩散过程；"回波"转换即指模仿与被模仿之间的若干次转换。

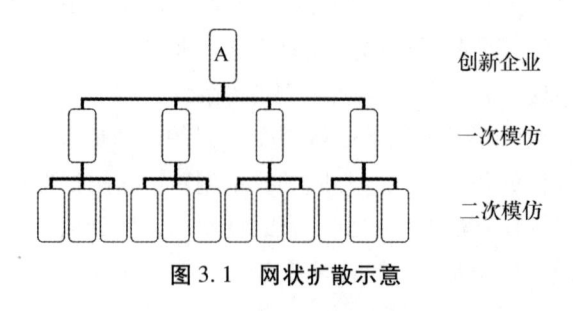

图 3.1　网状扩散示意

（二）群聚效应

创新在时间和空间上都不是均匀分布的，有时集中，有时分散。传统的技术创新是一个缓慢发展的技术创新过程，单个、少量的技术创新或在原有技术基础上的改进和再创造很难推动产业的变革；而高技术创新在时间或空间上集中形成创新活动和创新成果，这样才能充分发挥"群聚效应"来推动产业变革和经济结构调整。在时间上，由于各方面因素的综合作用，创新的发生时断时续，有时创新成果集中涌现，有时成果却相对较少，"这些变化不是连续不断出现的"[①]。在空间上，某些地区或某些产业部门创新成果多，创新频率高，比如一些新兴产业或产品更新换代较为频繁、竞争较激烈的产业或部门都会出现这种现象。群聚效应会导致产业变革以及变革成果大面积扩张。创新在某些产业某个时段的集中爆发，是引起产业变革的重要推动因素，为产业变革提供了创新基础。此外，除了产业变革外，由于创新的群聚效应，还会使产业变革的成果突破传统技术和行业的阻挠，被广泛地传播和扩散，进而引起连锁反应。一开始会带动相关产业在此创新基础上掀起创新和变革浪潮，之后随着更多厂商效仿以及产业链的形成和完善，创新成果会随着产业链的前向和后向拉动，使创新成果和创新思想扩张到更广泛的领域，甚至是以往认知中不相关的领域。"一旦社会上对于某些根本上是新的和尚未试验过的事物的各种各样的反抗被克服之后，那就不仅重复做同样的事情，而且在不同的方向上做类似的事情，都要容易得多了，从而第一次的成功就往往会产生一种蜂聚的现象。"[②] 这里熊彼特提到的"蜂聚的现象"就是我们说的群聚效应。

群聚效应还可以在技术和产业两个方面得到反映。在技术层面，随着基础创新的产生，会吸引越来越多的研究人员、创新者、企业家等来到这一新的领域，进而引起更多的技术创新成果的形成，从而形成技术创新群聚；在产业层面，当一种创新带动了某一部门或产业的发展，并显示出广泛的产业化前景时，会吸引更多商家效仿，这种波

---

① ［美］熊彼特：《经济发展理论》，何畏等译，商务印书馆1990年版，第69页。
② ［美］熊彼特：《经济发展理论》，何畏等译，第294页。

及效应会使这种创新的扩展范围愈来愈广，同时，产业市场的良性竞争，反过来也会进一步推动初始创新领域更大的创新热情。

（三）加速效应

技术创新并不是匀速进行的，而是一个加速过程，随着基础技术和科学知识的不断积累，技术与生产不断融合并臻于完善，在技术创新的推动下，经济增长的速度会越来越快。英国科学家詹姆士·马丁预测，人类科学知识在19世纪中叶每50年增加一倍，在20世纪中期每十年增加一倍，在20世纪70年代每五年增加一倍，而现在几乎是每两年就增加一倍。这说明不仅科学技术创新速度越来越快，并且加速度也在增大。已有的创新成果被广泛应用，带来了巨大的社会效益，对于创新企业来说是巨大的垄断利润，创新者和竞争者想保持或争取拥有相对比较大的竞争优势的动机，会推动创新活动的增加，从而带动创新的投资量和供应量增加。加速效应是实际存在的技术差距和为保持技术差距抑或是减少技术差距所引起的竞争因素造成的，这种加速效应是引起技术创新溢出效应的重要作用因素。随着科学技术创新速度和质量的提升，加之制度、管理、组织、金融、市场等的创新为其提供了良好的支撑环境，创新发展的加速趋势会更加明显。

（四）更换效应

创新会带来巨大的经济利益和社会利益，这也是企业大力开展创新活动的最初动力。然而，当某个企业因为某种创新技术而赢得垄断利润时，它不能只保持固有状态，坐吃山空。因为在创新活动的巨大利益驱使下，大批企业会竞相模仿，进而在模仿、吸收的基础上进行再创新，这会对初始创新企业带来巨大的竞争压力，要想在竞争中谋有一席之地，就要不停地进行改良和再创新，使企业保持技术上的相对优势。从某种意义上说，创新是不存在边际效用的，它是更换性地不断推陈出新的过程，这就叫创新的更换效应。

二 创新对经济增长的重要意义

（一）创新是经济增长的内含增长因素

我们这里所说的，除了实现一个国家或地区在一个时期内产品和服务总量的增加外，还包括经济结构的完善和优化，社会整体效益水平的提高，这其中包括居民生活水平的提高、社会保障体系的健全、生态环境的可持续发展等，体现更多的是经济发展的思想，是与党的十六届三中全会提出的全面、协调、可持续发展的科学发展观相契合的。在经济全球化和科学发展日新月异的今天，创新已经取代其他因素成为推动经济增长的原动力。没有创新，经济就难以持续稳定增长，创新活动越活跃，经济增长速度越快，增长质量就越高。创新的出现，提高了劳动、资本等的利用效率，使劳动、资本等的投入比例大大降低，改变了原有的投入—产出结构和投入—产出比，提高了生产效率。创新不仅通过提高劳动生产率，增加产出量来直接促进经济增长，还通过提高产品质量，使高质量的生产要素进入生产环节来间接推动经济增长。当创新形成一定规模时，创新就可以替代原有的资本投入型经济增长方式，形成创新推动型经济增长方式。这一方面提高了经济增长的质量和效率，另一方面解决了传统经济增长方式带来的资源依赖而造成的资源瓶颈问题。

关于创新活动到底对经济增长起到多大的推动作用，国内外学者进行了大量的研究，主要集中在用定量或定性的方法对创新对经济增长的贡献率进行研究方面。研究数据显示，创新型国家科技创新对GDP的贡献率高达70%以上，美国和德国甚至高达80%，而中国现在的科技创新对GDP的贡献率只有40%左右（其中用GDP来测度该国的经济增长情况）。[①] 相对于公共研发投入，企业自身的研发投入所引起的创新活动的回报率更高，而其中的基础性研发投入也可以获得额外的回报率。虽然回报率或者贡献率的大小不尽相同，但绝大多数研究认为研发活动的贡献率应高于30%。[②] 国内学者在创新活动对经济增长的贡献率方面的研究主要集中在国别、地区等区域性研究上，或者总体上对某国或某一地区的创新活动或研发投入对经济增长的贡献率进行定量研究。程工对法国、德国、日本、英国、美国这五个发达国家1950—1987年年均单位资本产出增长率与技术进步的关

---

① http://www.chinanews.com/cj/2011/04-26/2997312.shtml.
② Edwin Mansfield, John Rapport, "Anthony Romeo Social and Private Rates of Return from Industrial Innovations," *The Quarterly Journal of Economics*, 1977, 91 (2): 221-240.

系进行了研究，结论显示：（1）1950—1973 年的高增长率，是由于技术快速进步所引起的，而不是高资本积累的结果；（2）1973 年后的低增长起因于技术进步的放慢，而不是由于资本积累降低；（3）国家之间经济增长率的不同，是因为技术进步速度不同，而不是因为资本积累的快慢。① 这说明在发达的创新国家，技术进步对经济增长的贡献率越来越大，创新或技术进步逐步取代了资本积累，成为推动经济增长的主要动力。刘华通过对专利制度与经济增长的实证研究，进一步证实了技术创新对经济增长的促进作用，并分析了不同类型的创新：发明、实用新型、外观设计分别与 GDP 的相关系数，说明不同类型的创新对经济增长的促进作用是不同的，实用新型与外观设计对经济增长的促进作用较大。② 朱春奎对中国 1978—2000 年的财政科技投入与经济增长的相关数据进行了协整分析及因果检验，并建立了二者之间的误差修正模型，揭示了财政科技投入与经济增长的动态均衡关系，财政科技投入与经济增长之间存在着较强的相关关系，虽然各自的增长是非稳定的，但是从长期来看，是可以形成动态均衡的。③ 高雯雯等对中国 1985—2002 年的专利产出与经济增长的相关变量进行了时间序列动态分析，结果显示，中国专利产出与经济增长间具有较强的相关关系，短期增长呈非稳定状态，长期增长处于动态均衡状态。④ 赵树宽等建立了技术标准、技术创新与经济增长三者之间的理论模型，利用 VAR 模型分析了三者之间的长期动态关系，结论显示，技术创新是技术标准、经济增长的原因，技术标准对技术创新有阻碍作用，且具有滞后性，但技术创新与技术标准从长期来看是促进经济增长的。⑤ 许倩倩基于 2004—2010 年中国 30 个地区的面板数据，对

---

① 程工：《技术创新与经济增长实证分析》，《上海经济研究》1999 年第 5 期，第 22 页。
② 刘华：《专利制度与经济增长：理论与现实》，《中国软科学》2002 年第 10 期，第 26—30 页。
③ 朱春奎：《财政科技投入与经济增长的动态均衡关系研究》，《科学学与科学技术管理》2004 年第 3 期，第 29—33 页。
④ 高雯雯等：《中国专利产出与经济增长的协整分析》，《情报杂志》2006 年第 1 期，第 34 页。
⑤ 赵树宽等：《技术创新、技术标准与经济增长关系研究》，《科学学研究》2012 年第 9 期，第 1333—1340 页。

研发投入和技术创新对 GDP 的回归关系进行研究,实证研究结果表明,研发投入和技术创新对 GDP 的增长有促进作用,并提出研发投入促进经济增长的作用方式在于,研发投入促进了技术创新,技术创新的引入和扩散进一步推动了经济增长。[①]

从以上国内外学者的研究成果中可以看出,技术创新、专利制度或研发投入的增加对经济增长有正向的促进作用,大力发展科技创新是可以实现长期、稳定的经济增长的。相反,如果不注重技术创新或创新脚步放慢,就会阻碍经济增长或者使经济增长减速。20 世纪 70 年代中后期,创新不足曾导致美国化学工业的发展严重受阻,各种工艺或产品的创新下降,直接导致美国化学工业综合要素生产率在此期间严重下降,降幅达到了 39%,可见,创新不足对经济发展的阻碍作用是相当明显的。在中国,计划经济时期企业作为创新主体,几乎不进行创新活动,仅有的创新活动也只是出现在国家主持下的国防或重大科技领域,因此造成了创新不足的局面。这导致产品生产效率低下,更新速度慢,人们日常生活所需的轻工业产品长期匮乏。改革开放以来,中国大力促进技术创新的发展,轻工业方面产品增速明显,在改革开放的十多年后,轻工业产品增速远远超过了国民经济的增长速度,由此看来,技术创新是促进经济增长的主要动力,创新缺乏会导致经济增速缓慢或倒退,严重影响经济增长和发展。

技术创新是推动经济增长的原动力,但制度创新在技术创新活动的顺利实施中起到了重要的支撑作用。制度政策就像是一根线,将技术创新、科技进步、生产工艺改进、创新扩散、创新产业化商业化等各个环节贯通在一起,形成有效运转的链条,保证创新活动的顺利进行。创新制度政策虽然不是技术创新的根本性决定因素,但它是影响技术创新实施效率和质量的决定因素,只有适合某国或某一地区具体情况、经济增长方式、产业结构等,才能使技术创新和科技进步真正成为推动经济增长的原动力。所以说,经济增长不仅取决于由创新引起的生产效率提高、专业化分工合作和生产力扩大,还取决于制度创

---

① 许倩倩:《研发投入和技术创新对经济增长的影响》,《现代管理科学》2012 年第 10 期,第 76—78 页。

新所带来的保障技术创新高效开展的制度环境。技术创新和制度创新是两个相互作用、相互影响的因素。用"进化论"的观点来解释，当适应技术创新开展的制度政策存在时，就会对技术创新有促进作用；但当制度政策不适应技术创新发展趋势，甚至阻碍技术创新发展时，也会被淘汰，进而被更有效率、保障性更高的制度政策所替代。从交易费用理论的角度考虑，为了激励创新活动和达到资源的最优配置，具有较高交易费用的制度必定会被具有较低交易费用的制度所代替。这其中和创新发展直接相关的制度政策有产权政策、企业组织制度、交易信用制度、风险投资政策等，而有的制度政策不仅能影响创新发展的现状，甚至还有可能在此基础上推动整个产业变革和整个社会的产业结构调整。以中国沿海地区为例。作为特区的深圳，从一个贫穷的小渔村发展成为国际大都市、中国经济对外开放的前沿阵地，这与中国开展制度创新、主动适应技术创新的发展和创新制度的顺利实施有着密切的关系。

　　制度创新和技术创新是经济增长这一链条上的两环，二者缺一不可。缺少任何一个方面该链条就会断裂，无法正常运转。它们之间还具有相互传递的关系，制度创新的作用会传导到技术创新这一环节，而技术创新的绩效和质量也同样会决定创新制度政策制定的依据和方向。在世界经济一体化的大背景下，各国不但重视技术创新，还希望技术成果能比以往取得更大的绩效，加快经济增长速度。随着技术创新从单兵作战到各国之间相互协作，广泛的传播、吸收，对创新制度的要求也随之提高，这就要求创新制度政策更具引导和激励作用，效率更高，也更具可操作性。诺斯通过分析 1600—1850 年海洋运输生产率数据，指出制度变革是比技术变革更为重要的因素。[①] 吴敬琏在分析中国高新技术产业发展时也指出了制度相对于技术的重要性。[②] 所以，在研究创新经济的发展过程和经济增长绩效时，不但要分析技术创新快速变化和不断涌现对经济的增长绩效，还要注重分析技术创

[①] 参见诺斯《经济史中的结构域变迁》，上海三联书店 1994 年版。
[②] 参见吴敬琏《发展中国高新技术产业：制度重于技术》，中国发展出版社 2002 年版。

新与制度创新的关系以及制度创新在技术创新过程中的重要作用。

创新主体并非固定不变，它始终处于动态换位的状态。一般来说，每个经济领域都有其具有代表性的主导部门，这些部门在创新技术、工艺方面都处于领先地位，它们在通过本部门的自发创新寻求自我发展的同时，还可以通过技术扩散等途径带动其他部门技术创新的发展和生产效率的提高，进而带动整个经济领域甚至是整个社会的经济增长。技术创新是一个加速过程，经济领域中的各个部门都通过技术原创和技术扩散寻求更快的发展，有时先前处于非主导地位的部门通过对新技术的吸收和再创新，创新速度会加快甚至超越先前的主导部门，成为新的主导部门，经济又在新的创新主导部门的拉动下继续增长，并且在一次次的推波助澜中出现效率和质量更高的技术和工艺，去解决在经济增长过程中不断出现的技术突破"瓶颈"，在推动经济增长的同时，也加速了整个社会科学研究的飞跃。以原子能、电子计算机、空间技术和生物工程的发明和利用为标志的第三次科学技术革命，是继蒸汽机和电力之后的人类历史上最具意义的科技飞跃。它们不仅推动了本领域科技的进一步发展，还推动了整个社会经济、政治、文化等领域的全面变革。它们改变了人们传统的生活方式和思维方式，使人类站在更高的起点上去创新，人类生活和社会经济进入了新的、更高效的发展模式中。

创新通过改进原有生产工艺和提高生产要素使用效率来增加产品产量，从而使供给曲线右移，在降低生产成本的同时增加产品供给来刺激经济。创新同样也可以创造需求。当一个企业或一个部门通过创新获得了高额利润时，就会吸引其他企业或部门的模仿行为，刺激更多创新活动的开展。另外，除了企业或部门在追求利润、创造经济价值驱使下的自发创新活动外，政府主导的科研活动、制定的创新制度政策也会促进创新的发展。在内部自发和外部诱导的双重激励下，创新活动日益活跃，对创新的需求势必会拉动对创新原材料、创新产品、新技术、新工艺等的需求。创新创造了供给和需求，并通过这一途径促进经济增长。

（二）创新推动经济结构调整和变革

经济结构的调整和变革在根本上源于创新，因为经济结构的主导部分是产业结构，产业结构是指各产业间的相互联系及联系方式。①产业结构的调整和变革直接导致了经济结构的调整和变革，而产业结构的调整和变革往往依赖于主导产业的技术进步和产品的更新换代。在人类进入蒸汽时代、电气时代和生物、信息时代的三次产业革命中，都是在主导产业引领下发动的生产与科技的变革，进而推动了整个产业的变革。产业变革极大地提高了生产力，传播了先进的生产技术和生产方式，改进了阻碍生产发展的生产关系，引起了生产组织形式的变化，从而使经济结构随之发生了调整甚至变革。从科学、技术到产业，是创新引领产业变革、进而促进经济结构调整和变革的主要逻辑途径。

科学技术是产业结构升级的推动力，一方面，技术创新通过改进生产工艺，提高生产率，淘汰落后产能并使产业结构中落后或阻碍生产发展的环节得到改进，或被淘汰，从而使生产力得到提高，实现产业结构向更合理方式升级的目标；另一方面，政府为鼓励创新的发展以及由此带来的经济增长和生产力的提高，也会主动调整产业结构并制定相关制度政策或者进行制度安排为产业结构升级或调整提供保障。技术创新会改变经济系统的结构参数，促使经济结构发生变化，在积极改造原有产业和产业部门的同时，使新兴产业出现。②产业结构升级的主要内容是从以第一产业为主向第二、三产业倾斜，调节第一、二、三产业在国民经济中所占比重，使这一比例趋于合理化；从依靠劳动密集型的生产方式向以资本、技术密集型的生产方式转变，在节约资源、提高生产率的同时，产品及服务在数量和质量上也得到提高；从最初初级加工的生产方式向深加工、精加工的生产方式转变，降低能源和资源消耗，提高产品附加值，使产品收益率获得提升。产业结构调整或升级是产业结构在与生产力、生产关系相适应、相协调中不断更新换代、不断完善的过程，它代表着产业结构不断走向成熟，也标志着经济结构向与国民经济发展更协调的方向进步。创

---

① 杨公仆、夏大慰：《产业经济学教程》，上海财经大学出版社 2002 年版，第 98 页。
② Maria Lusia Petit, Boleslaw Tolwinski, "Technology Sharing Cartels and Industrial Structure," *International Journal of Industrial Organization*, 1996: 77 – 101.

新促进产业结构向合理化调整或升级,通过带动需求结构、消费结构、生产结构、就业结构等推动经济结构调整或升级,从而实现经济的协调发展(如图3.2所示)。①

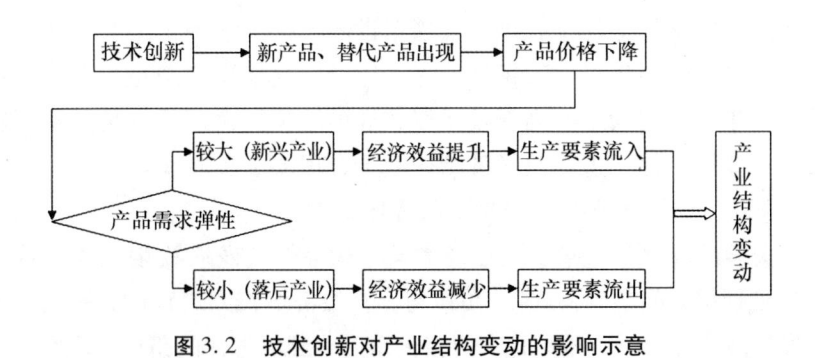

图 3.2 技术创新对产业结构变动的影响示意

要想实现经济增长和经济结构更加完善的目标,就必须依靠创新,走产业结构调整或升级之路,这样才能使经济增长方式趋于合理,使经济增长走到协调、可持续的道路上来。技术创新对产业结构的升级作用是通过推动传统产业的改造、新兴产业的兴起和落后产业的淘汰三个方面表现出来的。② 技术创新通过其自身的推动效应、乘数效应和选择效应来影响产业及产业结构,从而使产业结构得到调整或升级。推动效应的作用体现为技术创新改进生产技术及工艺,淘汰落后产能,使产业结构向更能促进经济持续、稳定、健康增长的趋势调整,或者用新的产业替代旧的产业,实现产业的更新换代,通过这些途径达到产业结构调整和推动经济增长的目的;乘数效应是指产业内部和外部通过技术创新的扩散、模仿、吸收、再创新等实现产能的提升和产业结构的合理化;选择效应主要发生在产业内部和外部的竞争上,技术创新所带来的相对优势以及垄断利润,可以迅速提升竞争力,从而使产业结构向更具竞争力的产业调整。在这三个效应的共同作用下,一方面使落后产能得以改善,另一方面一些没有改进可能的

---

① 邱爽:《产权、创新与经济增长》,经济科学出版社2009年版,第63页。
② 参见周惠珍《投资项目经济评价》,中国审计出版社1997年版。

产业就会被更高级的产业所代替，从而实现产业结构的完善和提升。

技术创新优化产业结构。技术创新的扩散、吸收、再创新可以以点带面，提高产业的整体技术水平，并随着产业中对技术创新的不断重视，使技术创新活动领域不断扩大，直到延展至整个经济领域，并使经济结构整体上趋于合理。在当今世界上，资本密集型产业居于主导地位，资源消耗量大的钢铁、化工等产业规模逐步缩小，而以信息技术、生物工程为主的高新技术产业规模逐步扩大，这就是技术创新带动产业结构优化进而使经济结构趋于合理的真实表现。

（三）创新推动经济增长方式的转变

美国经济学家坎佩尔把经济增长方式称作"发展战略模式"或者是"处理增长问题的方式"，可以看出，经济增长方式直接关系到一国的发展战略和国际竞争地位，直接关系到一国以怎样的路径实现经济增长。实现经济增长，可以依靠粗放型和集约型两种方式，可以通过外延型和内涵型两种路径，但是如何实现经济的稳定、可持续增长，不以消耗资源、破坏环境等为代价实现增长，就不能单单看到经济增长数据，还要看到经济增长质量和绩效。重视科学技术在经济增长中所占比重，加大技术投入，提高劳动和其他生产资料的利用率，提高生产管理水平，是经济通过集约型方式和内涵型路径增长的基本要求。

虽然各国都认识到转变经济增长方式的重要性，但要真正实现经济增长方式的合理转变，不是一朝一夕的事，需要做出很大的努力。中国虽然非常重视经济增长方式转变并付出了很大努力，但现阶段仍没有摆脱原料消耗大、生产要素利用率低、生态环境恶化的局面，增长方式仍没有完全转变到集约型、内涵型、技术含量高、劳动生产率高、资源利用率高、科技贡献率高、投资结构合理的方式上来。1978—1995年，中国全要素生产率提高对经济增长速度的贡献率为43.0%；而在1995—2001年，则降低至27.8%。[1] 不但如此，进入21世纪以后，中国又步入了过度投资和经济发展过热的粗放型增长方式中，尤其是房地产产业的过度发展，加速了投资和消费结构不合

---

[1] 张立群：《我国经济增长方式转变进程分析》，《学习与研究》2006年第2期，第29—31页。

理和经济环境的恶化。因此，在实现经济可持续增长的大目标下，对中国调整经济结构，转变经济增长方式的要求就更加迫切，但是在转变经济增长方式方面，中国仍处于知易行难的阶段。要想实现中国特色的新型工业化道路，使经济增长由主要依靠投资、出口拉动向依靠消费、投资、出口协调拉动转变，向依靠第一、二、三产业协同拉动转变，向依靠技术创新、提高劳动者素质、组织管理水平的方式转变，仍需要付出很大的努力。

在经济增长方式的转变过程中，技术创新是使其得以实现的重要工具和必要途径。集约型经济增长方式和内涵型经济增长路径的根本要求就是依靠创新实现降低资源消耗量，提高生产要素利用率，提高劳动生产率和管理水平来提高经济增长绩效。目前，中国长久以来以资源消耗为代价的粗放型经济增长方式所造成的影响还十分深远，这阻碍了中国发展创新型经济的脚步，因此应充分利用技术创新和相对应的制度创新来克服经济对资源消耗和高污染产业的依赖。从依靠传统有形要素投入的产业向依靠创新要素投入的产业方向转变，以新兴产业为主导，用信息产业推动实体经济向科技含量高、消耗低、污染少、产品附加值高的创新之路发展，是中国经济增长方式转变的必经之路。产业创新的全面实现是经济增长方式转变的重要标志，它需要创新经济的推动，需要知识密集型产业和绿色技术作为依托，需要创新主体的紧密配合。创新主体包括知识创新主体和技术创新主体，知识创新主体主要是由各高校、科研院所、研究机构等组成的；技术创新主体显然是创新企业本身。只有以上各条件的通力配合与协调，才能使产业结构调整和经济增长方式的转变得以实现。

除了技术创新外，制度创新也是经济增长方式转变的有力保障。技术创新必须和制度创新、组织创新、管理创新、金融创新等相互配合，才能保证经济增长方式高效、有序地完成。深刻理解从一种经济发展方式向另一种经济发展方式的转变，需要仔细思考从一种制度体系向另一种制度体系的变迁过程。[①] 演化制度学派认为，如果没有好

---

① [比] 热若尔·罗兰：《转型与经济学》，张帆、潘左红译，北京大学出版社2002年版，第4—13页。

的制度体系作为支撑，从一种经济发展方式向另一种经济发展方式转变就不会取得实质效果。制度创新是经济增长方式得以转变，创新经济得以实现的必要手段和润滑剂，它可以减少由于经济增长方式改变而形成的新发展方式与原有的制度结构间的摩擦，从而减少原有制度体系对经济增长方式转变所带来的阻力。发展创新经济，需要依靠技术创新推动下的经济增长方式的转变，同时也需要制度体系的相应变迁，制度创新催生了制度体系的变迁。技术创新与制度创新在转变经济增长方式、发展创新经济中的地位是同等重要的，技术创新决定着生产力，而制度创新决定着与之相对应的生产关系。就好像是一台机器的发动机和润滑剂，缺少了谁都不能使"经济增长"这一庞大且复杂的机器得以顺利运转。制度创新在宏观层面表现在健全和完善市场体系，依靠市场来对资源进行合理配置上；在微观层面，一方面是明确政府职能，提高政府管理水平，杜绝政府失范行为引起与发展市场经济相悖的情况发生，另一方面作为创新主体的企业，重视自主创新和创新产权的保护，提高企业自身组织和管理水平，为促进企业创新提供有力保障。制度创新与技术创新是紧密联系在一起的，技术创新其实是一种制度现象。企业开展创新活动并不单单考虑成本—收益情况，在很大程度上还要依赖制度安排和制度创新，企业是否需要开展创新活动，何时、何地开展创新活动，开展何种具体的创新活动，用何种工具开展等，这些与技术创新密切相关的细节问题都是与技术创新分不开的。

第二节 技术创新的推进过程

一 知识创新与技术创新

技术创新分为狭义和广义两种概念。狭义的技术创新是以企业为创新主体，技术创新主要体现在企业内部的技术发明或改进行为所带来的技术进步方面；广义的技术创新是将以大学、科研院所为主体的知识创新纳入传统技术创新的范畴，它是知识创新成果从理论性研发到企业中应用并实现产业化的全过程，是完整且全面的技术创新过程。

随着知识经济的蓬勃发展，由知识创新成果到产业化所创造的价值在对经济增长的贡献中所占的比重逐步超过了单纯依靠企业技术发明和改造创造价值所占的比重，这就要求对技术创新的分析要从广义着眼，将知识创新与传统的技术创新相融合，形成新的包括从知识创新成果到产业化、商业化的整个过程的技术创新的总体概念，即广义的技术创新。广义的技术创新包括两个方面：一方面是知识创新，另一方面是将知识创新成果高效地转化成生产力，使之产业化。这两方面缺一不可，它们之间的有效衔接和交汇是技术创新发展的必要前提。[①] 在传统的技术创新概念中，更倾向于企业自主创新或技术改造所创造的价值，但纵观近十几年来世界经济的发展，新材料、生物工程、能源、电子信息技术等领域知识创新成果被迅速且广泛地应用并直接转化成生产力，所以当今世界技术创新的发展趋势是知识创新与传统技术创新共同作用以达到促进经济增长的目的。可以说，现在的经济增长已经无法单独依靠企业自身的创新和改造，它是以知识创新为基础，产业化和企业自身创新、改造相结合而实现的。在过去，知识创新的目标多是盲目的或者凭借创新者的个人兴趣，不知道知识创新成果能否为社会所用或转化为现实生产力。后来，知识创新的目的转变成以国家目标为导向，但起初的国家目标多是军事的，是为在冷战时期军备竞争中取得优势，如美国的"阿波罗"登月计划。这虽然对知识创新的有序发展起到了一定的拉动作用，但对经济增长的影响较小。随着冷战的结束，国家目标从军事向经济转变，从军事竞争向经济竞争转变。所以从这时开始，知识创新的重点转移到发展一国经济、形成生产力以促进经济增长上。比如美国新经济时代的电子信息技术的发明及广泛应用，为美国经济的迅猛发展发挥了重要作用。这种转变使大学、科研院所和企业共同参与到创新活动中来，从而形成了稳定的创新链条。这一方面要求大学、科研院所要发挥其创新知识集中的优势，产出具有世界先进水平的知识创新成果，另一方面要求这种成果具备产业化价值，可以迅速转化成生产力和创造市场价

---

① 这里以及下文所说的技术创新都是广义的技术创新，以企业为主体的技术发明和改造被称为狭义的技术创新或传统的技术创新。

值。总之，技术创新要以产学研相结合为平台，以企业为主体。产学研相结合是新经济时期发展创新经济对技术创新的新要求，是对传统技术创新的补充和完善。它要求企业、大学、科研机构的紧密合作，使从科学知识的创造到知识创新成果的产业化、商业化这一链条的上下游关系更加紧密化，如同美国著名的硅谷与斯坦福大学的合作一样。一方面保证知识创新成果的商业化价值，另一方面企业作为技术创新产业化的主体也要积极寻找与高校、科研机构的合作之路，敢于对知识创新进行风险投资。

从20世纪后期开始，知识创新成果应用于实际生产、转化为生产力的时间间隔越来越短，从上百年到几十年、十几年，直至发展成几乎同步进行，说明传统技术创新向广义技术创新的转型顺应了社会和经济的发展趋势，高校、科研院所主导的知识创新和企业主导的将创新成果产业化、商业化及企业自身的技术改造和创新已经成为一个有机整体，不可分割。技术创新促进经济增长，产生了很多经济神话，如将知识创新与产业化结合得很完美的微软公司用几年的时间就超越了具有百年历史的福特和通用等制造业公司，改变了传统技术创新的路径。从企业的角度看，企业的技术创新不能仅仅局限于对自身生产技术、工艺、产品等的改造和创新，还要重视知识与技术的结合，将科研机构纳入整个创新体系中来；并且企业的技术创新注意力不能只停留在生产、制造环节，而要将眼光扩展到整个产业上，进行产业创新，依托企业机动、市场灵敏度高等特点将技术创新产业化，形成新的产业，完善产业结构。在创新这个繁杂的体系中，尽管依然是以企业为主体，但与以往不同的是，单纯的工程技术创新在生产力中的地位已不是绝对的第一，进入20世纪以后，科学技术已跃居生产力的第一位，技术创新从过去的工程师时代进入了科学家时代，这也从侧面反映出涵盖从科学成果到企业产业化整个链条并相互整合的上下游关系在经济发展中的重要地位。在许多发达国家，科技在经济增长中所占的比重已经达到了60%—80%，科学技术成果成为创新经济发展的主导要素，创新的绩效不再以知识创新成果的数量来衡量，而是以知识创新成果转化为生产力的速度来决定，速度越快，对经济增长的贡献就越大，这反映了创新经济发展的新趋势。

一方面，鼓励有针对性和商业价值的科学成果涌现，另一方面，作为发展创新经济主体的企业在积极消化科技创新成果的同时，还要增加自身的研发投入。在日本，企业投入的研发费用已经占到国家科技投入数量的82%以上。这不但凸显了企业在科技成果转化中的主导地位，也使企业在提高科技产品市场占有率方面抢得先机，同时通过科研院所和企业的双重努力，更加速了知识、科技成果向生产力的转化。

二 知识创新与技术创新的有效衔接

前面提到作为知识创新主体的高校、科研机构和作为技术创新主体的企业在创新体系中是不可或缺的重要因素，创新经济的发展需要二者之间相互融合，形成一个有效的运作链条，那么将链条两边有效衔接起来的渠道也成为关注的重点，这个渠道就是技术的孵化过程，它是知识创新和技术创新的中游环节。这个环节如同纽带，将知识创新和技术创新有效衔接起来，并且使高校、科研机构主导的知识创新和企业主导的技术创新在技术孵化这个环节交汇，从而实现二者的融合。目前，在发展创新经济的大趋势下，高新技术孵化器或孵化基地在意图依靠创新达到经济增长目的的国家不断建立起来，很多就建立在高校、科研机构周边，这可以使知识创新的新成果就近进入孵化器进行孵化，当其成熟时，孵化后的新技术或新产品就会"飞"向企业或产业链，这大大提高了科学知识创新成果向实际应用的转化速度，节省了技术创新的时间成本。即便是孵化出的技术或产品最终没有实现产业化、商业化，这种转化模式的成本也是相对较低的。过去，作为技术创新主体的企业通常是通过购买先进技术的途径来弥补自身研发投入和研发成果不足的，随着技术孵化器这一手段的日渐成熟，企业家也将注意力转向了技术孵化器或孵化园区，在加速理论向应用转化的同时，也大大降低了成本，实现了收益的递增。因此技术孵化器不但是知识创新成果和技术创新成果交汇的纽带，也是科学家和企业家合作的平台。技术孵化器的存在改变了企业在技术创新中的传统运作理念，它们不再把自身当作仅仅采用技术的主体，而是通过向知识创新领域投资的方式，使具有商业化、产业化价值的知识创新成果进入市场从而获得回报。从采用者到推动者，企业通过技术孵化器完成了角色的转变，避免了知识创新与技术创新之间断层的出现。

由此看来，技术孵化阶段是技术创新过程中的关键阶段，它使知识创新与传统技术创新有效融合，使只具有理论和学术价值的知识创新成果成为真正的生产力，因此，作为技术创新主体的企业在重视自身研发和购买、采用先进技术的同时，也要重视对于技术孵化器的参与，有效利用产学研相结合这一平台。

三　技术创新的推进过程

技术创新的推进并不是独立进行的，它在推动经济增长和经济周期性波动的过程中不断演进。技术创新的推进过程并不是持续进行的，它与经济的周期性波动具有类似的演化路径，也要经历从技术创新繁荣发展期到技术创新萎缩期这一从高到低的波动过程。经济增长是以波动的形式表现的，它是一个上下起伏的过程，并不是单调上升的，而是在上升与下降交替出现的过程中实现经济总量的绝对增长。技术创新的一个突出特点即它的不连续性，这个特点会导致技术创新活动不能实现平稳性涌现，而是时断时续，有高潮有低谷，这样就会使经济增长在周期性波动中实现，而非通过持续的经济繁荣来实现。目前，人们普遍认为经济波动是由投资波动引起的，投资的扩展和收缩带来经济的繁荣和萧条。但实际上，将投资看作经济波动的主要原因是不全面的，投资波动也是由不连续的技术创新引起的。从某种意义上说，投资波动引起经济波动是技术创新波动引起经济波动在投资上的反映，并不是经济波动的根本原因，其根本原因是技术创新。当某一项技术创新给某个企业带来高额技术垄断利润时，一方面企业自身会继续增加在这一创新上的投入，另一方面其他企业也会纷纷效仿，进入这一领域，这会增加投资和信贷需求，使经济进入繁荣期。当企业自身对该创新投入过多而使成本—收益不能满足企业要求或模仿和进入的企业过多导致技术垄断利润减少直至消失时，对该创新的投资活动就会减少或消失，创新推动力的消失使经济进入萧条期，创新活动的不断推进使经济增长进入一个波动式上升的过程。

创新的推进过程是通过经济的周期性波动来表现的，历史上发生的几次有代表性的技术革命在世界范围内引发了产业革命，使世界经济得以全面发展，技术创新的推进过程正是伴随着这几次技术革命而进行的。从经济波动周期的角度考察，每一次技术革命过程都是一次完整的长波，[①] 现在正处于第五个长波的初期。从18世纪七八十年代到19世纪三四十年代是第一个长波出现的时期，也是第一次技术革命或产业革命时期。这一时期处于创新领域、引领经济增长的主要产业是纺织、机械纺织和铁制品行业等，创新要素是棉花和生铁。第二次长波出现于19世纪三四十年代到19世纪八九十年代，此时的特征是蒸汽机的广泛应用，并由此迅速发展了铁路建设业，除蒸汽机和铁路设备外，造船、机械制造、航运等行业也得以增长，这一时期的创新要素是煤矿和运输。从19世纪八九十年代到20世纪三四十年代出现了第三个长波，电力和钢材被广泛使用，技术创新活动主要集中在炼钢行业。第四个长波出现在20世纪30年代到20世纪八九十年代，这一时期能源领域，特别是石油方面的技术创新活动比较频繁，从而推动了汽车、机械设备、合成材料、航空运输等行业的发展。从20世纪八九十年代至今，处于第五个长波期，计算机、电子信息技术的广泛应用，使电子设备生产、电信设备、光导纤维乃至机器人、人造卫星领域的创新活动活跃起来，并一直引领目前的创新趋势。

（一）第一次技术革命和第一次产业革命

第一次技术革命的发生是以纺纱机、蒸汽机和铁路的广泛应用为标志的技术革命，它开始于18世纪30年代。第一次技术革命的发生与英国的产业革命密不可分，在英国产业革命的带动下，技术创新从英国开始逐渐辐射到了世界范围。

英国在确立资产阶级议会政体后，议会推行并实施了许多有助于经济发展的政策，如土地、税收、贸易、殖民等相关政策以及促进技术创新发展的政策等。早在1650年，英国首都伦敦就已经成为欧洲技术创新活动的中心，于1662年成立的英国皇家学会专门设立了鼓

[①] 长波，又叫康德拉季耶夫长波或康德拉季耶夫长周期，是1926年俄国经济学家康德拉季耶夫提出的一种为期50—60年的经济周期。长周期与重大创新集群有相当密切的关系，它是最明显、研究得最多也最具有战略指导意义的周期。

励技术创新活动和发明创造的奖金，这进一步激励了英国本土技术创新的发展，使英国顺理成章地成为第一次技术革命和产业革命的发源地。

第一次产业革命大体上可分为三个阶段，这三个阶段分别以纺织机、蒸汽机和机器制造的发明、应用和发展为代表，它们开启了第一次技术革命中的动力革命，使机械化大生产成为可能。在纺织机、蒸汽机和机器设备的广泛应用下，钢铁冶炼业和交通运输业得以迅速发展，人们将这一时期称为"蒸汽时代"。

其中棉织技术大约在1685年传入英国，但相比于棉织技术发达地区，英国当时的棉织技术还较落后，生产效率低下。为了提高棉织业的生产效率，提高棉织产品的竞争力，开始了一系列相关的技术创新。从1733年到1785年，飞梭、纺纱机、珍妮机、骡机相继被发明出来，初步完成了纺纱机的技术革命，大大提高了纺织效率。但此时纺织业的技术革命还未完成，随着越来越先进的纺纱机器的出现，生产效率得到了明显提高，棉纱的产量和成本大大降低，但棉纱只是中间产品，它的生产是为织布业提供原料。此时织布业相对较低的生产效率已经成为纺织业发展的"瓶颈"，所以从1785年起，人们将技术创新的注意力转移到了织布机的发明和改进方面，高效率织布机的发明标志着纺织业的技术革命基本完成。纺织业的机械化和技术革新引起了一系列连锁反应，很快波及化工、冶金、机械制造等部门，掀起了机械化的浪潮。虽然纺纱机和纺织机的出现对技术革命乃至整个社会生产力的提高产生了重要的影响，但这些机械设备的动力仍是人力或畜力等非机械化动力，动力的局限性严重影响了机械化的进一步发展，此时蒸汽机的出现彻底改变了这一局面。

蒸汽机最初是由法国物理学家巴本设计的，但不能投入实际应用。1698年，英国的托马斯发明了可以实际使用的蒸汽机，但使用范围非常窄，只能用于抽水作业。对蒸汽机真正进行划时代改革的是瓦特，他使蒸汽机的使用范围无限扩大，成为一种万能的动力机械。蒸汽机的发明和应用彻底改变了社会生产中的技术基础，完成了人类生产手段从工具到机械的转变，引领了人类技术创新领域的革命性蜕变。蒸汽机的发明不仅引领了一场技术革命，也带动了与蒸汽机制造相关的产业部门的深刻变革，如各种机床、车床等的发明，并结合零部件互换原理，实现了零部件的批量生产，由此便可批量生产各种机械设备，大大降低了生产成本，提高了生产效率。

蒸汽机的发明使机械设备制造得到了快速发展，制造领域的相关技术创新也相当活跃，但是只有技术，没有生产要素的保障，也会阻碍机械设备生产的发展。而此时，对于机械设备制造业来说，最不可或缺的生产要素就是钢铁，钢铁冶金技术为机械制造的发展和英国乃至世界的技术革命提供了前提。1735年，英国的亚伯拉罕·达比父子成功发明了由煤到焦炭再到铁的冶炼技术，并由此催生了之后炼钢和轧钢技术的发明。1788年，亨利发明了将蒸汽机作为动力的轧钢机，使钢材、钢板等可以大批量生产，为此时日益繁荣的铁路、航运业提供了大量的原料。

随着技术革命的不断蔓延，制造业和商品市场的不断繁荣，如何运送大量的原材料和产品成为国内外市场共同面临的难题，此时对运输工具的需求显得尤为迫切。在航运方面，以美国人发明的第一艘蒸汽船作为开端，航运业不断发展，1812年，欧洲第一条定期轮船航线的诞生，标志着真正意义上的航运业正式产生。在陆路运输方面，斯蒂芬森发明了人类历史上第一台蒸汽机车，加之铁路运输成本低、运力大、利润高等特点，铁路运输很快成为工业化时代陆路运输的主要工具。

蒸汽机的发明和广泛应用，如同核裂变一样引起了一系列连锁反应，以蒸汽机动力为核心的技术体系的建立开启了近代工业化体系的进程。第一次技术革命从英国兴起并取得举世瞩目的成就，进而蔓延到欧洲和北美，这些国家在吸收英国先进技术的基础上，开始了本国的技术革命。19世纪40年代前法国、德国、俄国和美国分别完成了本国的技术革命。第一次技术革命为第一次产业革命奠定了基础，其巨大的技术成就为第一次产业革命提供了原动力。

由第一次技术革命直接引致的第一次产业革命发生于18世纪60年代到19世纪30年代，它是以机械化设备的普遍使用为标志的。第一次技术革命的主要成就即纺织机技术和蒸汽机技术的发明和改进，为后来的第一次产业革命提供了技术基础，这主要体现在三个方面：首先，纺织机的发明和广泛使用掀起了纺织业的产业革命，它用机械化生产方式代替了传统的手工纺织技术。可以说,发生在纺织业领域的技术创新使纺织业的生产方式发生了质的变化,大大提高了生产效率。其次,蒸汽机以及以蒸汽机为动力的机械设备的广泛应用使小作坊式的工场手工业向机械化大工业的转变成为可能。机械设备的使用将分散的手工作坊集中起来,形成了最初的工厂形式和工厂制度,这摒弃了手工作坊重复的效率低下的手工劳动,取而代之的是分工细致的机械化生产,生产效率更高。工厂制度的建立最初发生在英国,而后蔓延到欧洲,甚至更远的美国。到1931年,纺织工厂已经成为美国的重要经济支柱。最后,蒸汽机的广泛使用还带动其他新兴工业部门的崛起和发展。虽然蒸汽机的使用最初是在纺织业,使纺织业得以迅猛发展,纺织数量和质量有了质的飞跃。到18世纪末,这种以蒸汽机为动力的技术革命从纺织业扩展到与之相关的其他领域,并呈辐射状扩展开去。如机械加工、制造业、冶金、煤炭业、交通运输业、建筑业等,这些新兴产业不断发展壮大,并且成为社会经济发展的中坚力量,为产业结构的合理化起到了重要的作用。第一次技术革命和由之掀起的产业革命,很好地展现了由科学到技术再到产业的全过程,为科学技术推动产业结构调整和产业发展进而促进经济繁荣增长提供了有力证据,它是一个循环上升的过程。第一次技术革命和产业革命使英国成为当时资本主义国家中工业最先进的国家,由此带动了欧洲、北美等国家陆续完成产业革命,并最终进入先进国家之列。在第一次技术革命和产业革命中,从科学到技术再到产业的循环里,在科学发明中担当主角的并不是我们所说的科学家或者科研机构,大多是由工匠的经验或个人的研究兴趣作为支撑的,说明在第一次产业革命中,相对于科学发明,技术创新与产业结构变化的关系更为紧密,它为产业革命提供了技术前提和基础。但这三者仍是一个紧密联系的整体,产业革命完成后,它所创造的物质财富为进一步的科学发明和技术创新提供了必要的物质基础。三者互相促进,互为影响,共同推动经济的增长。

(二)第二次技术革命和第二次产业革命

如果说第一次技术革命和第一次产业革命是建立在以蒸汽机为动力的机械化基础上的,那么第二次技术革命和产业革命主要发生在电气化领域，是一场电气化革命，它是以电机和电力的发明与应用为标志的，相对于第一次产业革命中蒸汽机动力机械，这一次的电气革命又是一次质的飞跃，将人类社会生产力提高到新的高度。

电机主要包括发电机和电动机，相对于电动机，发电机的发明和应用在第二次技术革命中起到了更为关键的作用。1831年，法拉第根据其发现的电磁感应定律发明了最初的发电机，而后1837年英国物理学家惠斯通又发明了永磁铁发电机，之后许多工程师和科学家相继对它们进行了改进或在此基础上重新制造，出现了多种形式的发电机，但发电效率都非常低，无法投入实际应用。真正可以投入实际应用的发电机是德国的西门子发明的自激式发电机，之后不少工程师对其进行了改进，发明出自激式直流发电机，这大大提高了发电效率，此时的电机才真正可以运用于生产环节。发电机的发明和不断完善，标志着电的产生和大规模应用已经来临，为广泛应用于生产和生活，就需要大型的发电系统和有效的输电系统。1882年，爱迪生电气照明公司在伦敦建立了发电站，这是世界上第一座发电站，之后该公司又相继研制成功了交流电机和变压器，这就解决了远距离输送需要用高压电，而终端用户需要用低压电的供需矛盾，又一次克服了将电力广泛应用于生产生活所面临的障碍。后来俄罗斯工程师多利沃·多布罗夫斯基在对三相输电理论进行大量研究的基础上发明了三相变压器，实现了三相交流电的输送。之后随着对交流输电设备的不断改进，交流输电技术的优越性不断显现，并最终得以在世界范围内广泛应用。

电的发明和应用，带动了通信技术的发展，使利用电传递信息成为可能。1835年，美国的莫尔斯发明了世界上第一台可以正式投入实际使用的电报机，后来在其他科学家的努力下得以广泛使用，并由此产生了有线电报技术，为远距离的信息传输提供了条件。1876年，贝尔对电话的发明更是将远距离有线信息传输技术提到了更高的层次，人们不用电码便可传输信息。电话的出现，促使电话交换台或交换局在欧美等主要城市建立起来，更加促进了有线信息传输系统的广泛使用和进一步推广。

虽然远距离信息传输技术已经是人类技术史上的重大飞跃，但此时的信息传输仍摆脱不了对线路的依赖，具有很大的地域和空间局限性。无线电通信技术的发明才是第二次技术革命的主要成就之一。无线电技术并不是通过工程师的技术改造和创新出现的，而是真正源于科学研究的成果。在第二次技术革命中，德国物理学家赫兹通过实验证明了电磁波的存在，这为人类利用电磁波发展无线信息传输提供了先决条件，使无线电通信技术得以使用和发展。随后，随着二极、三极电子管及其他无线电元件的发明，建立在无线电通信技术基础上的无线电报、广播、电话、电视等应运而生，人类进入了无线电通信时代。

除了电力外，内燃机的发明和应用也是第二次技术革命的重要成就之一。与蒸汽机机械能动力小、传递慢的特点相比，内燃机提供的动力更大，传递速度更快，热效率更高，且体积较小、更为轻便。随着工业生产的蓬勃发展，蒸汽机机械能所提供的动力不再能满足各个生产领域的动力要求，因此人们开始加强研究热效率更高的机械动力来替代蒸汽机动力。1859年，法国的苹恩瓦研制出世界上首台煤气内燃机，在此基础上，1878年，德国的奥托取得了内燃机动力技术上的一次突破，研制出四冲程内燃机。但与实际应用联系最紧密的还是1893年德国工程师戴姆勒发明的以汽油为燃料的内燃机。汽油内燃机被广泛应用于工业生产，大大提高了生产效率，并且对此时新型交通运输工具的出现和交通运输业的发展起到了重要的推动作用。

与第一次技术革命相比，第二次技术革命在技术创新领域取得了更多的成就，并且有其自身的特点。首先，第一次技术革命发生在英国，在英国完成后逐渐蔓延到德、法、美、俄等国，而第二次技术革命几乎是在几个主要的工业国家同时发生的，技术成果的出现不再集中在英国，而是遍地开花。其次，第一次技术革命主要是由工程师直接进行技术改造或创新，进而推动技术变革和产业革命的，但在第二次技术革命中，则是由科学研究成果转化为技术创新成果进而转化成技术革命和产业革命的动力，它是以科学理论为先导，相比于第一次技术革命更为成熟。比如，电机的发明和研制是建立在电磁感应理论成果基础上的；无线电技术是以电磁波理论的相关研究成果作为前提的；内燃机的出现是热力学理论研究的结果，等等。

从总体上说，第一次技术革命是以蒸汽技术为主导，而第二次技术革命是由电气技术引领并开展起来的。第二次技术革命的发生和完成，在世界范围内促使了技术体系的重要变革，同时以第二次技术革命的技术成就为基础的第二次产业革命也由此发生。

第二次产业革命是建立在电气技术基础之上的，是一场电气革命。它发生于19世纪60年代，于第一次世界大战前基本结束。第二次产业革命是伴随着主要资本主义国家由自由资本主义向垄断资本主义过渡的阶段发生的。因为创新技术会导致垄断的发生，会为资本家带来垄断利润，为了获取高额的垄断利润，人们更加重视对技术的进一步研发和掌握。一方面是在原有技术的基础上加以改进，使原有技术的外延得以扩展；另一方面研发新的技术，以期获得更高的垄断利润。正是在这种趋势的推动下，人们加大了对电气技术领域的相关研究和改进，使电力技术得以完善和广泛使用，从而直接推动了第二次产业革命的发生。电力的广泛使用是第二次产业革命的重要标志，因为相比于蒸汽技术，电力技术有很多蒸汽技术无法超越的优势。电力提供的动力更大，成本更低，能实现规模化生产，便于远距离运输，提供电力的发电方式很多，如煤炭、水利等。发电机生产出的电力除了用作电能之外，还可以将其转化为光能、磁能、机械能、化学能等，这样相比于蒸汽机就具有更广泛的用途，且更能提高劳动生产率。电力对于人类社会和生产生活具有重大意义，从而使人类历史进入更高效的电气时代。

除电力之外，第二次产业革命中其他技术的使用和发展同样对当时生产力的提高起到了重要的拉动作用，使某些产业发生了根本性的变革。一方面具有现实意义的传统产业得到进一步发展，如运输业、炼钢产业和机器制造业等。交通运输业在第一次产业革命中就发展起来了，但当时是建立在以蒸汽机为动力的基础之上，进入第二次产业革命后，由于内燃机的发明和广泛使用，交通运输业的动力来源转变为效率更高的内燃机，如内燃机驱动的拖拉机、轮船、潜水艇等。炼钢在原有技术的基础上，取得了重大突破，新型的炼钢方法使炼钢效率得到极大提升，越来越先进的新型炼钢技术的出现，大大缩短了炼钢时间，炼一炉钢的时间只需10—15分钟，生产效率大大提升，提高了 62.5 倍，炼钢产能几乎增加了 1 倍。炼钢效率和产能的提高，使钢产品的应用更加广泛，逐渐扩展到铁路、桥梁、机械制造、军工等更多领域。与第一次产业革命相比，机器制造业不但得到了迅猛发展，还拥有与之前不同的特点：首先，进行机器制造的机床类型更加多样化，不仅能够满足多种需求，还能完成一些庞大或复杂的机器制造；其次，机床的驱动力由蒸汽机动力向电力转变，大大提高了生产效率，降低了成本。传统产业在电气时代得到了进一步发展。

在电力的推动下，不但传统产业得以进一步发展，还涌现了很多新兴行业，最具代表性的是电力工业，此时电力不仅作为一种能源被利用，而且形成了一个工业部门，一个产业。电力工业的确立，一方面源于电机及其他相关电器的发明为电力工业的发展提供了电力支持；另一方面在第二次产业革命中，随着工业化的进一步发展，对能源的需求越来越迫切，而电力相对于传统的动力能源来说具有成本更低、效率更高的特点，这又进一步促进了电力工业的迅速发展。此时日益兴旺的铁路业带动了机器制造业、燃料、冶金等行业的发展，这些行业要发展，能源是必不可少的要素，这更加有利于电力工业的发展。电气工业的建立是在电讯业发展起来之后，随着电报系统、电话公司等的相继建立，对电力的需求更加广泛。在与电力发展密切相关的新兴产业中，具有代表性的还有有机化工业和汽车制造业。有机化工业开创了文明利用电力的先河，对人类的生产生活起到了重要的影响作用。在第二次产业革命中，汽车工业成为国民经济的支柱产业，此时内燃机技术已经趋于完善，为汽车制造业提供了技术基础，使之成为重要的工业部门。汽车的制造和普遍使用，推动了公路网等基础设施建设，拉近了城乡距离，为各产业部门更广泛的发展营造了良好的社会环境。

第二次产业革命中各个资本主义国家间的竞争本质上是在技术创新和技术利用效果方面的竞争。由于在发展新技术上的侧重点和力度不同，导致这种竞争的结果也大为不同，使主要资本主义国家间的力量对比有了悬殊的变化，相比于第一次技术革命，英国在世界上的技术力量下降，以美国、德国为代表的新兴资本主义国家的地位上升。究其原因，主要是英国在第二次产业革命中基于技术掌握程度和研究成本的考虑，仍将精力放在效率较低的蒸汽机的相关研究和改进上，而最初在蒸汽机技术上并不处于领先地位的美国和德国则大力发展新技术，制造新设备，使本国的技术力量大幅提升。统计资料显示，第二次产业革命完成后，在世界制造业产量所占比重的对比数据中可以看出，英国从1870年居世界第一位的31%下降到12.2%，而美、德两国却分别上升到了51.8%和21.3%。从中可以看出，只有顺应新技术的发展趋势，大力发展符合生产力发展方向的技术，才能促进本国技术创新的发展，进而推动产业发展，否则，故步自封只会阻碍技术和经济的发展。从以上事实中可以得出结论，一国经济的繁荣与否、技术革命的成功与否与新技术的发展密切相关。第二次产业革命，又一次完成了由科学成果到技术革命再到产业革命的循环，又一次证明了科学研究和技术创新确实是推动产业发展和促进经济增长的主要动力。

（三）第三次技术革命和第三次产业革命

第三次技术革命又被称为现代技术革命，因为它是以计算机等新兴技术为代表的技术革命。在第三次技术革命中，除了计算机技术外，原子能和空间技术也得到了不断的成熟和完善。与前两次技术革命中以单一技术为主导的情况不同，第三次技术革命并不是只依靠单一技术得以实现的，而是多点开花，计算机、原子能、空间技术在这一时期都得以发展并成熟起来，为第三次技术革命提供了更为全面的、先进的技术支持。之所以在第三次技术革命中出现了核心技术群，这和这一时期各学科门类的综合发展是分不开的。计算机技术的出现是在数理逻辑和电子学产生之后，原子能技术是原子核物理学研究的成果，空间技术的产生离不开空间动力学、材料科学和电子学等相关学科领域的深入研究。从这一点上看，第三次技术革命仍是遵循由科研成果向技术创新转化的路径，又一次证明了科研平台对推动技术创新发展的重要意义。第三次技术革命的发展历经了两个阶段：第一阶段的标志是计算机、原子能和空间技术的出现和不断完善，它发生于20世纪40—60年代；从70年代以后进入了第二阶段，微电子技术是这一阶段的核心技术，它为当代新兴技术的革命性发展奠定了基础，因此这一阶段又被称为新技术革命阶段。

在第三次技术革命中，最早发展起来的技术是核技术。核技术的产生是物理学领域具有划时代意义的研究成果，铀裂变和"链式反应"研究成果的发现和发展，是核技术得以产生和应用的理论基础，通过研究成果向技术的转变，人类开始了利用核能的新时期。核能的利用也经历了两个阶段：军事利用核能阶段与和平利用核能阶段。核技术的利用最初是以军事为目的，核能技术的出现和逐渐成熟恰逢第二次世界大战前期，科学家们担心纳粹德国会利用核能技术制造军事武器以达到其侵略别国的目的，因此在1939年以爱因斯坦为代表的科学家们向美国政府建议制造原子弹以遏制德国的核技术威胁。1941年美国政府通过了被称作"曼哈顿工程"的原子弹制造决议，大量拨款并组织科学家致力于原子弹的研发，并于1945年成功地爆炸了第一颗原子弹，从此人类进入了原子能技术用于军事目的的实际开发利用阶段。在以军备力量作为国家竞争力标志的时期，为了自身军事安全，苏联于1949年成功试爆了原子弹，核能技术由理论成果转向了实际应用。虽然这些成果标志着核能为人类所利用，但遗憾的是最初是以军事为目的，为以后的核安全埋下了不稳定因素。20世纪50年代，人类进入了和平利用原子能阶段，这主要体现在核能发电技术的应用和核电站的建立上。世界上第一座核能发电站是由苏联建造的，随后英国、美国也相继建造了民用发电站，为和平利用核能创造了条件。由军事目的转向和平利用，核能的利用真正走上了正轨，将核能用于人类的生产和生活，标志着一种效率更高的能源及相关技术已经被人类所掌握。核能的利用是当时作为主流能源的煤、石油、天然气的重要补充，相对于这些不可再生且对环境破坏严重的能源，核能是更为清洁、高效的能源，它的利用对人类的生产生活具有重大意义。

作为第三次技术革命的标志，除了原子能之外，还有计算机技术。如果说核能的出现和利用标志着人类能源使用方面的解放，那么计算机的发明和应用就是人类智力的大解放。计算机技术的出现是理论研究向技术转化的代表，一方面，19世纪中叶出现的数理逻辑学在电子计算机的逻辑计算方面奠定了重要的理论基础；另一方面，20世纪初电子技术的出现也是计算机最终研发成功的必要条件。其实，真正催生电子计算机研制成功的仍是军事原因，在第二次世界大战期间，为了防御德国飞机和导弹的袭击，美国需要充分发挥野战炮的作用，为了提升野战炮的打击效果，美国军方每天需要计算几百条弹道的火力表。虽然这项工作被委托给了美国摩尔学院的专家和试验员，但计算效率远远不能达到军事要求。在这种情况下，摩尔学院担任计算机主要研发任务的研制小组，经过努力，1945年世界上第一台计算机在美国诞生。这台计算机与现代计算机不管是从外形、软硬件，还是计算速度上的差距仍是相当大的，尽管如此，与人力相比，它的计算速度已是相当惊人。当时靠人工需要7个小时完成的工作，计算机3秒钟即可完成，即便是与以往以继电器为元件的台式计算机相比，计算速度也提升了8400倍。第一台计算机的诞生使人类的智力获得了解放，人类思维和技术领域得以开拓，人类社会进入了信息时代。虽然第一台电子计算机的问世开启了人类进入信息时代的大门，但第一代计算机不管是从外形还是运算速度方面都不能满足日益发展的人类社会的需求。美国科学家冯·诺依曼对它进行了重大改进，计算程序由内部线路改为由外部线路提供，十进制改为二进制，如此等等大大提高了计算机的使用和计算效率。自此，为了满足人类生产生活不断发展的需求，计算机得以逐步改进，从第一代电子管计算机到第五代超大规模集成电路计算机，人类在计算机领域的技术创新也日渐成熟。计算机的发明和广泛应用，将人脑从繁重的脑力劳动中解放出来，大大提高了生产效率和生活质量。

空间技术是第三次技术革命的又一重要标志，空间技术主要是指航天技术，主要包括火箭技术和卫星、宇宙飞行器技术，其中火箭技术在整个航天技术中占有重要的位置，它是发展卫星、宇宙飞行器技术的先决条件，是卫星和宇宙飞行器的运载工具。火箭技术的出现也源于理论科学的研究成果，是以俄国齐奥尔科夫斯基的火箭速度公式作为指导思想的。火箭技术的发展，与计算机和核能技术一样，与第二次世界大战有着密切的关系。德国是首先研制成功火箭并投入战争使用的，火箭技术正是在二战军备竞争的情况下得以迅速发展的。二战后，美、苏继承了德国的火箭技术，并将火箭技术的发展重点从战场转移到宇宙空间。1957年苏联成功发射了世界上第一颗人造卫星，开创了人类成功运用空间技术的先河。1961年苏联发明的宇宙飞船首次成功将人类送入太空，1969年美国的"阿波罗"号飞船将宇航员成功送入月球，人类的足迹首次踏上月球。1981年美国"哥伦比亚"号航天飞机的研制成功，使人类自由往返太空成为可能。人造卫星技术的发展与人类生活的联系越来越紧密，为人类的生产生活提供了极大的便利。航天技术的迅猛发展，使人类的眼界不仅局限于地球，而是放到更深远、神秘的外太空，去探索未知的世界。随着空间技术的不断发展，不论是地球还是宇宙对于人类来说都将会变得越来越小，成为"地球村"甚至"宇宙村"。第三次技术革命中产生的新技术推动了生产的发展和人类社会的进步，同样也掀起了又一轮的产业变革——第三次产业革命。

第三次产业革命开始于20世纪50年代，至今仍在继续，是我们正在经历中的一次产业革命。对于第三次产业革命的未来发展趋势我们还不能确切预测，但我们可以对已经发生过的产业变革和产业结构调整进行描述，以期对第三次产业革命及其可能带来的结果有所了解。在第三次技术革命的带动下，许多新兴产业得以崛起并蓬勃发展，为世界范围内产业结构的合理化调整提供了前提。这些新兴产业主要包括电子信息产业、生物工程产业、新材料产业、航空航天产业和核能产业等。其中相对来说发展最为成熟的当属信息产业。

1. 电子信息产业

引领电子信息产业发展的是微电子技术，它在第三次技术革命中出现的创新技术里是最为活跃的，由微电子技术带动的相关领域的创新也是最频繁的，由此形成的电子信息产业所创造的价值是十分可观的。在微电子技术中最具代表性的当属半导体技术，从贝尔实验室推出的晶体管到集成电路再到大规模、超大规模集成电路，半导体技术创新活动非常活跃，所取得的技术成果也层出不穷，每一次的技术创新都为微电子技术的成熟和进一步完善起到了重要的作用，推动了微电子技术产品及产业更快的发展，使之成为当今世界上最大的产业。计算机产业的发展也是建立在微电子和半导体产业迅速发展的基础之上的，有了集成电路技术的更新换代，计算机产品才有可能推陈出新。随着微电子技术和产业的逐渐成熟，计算机逐步向人类生活靠近，使之更人性化和更具实用性，在容量增大的同时体积逐渐缩小，同时由于计算机技术的日益成熟和扩散，计算机的制造成本大幅下降，它不再是一种难以企及的高科技的代名词，而是成为人类必不可少的消费品，从而推动了计算机产业的发展。计算机硬件技术水平的逐步提高，要求与之相配套的软件技术水平的相应提高，这催生了计算机软件产业的出现和发展，从目前的发展情况来看，软件产业是新兴产业中最具发展前景的产业。当今，以计算机为主导的电子信息产业已经成为决定一国经济发展方向和经济增长水平的重要产业。据美国调查数据，进入20世纪90年代以后，美国信息产业产值占国民生产总值的比重逐步提高，1998年为8.2%，2000年已达到9.5%，信息产业对美国1995—1999年经济增长的贡献约占1/3。如今，美国仍作为世界上最大的经济体影响着全球的经济发展方向，虽然中国近几年来的经济高速发展有目共睹，成果丰硕，已经成为世界第二大经济体，但我们要注意到，美国的经济产值主要依靠技术先进、成本低、产值高、可持续性强的信息及相关高科技产业，并由于在该领域的长期技术领先和技术创新获得了高额的技术垄断利润。中国虽然也在大力推动像信息产业这种高科技产业的发展，但目前经济产值仍不能摆脱对资源耗费量大的制造业的依赖，这值得我们深思，并应进一步加大力度发展新兴高科技产业。

依据目前的发展趋势可以预测，未来的微电子技术将向更小更精的方向发展，体积越来越小，信息储存量越来越大，运算速度越来越快。随着电子信息领域技术创新的不断展开，电子产品也将越来越人工智能化，计算机能够代替人类完成的工作范围将会越来越广，甚至能够帮助人类进行进一步的技术改进和技术创新，提高技术创新绩效。这样不但将人类从繁重的体力和脑力劳动中解放出来，还将人类的视野和智力扩展到更广泛的领域，从而创造出更多的技术成果。随着人工智能技术的发展，人工智能将成为一个产业，推动着计算机产业的进一步发展。

2. 生物技术产业

生物技术是应用生命科学研究成果，是人对生物或生物的成分进行改造和利用的技术。随着生物技术的发展，随之产生的各种产业就是生物技术产业，生物技术产业的前景也是相当广阔的，在生物技术方面的创新成果将逐渐增加，创新活动日益频繁。生物技术相关领域的研究开始于1956年沃尔森和克里克对DNA双螺旋结构的研究所取得的突破性进展，自此生物技术研究和创新便开始日渐活跃。作为生物技术理论依据和理论支持的分子生物学和分子化学相关研究领域所取得的成果为以后的DNA技术和细胞融合技术的发明奠定了基础，而后者是将生物技术从理论层面转向实际应用并使之产品化的重要保障。随着生物技术产品化和市场化的逐步推进，各国都在此领域看到了商机，并加大了相关领域的研发投入用以开发各种生物产品，从而推动了生物技术产业的形成。目前，在生物技术创新方面位于前列的国家是美国和日本。美、日较高的生物技术水平直接带动了本国生物产品市场的发展。虽然生物技术产业发展前景广阔，代表着新兴产业的发展趋势，但目前的市场还不成熟，且生物技术创新周期较长，前期投入需求较大，因此存在一定的风险，这在一定程度上阻碍了生物技术产业的发展。改变现状的途径是需要政府提高对生物技术和生物产业的重视程度，加大资金投入，这样才能推动生物技术产业的稳步前进，也可以鼓励和吸纳更多的企业参与到生物技术创新和生物产品市场上来。

虽然存在一定的阻碍，但生物技术产业的发展前景还是光明的。原因主要有两点：第一，生物技术产业的预期收益是相当可观的。以生物技术产业中的发酵产品为例，用生物技术生产的发酵产品比用传统生产工艺制造的发酵产品的可获收益高八倍，而投入却只有传统工艺的1/5。虽然生物技术产品开发周期长，前期投入较大，但收益率却很高，这无疑对生物技术产业的发展具有积极的推动作用，同时也鼓励了从事生物技术产品生产的企业积极进行技术创新。第二，生物技术产品市场潜力巨大。除传统的生物技术产品市场较为成熟的美国、日本和几个欧洲国家以外，亚洲在该市场上的潜力也逐渐显现，随着亚洲国家生物技术的逐渐发展，生物技术产品市场将会更加成熟和活跃。目前，生物技术产业已经成为世界经济的重要支柱产业之一，市场潜力十分巨大，很多领域还待开发。

随着生物技术产业的发展，人们愈发重视生物技术和其他新兴技术的融合，以增加产品价值和技术含量。如生物医药、生物能源、生物信息、生物农业、生物机械等新兴产业都有着广阔的发展前景。

3. 新材料产业

新材料是指新出现的或正在发展中的，具有传统材料所不具备的优异性能和特殊功能的材料，或采用新技术使传统材料的性能有明显提高或产生新功能的材料，一般认为满足高技术产业发展需要的一些关键材料也属于新材料的范畴。新材料产业包括新材料及其相关产品和技术装备的产业。新材料如同"青铜器时代""铁器时代"一样是一个时代的符号，它标志着人类社会以新材料为原料的生产时代的到来。目前新材料产业的主要发展方向是：高功能分子材料产业、精细陶瓷材料产业、新金属材料产业、复合材料产业等。

高分子化学并不是第三次技术革命中的新兴技术，早在二战前便已出现，它在第三次技术革命中得以改进和拓展，催生了许多新型高分子材料的出现，从而推动了第三次产业革命中高分子材料产业的发展。它是在原有技术基础上的一次具有重要意义的革命。与原来高分子材料不同的是，新型的高分子材料有了一些突破性的新功能，如导电性，重量轻且不易生锈等，这种功能性的分子材料完全可以作为某些金属的替代品，它不但具有金属的特性，弥补了金属自身性质中的某些缺陷所带来的缺憾，而且它的可再生性也可以作为金属这种不可再生资源的重要补充，因此它的发展前景是十分广阔的。在精细陶瓷材料产业中具有代表性的产品是氧化铝和氧化硅，它们凭借优良的绝缘性可以生产出多种绝缘元件，还因其良好的机械性被用于制造业甚至人工骨、人工齿的制造。碳化硅和氮化硅在高温下仍可以保持高强度，有望应用于汽车发动机、航空航天等高端技术领域甚至可以作为原子反应堆材料。复合材料是由两种或两种以上不同性质的材料，通过物理或化学的方法由复合工艺组合而成的材料，除具备原材料的性能外，还能产生新的性能。各种材料在性能上互相取长补短，产生协同效应，使复合材料的综合性能优于原组成材料而满足各种不同的要求，这也是材料产业未来的发展方向。现代高科技的发展离不开复合材料，复合材料对现代科学技术的发展，有着十分重要的作用。复合材料的研究深度和应用广度及其生产发展的速度和规模，已成为衡量一个国家科学技术先进水平的重要标志之一。新材料产业的形成和发展大大扩展了材料应用领域，保障了其他产业发展中前所未有的具有新型功能的原料供应。

4. 其他新兴产业

第三次技术革命不同于以往技术革命的是，技术不再呈现出单一化发展，而是体现为多种类、多领域的技术综合性发展，因而由第三次技术革命引领的第三次产业革命中的产业也具有了综合性的特点，新兴产业与新兴产业相互融合，新兴产业与传统产业相互融合，这导致发展产业革命的领域更加广泛，同时传统产业和新兴产业间的界限也不再分明。虽然很难完全区分，但目前普遍公认的新兴产业包括原子能工业、宇航工业和海洋开发产业。原子能工业是在核能这项新兴技术的产生和发展中建立起来的，主要体现在原子能技术的工业化利用上，这其中最重要的即核能发电。从苏联于1954年建立第一个工业用原子反应堆开始，核能发电业发展迅速，世界上核电站的数量和发电量快速增加。宇航工业的形成是空间技术迅速发展的结果。从第一颗人造卫星升空，到利用宇宙飞船、航天飞机将仪器或人类送入外太空，只用了短短几十年的时间，这离不开各国政府和企业的技术创新和参与。同时，也出现了一大批与宇航业相关的工业部门，研制和生产新产品为宇航工业服务。相比于原子能工业和宇航工业，海洋开发起步稍晚，其中最为主要的是海洋石油开采。这源于工业迅速发展下的陆地资源急剧消耗，人们将石油的开发转移到海底，近年来，海底石油勘探开发的费用和海底石油产量增速都十分明显。除此之外，海洋捕捞、海洋养殖、海水淡化和海洋能的利用等新兴产业也逐渐发展并具有一定的规模。

第三次技术革命引起的产业革命也是新技术应用于实际生产生活的过程，这些新技术的特点确立了知识密集型和技术密集型产业的发展，虽然同样是技术被应用于实际进而确立了产业发展的方向，但第三次产业革命也有其自身的特点。第一是电子计算机的广泛应用。它的使用将人类从很多劳动中解放出来，不论是从智力还是体力方面，都可以将节省的劳动力应用于其他地方，不仅提高了效率，也节约了劳动成本。最初由于计算机体积大、造价高等特点而只能应用于军事，并不能在生产生活中普遍使用。后来随着计算机技术的不断创新和改进，计算机这种高效率的设备才得以进入人类的生产生活领域。它改变了人类原有的劳动方式，很多设备不再需要大量人工操作，而只要几个人通过计算机控制机器设备就可以产出纯人工无法达到的效率。劳动方式由旧到新的转变过程是技术创新和应用绩效的有力体现。第二是新兴产业群使生产体系发生了比以往更大的变化。由于第三次技术革命中的新兴技术不再单一化，而是趋向融合和综合，导致其引领的产业革命也并非单一化，而是形成了产业集群，这使产业体系发生了前所未有的变化。比如，在第三次产业革命中工业比重上升，农业比重下降；物质生产比重下降，服务业比重上升；知识、技术密集型产业比重上升，劳动、资金密集型产业比重下降等。这种生产体系的变化随着技术的进步和生产的发展会变得越来越突出。

总之，技术是产业的源泉，将人类生产和生活植根于技术创新上，才能促使经济结出硕果。

第三节 创新政策的推进过程

一 创新政策概述

（一）创新政策的必要性

随着技术革命和产业革命的不断推进，一国或一个产业、一个部门甚至一个企业经济实力的强弱，不再依赖对资源的占有量，而是依赖于对创新技术的掌握和利用，创新已越来越成为经济竞争中具有决定意义的关键因素。创新推动了产业革命的发展和产业结构的合理化变迁，使社会结构向着更趋于完善的方向变革。在实施技术创新的过程中，创新制度政策的作用就是为其保驾护航，使技术创新能够顺利进行并顺利进入实际应用。政府在一国开展技术创新活动中的作用是十分重要的。它一方面为技术创新活动提供资金，克服创新企业或部门由于资金缺乏和投入不足而对创新活动的阻碍，以保证创新活动的顺利进行，尤其是在关系到国家长远利益且资金投入需求较为庞大时，政府的资金支持就变得尤为重要；另一方面就是政府制定创新制度政策的目的是为技术创新活动提供一个良好的制度政策环境，在宏观层面进行调控和指导，维护创新活动的总体发展方向。在微观层面，鼓励企业或部门的技术创新，建立平台以促进创新技术的传播、推广和应用，并在创新成果的产业化和商业化方面给予优惠条件，目的是让技术创新成果从理论转化成实际应用并落实到人们的生产和生活中。尽管经济学界对于政府制定创新制度政策的必要性看法不一，但就实际情况看，为了推动本国创新经济的增长，各国政府都制定和实施了符合本国国情的创新制度政策。美国、欧盟、日本、韩国是在创新经济发展方面具有代表性的国家，虽然日本、韩国自然资源匮乏，但由于发展创新经济而使经济得到了快速的增长。在创新制度政策方面，各国政府制定的制度政策确实在推动本国创新经济发展方面发挥了重要的作用。美国早在里根执政时期就制定了综合性的高科技竞争战略计划，即"星球大战"计划，创造新技术并将新技术转化为商品，把人才培养作为该计划的重要目标之一；克林顿政府为了加强美国的科技竞争优势，又提出了信息高速路计划等。欧盟制定了科技发展和研究框架计划，将科技创新和产业化作为主要目标。日本从20世纪80年代起就提出了"科技立国"的国家战略，对国外的先进技术进行引进、消化、改良和更新，用仅仅20年的时间就在应用技术方面赶上了美国。韩国也将技术创新作为其进入西方七国行列的途径，即使在1998年金融危机时期，其研发投入占GDP的比重仍保持在2.5%。

  处于转型期的中国和俄罗斯正走在向市场经济转变的道路上，随着全球化趋势的日益加强，转型过程必然会受到国际经济环境的影响，所以转型国家存在着向先进国家学习、借鉴并发挥后发优势从而实现经济增长的可能性。借鉴国外先进的制度创新政策，鼓励创新，将科学技术与经济、教育紧密联系起来，使之能够得到系统性发展，从而提高本国的科技竞争力和经济实力。

  企业开展技术创新活动离不开两个调节主体：市场和政府。虽然市场作为配置稀缺资源的最有效手段是企业开展技术创新并产业化所不可或缺的，但政府的政策调节也是十分必要的。尤其是仍处于发展创新经济初级阶段的中国和俄罗斯，创新制度政策在鼓励和推动创新经济发展方面的作用是不可忽视的。因为此时正处于创新的模仿期和赶超期，高额的前期投入和不可确定的风险使企业普遍存在着创新动力不足的情况，这就需要政府制定制度政策来对企业的创新活动给予鼓励和支持，为企业的合法利益提供保障。

一方面，经济学界的研究已经承认市场存在失灵和机制缺陷的情况，此时就需要政府的制度政策对创新市场进行调节和引导。虽然市场具有高效配置稀缺资源、自我组织和自我调节的功能，但有时也有无法保障技术创新活动顺利进行的市场结构或市场外部环境的存在，尤其是在前期投入较大且生产周期较长的基础研究领域，为创新提供支持的基础设施的建设和完善领域，与国家安全和经济、政治利益密切相关的创新领域中市场的自我调节功能较弱。因为在这些领域往往存在着投入大、风险大、成果产业化周期长等特点，这些都使企业感到无力承担或不敢介入，从而阻碍了以上领域技术创新活动的开展，此时就需要政府的直接性资金投入或对这些领域的创新活动进行宏观调节或组织。虽然说市场在配置稀缺资源方面是高效的，但也存在着配置范围狭窄或不完善的盲区，这不利于企业创新活动的开展，因此政府需要制定制度政策来完善创新市场环境，并通过制度政策引导和鼓励企业的创新活动。市场体系十分发达的西方国家都存在着市场失灵的现象，更何况正处于向市场经济过渡的国家，市场的调节功能会更加弱化，所以中俄政府应加强政府对创新市场的宏观调控。

另一方面，技术创新的不确定性和外部性特点对创新活动的展开有巨大的阻碍作用。技术创新是一种创造性研究和应用，创造性说明其在进行过程中缺乏经验可以借鉴，没有先例可以遵循，这就决定了创新在投入、研发、产业化的每个环节都充满了不确定性。这种不确定性所带来的风险是极大的，有些企业往往因难以承受而选择规避风险，这就阻碍了企业对创新活动的投入和创新积极性的发挥。此时就需要政府制定制度政策来保障创新企业的创新收益，降低创新不确定性所带来的风险，从而鼓励企业继续进行技术创新活动。另外，创新的外部性使创新成果具有非完全排他性的特点，但又不具有完全的公共物品性质。创新技术的研发和创新产品的生产并非公共投入而是企业自身进行投资，但当创新成果投入市场时，创新技术信息便会扩散和传播开来，使其他企业可以模仿或改进，这对于创新原创企业而言是不公平的，大大减少了其合理的创新收益。对于创新企业来说，往往是社会收益大于私人收益且私人成本较大，这减少了企业的创新动力。此时也需要政府制定制度政策来平衡社会收益与私人收益，提高企业的创新积极性。

阿罗曾指出，无论是完全竞争还是垄断市场结构下的创新，其创新水平都低于社会最优水平。如何在市场无法发挥其作用的情况下达到最优水平，就需要非市场化的手段参与，这便是政府的作用。政府制定的制度政策可以为创新构建一个良好的制度和法律环境，弥补市场失灵所带来的缺憾，也可以对企业的创新活动加以鼓励和引导。

（二）创新政策的目标

从世界范围来看，即使是发达国家在发展创新经济时也并非只一味依靠市场自我调节，而是利用政策工具来对创新活动加以组织和协调，并为之创造良好的制度环境。经济学界对于是否实施创新制度政策的意见已趋于一致，但实施创新政策的目的却莫衷一是，总结而言，大致有三个方面的观点对创新政策的实施目的加以了阐述：第一，克服市场失灵。有些学者认为，创新政策的实施目的是克服创新市场失灵。[1] 市场失灵是指市场无法有效率地分配商品和劳务的情况。对经济学家而言，这个词汇通常用于无效率状况特别重大时，或非市场机构较有效率且创造财富的能力较私人选择为佳时。市场失灵在创新领域的表现就是创新市场无法达到对稀缺资源配置的最优化和创新市场均衡，导致创新风险加大，从而使企业创新投入不足。创新风险主要表现在三个方面：创新市场中存在商业风险，致使企业对研发投入不足；企业在从事技术研发的过程中存在着技术层面的风险，使企业对研发尤其是基础性的通用技术研发的投入不足；当企业的合理创新收益无法得到保障时，这种风险也会导致研发投入不足。以上三种风险所引致的投入不足靠市场自动调节是无法克服的，存在着市场失灵。政府此时的任务就是制定制度政策来克服创新市场失灵，具体的政策措施有很多种，如刺激中小企业进行创新活动的税收激励措施；

---

[1] Albert Link, "Fiscal Measures to Promote R&D and Innovation-Trend and Issues," *Fiscal Measures to Promote R&D and Innovation*, OCDE/GD (96) 165, OECD, Paris, pp. 45–373.

拉动创新市场消费的政府购买措施；降低企业风险、增加企业创新投入的风险投资政策，等等。第二，培育技术创新能力。企业的技术创新能力并不仅仅指企业对创新技术的研发能力，它包括很多方面，如企业将自身现有创新优势与创新需求相结合或协调的能力；选择何种技术创新渠道的能力；将自身技术与企业战略目标相结合或结合企业内外部环境各因素以发挥其最大效用的能力；通过多种渠道如购买、合作等获取技术的能力；对技术项目进行有效计划、组织和管理的能力；将技术成果效用最大化的能力，等等。这些能力对于企业创新活动能否顺利进行至关重要，往往会出现因企业缺乏以上能力而造成无法获得技术或所获技术与企业的竞争战略不符，获得了技术但没有能力加以应用或应用周期短，缺乏对所获技术吸收、改进或再创新的相关辅助条件等情况。以上问题需要有效的政策来参与和协调，通过政策措施来培育企业的创新能力或搭建平台来引导和帮助企业培养自身的创新能力。第三，创新制度政策的实施目标是促进创新基础设施的发展。有些学者认为，技术创新的首要目标是创新基础设施的建设，企业对技术的吸收和接受能力直接影响着创新技术的扩散、传播与再造，而创新基础设施却可以在这方面对企业加以辅助。莫舍·贾斯特曼认为，创新基础设施是为支持创新过程同时又显示出超过个别企业需求的规模经济的各种因素的组合，具体来说，这些因素包括研究开发、金融、制造业和营销，这些因素可以为创新技术的有效传播和扩散提供支持，但它们是无法由市场自动提供的，这就需要创新制度政策来建设和完善这些支持因素。

  虽然对于创新制度政策作用的观点不一，是将克服市场失灵为主要目标还是将培育技术创新能力抑或是发展创新基础设施为主要目标还没有明确的结论，但这些目标却是一致的。通过创新政策来推动科研及技术的引进和扩散传播，从而促进经济和社会的发展，创造就业并使它们有机结合在一起；创新政策还是形成本国科技体系的必要条件，在引进国外先进技术和经验的基础上加以消化、吸收，从而建立起适合本国创新经济发展的科技体系，其中包括确立何种科技发展战略和优先发展何种产业等；创新政策还是科技公共物品生产的重要推动力，科技公共物品由于具有公共物品的性质从而出现了产品生产不足的情况,此时创新政策为其生产提供了有效刺激和有力保障。总之,就是使技术创新向着对于公共利益有益的方向发展。

二 创新政策的内涵

前面提到学界对于创新政策的作用目标的理解尚无统一的结论,关于创新政策的定义也是如此,国内外学者通过对技术创新政策相关领域的研究,对创新政策的定义主要有以下观点。英国学者罗斯韦尔认为,创新政策是指科技政策和产业政策的协调,是一个整合的概念。[1] 法国政策专家高丁认为,创新政策与解决当今世界上最重大的经济问题密切相关,它应包括支持创新者、技术文化和减少创新阻碍。[2] OECD 组织的科技委员会则提出发展创新政策的目的是把科技政策与政府其他政策,特别是经济、社会和产业政策,包括能源、教育和人力资源政策形成一个整体。[3] 国务院发展研究中心鲍克等强调创新政策与经济政策的关系,他认为,创新政策是政府为鼓励技术发展及其商业化以提高竞争力的各种社会经济政策的总和,它处于经济政策的中心位置,直接鼓励创新与变化。[4] 中国学者黄顺基等人认为,技术创新政策是政府旨在促进工业技术创新而采取的各种直接和间接的措施。[5] 笔者认为,创新政策是一国政府为了鼓励本国技术创新活动的开展和继续发展所制定的与技术创新领域相关的推动、管理、组织、协调创新活动的所有措施的总和。这其中强调创新政策并非只针对技术创新,而是与技术创新相关的领域都应涉及,如经济政策、社会政策、科技政策、教育政策等,只有多方面相互协调和有机整合,才能促进技术创新的发展。

虽然关于技术创新政策的概念说法不一,其中心思想还是大致相

---

[1] Roy Rothwell, "Public Policy: To Have or to Have Not?," *R&D Management*, 1986, 16 (1): 25.

[2] 贾蔚文等:《技术创新——科技与经济一体化发展的道路》,中国经济出版社 1994 年版,第 19 页。

[3] 贾蔚文等:《技术创新——科技与经济一体化发展的道路》,第 19 页。

[4] 鲍克等:《技术创新与产业化问题研究》,经济科学出版社 1997 年版,第 4 页。

[5] 黄顺基、王学治、郑志勇主编:《大创新:企业活力论》,科学技术文献出版社 1995 年版,第 227 页。

同的，但关于创新政策具体实施工具方面的研究成果，却有着截然不同的结论。有些学者认为，技术创新政策是技术政策和产业政策二者的联合，满足政策目标的工具也是从这两方面出发进行考量的；另外有一些学者认为，技术创新政策是一个综合性的概念，因为技术创新过程包含着多个复杂的环节，因此政府对于促进创新的手段和工具是多种多样的，并不仅仅局限于某一项或几项政策；还有些学者认为创新政策是经济政策与科技政策相互协调的产物，因为科技创新是在经济环境这个大背景下进行的，所以创新政策也缺少不了经济政策的协调和支持。虽然这些观点都有一定的道理，但却不全面，应注意到创新虽然与技术和产业的关系密切，但创新政策不是技术政策与产业政策的简单结合，技术的研发和流通需要科学技术和产业的相互协调，因此创新政策也需要技术政策和产业政策的配合，以期使技术创新与科学技术、产业之间的关系更加顺畅，同样，技术创新政策也并非广义上的经济政策。技术创新政策简单来说就是一国政府为了刺激和鼓励创新而采取的手段和工具，它使基础研发和技术应用之间能够有效衔接，并为创新活动的展开构建良好的外部环境。

三 创新政策的特点、分类和主客体

(一) 创新政策的特点

创新政策是制度政策的一种，目的是促进技术创新的全面发展，它也有自身的特点，概括起来主要有一致性、连贯性、互补性、现实性和灵活性。其中一致性又包括对外和对内两种情况。对外的一致性是指创新制度政策要与国家的宏观政策相一致，因为创新政策只是国家宏观政策的一个方面，它的制定不能与总的宏观政策相左。对内的一致性是指创新政策制定和执行各机构间要相互协调，保证政策制定和执行的一致性，避免由于机构之间相互矛盾而造成的政策低效或无效以及执行不力等情况。

连贯性是从技术创新活动周期长这个特点加以考量的，因为技术创新活动周期长且具有逻辑的连贯性，所以要求创新政策也要配合技术创新活动的这一特点。但是政府和政策制定机关往往从宏观角度考虑问题，不同时期有不同时期的工作和关注重点，这会导致制定的创

新政策缺乏连贯性，从而不利于创新政策的执行以及创新活动的展开，因此政府或创新政策制定机构在制定创新政策时应考虑到这一问题的存在，尽量加以避免。

互补性包括两个方面，一个是政策与政策间的互补，一个是政策与企业发展战略和利益间的互补。政策与政策间的互补是指创新政策与其他相关政策间要互为补充，相互协调，从而使政策绩效达到倍增的效果。比如与创新政策密切相关的税收政策、风险投资政策、金融政策、产权政策等都要成为创新政策的有益补充。在微观层面，创新政策还要与企业利益及发展战略具有互补性。这就要求政府在制定政策前要广泛调研企业的总体利益及企业在开展创新活动时的战略规划和战略目标，这样才能切实发挥创新制度政策对技术创新和创新经济的推动作用。

现实性要求政府和政策制定机构对政策实施的效果有全面的认识，政策虽然有效，但却不可能具有全效，如果要求缺乏全面性的政策去解决所有问题也是不现实的，因此对于创新政策的定位应是以引导为主，创新的真正开展还要依靠作为创新主体的企业。以企业创新为主，用创新政策加以引导和激励，才是技术创新的合理路径。

灵活性是对所有制度政策的要求，创新政策也不例外。创新政策具有远期规划性质，但是也不能避免在技术创新活动开展过程中突发事件或情况的发生，这种情况下就要求创新政策能应对突发情况，适应环境变化和满足不同需求。

创新政策并不是孤立存在的，与创新活动有关的所有领域的相关政策都与创新政策有着密切的关系，一方面创新政策在制定时要考虑相关领域的制度政策，以便技术创新与其他相关领域活动的相互协调和促进，另一方面在创新政策的执行过程中也要注重与相关领域的政策执行活动相结合，从而提高创新政策绩效。总之，广泛的合作和结合才能在发展技术创新的同时，促进创新经济发展进而达到经济和社会繁荣发展的目的。

（二）创新政策的分类

创新政策的分类并不是单一的，它有多种分类方法，因此也有多种类别。对政策体系进行分类是政策分析的工具之一，而如何分类则要根据分类者的目的来确定。[①] 概括而言，创新政策通过不同的方法和目的可以按照以下几种情况进行分类：按目标和手段进行分类、按层次和调节对象分类、按政策工具类型分类、按相关政策体系分类、按技术创新政策的实施模式分类、按政策实施层次分类、按技术创新要素分类和按技术创新过程分类。以创新政策的目标和手段为标准可以将其分为制度性政策和过程性政策。制度性政策是从国家法律和组织结构层面制定的政策，它体现了国家对于发展技术创新的大的方针、政策，一般以立法的形式确立下来，目的是给技术创新创造一个良好的宏观制度环境。相对于制度性政策，过程性政策更加微观，它的制定和执行都体现了国家或政策制定机构对具体的技术创新过程的调节目标，它的实施目的是在具体的技术创新过程中调节技术创新活动的各环节，以使技术创新活动的开展、创新技术的传播、创新产品的推广等更加顺畅。按层次和调节对象可以将创新政策分为单项、结构和水平调节政策。单项调节政策即针对某一个行业的创新活动进行调节的政策，它具有行业针对性强且调节措施更加具体的优点，但调节范围窄。所谓结构调节政策是相对于单项调节政策来说的，结构调节政策是可以跨行业、部门、地区、创新主体等的调节政策，重点是协调它们之间的关系，除了在创新领域以外，结构调节政策还具有协调创新企业与创新产品使用者之间关系的作用。水平调节政策的作用范围也很有限，它主要是对国家技术创新活动的相关宏观参数进行调节，从总体上调控技术创新活动的整个过程，从而通过掌握的较全面的数据对技术创新的侧重点和发展战略加以调节。按政策工具类型分类即将创新政策按照与技术创新相关的领域进行划分，如科技政策、财政政策、税收政策、政府购买政策、小企业政策、教育政策、法律政策等。有些政策虽然不是直接性的技术创新政策，却对技术创新起到了重要的推动、激励和保障作用，是十分必要的。如果从相关的政策体系角度分析，还存在着一些跨体系的政策，这些政策属于技术创新政策的范畴，同时也属于其他相关体系的政策范畴，如就业、经济、农业、国防、产业等相关体系的政策，这些政策的存在是为了给

[①] 连燕华：《技术创新政策概论》，《科学管理研究》1998 年第 5 期，第 7—12 页。

技术创新活动提供良好的运行环境，对技术创新起支撑作用。按照创新政策的实施模式也可以将其进行分类，这主要是从技术创新整个流程去考虑的，如计划、工程、合同、法律、基金等。按政策的实施层次分类即根据不同地域或涵盖范围大小的标准来进行。如从大到小有涵盖全球或某个区域的政策，涉及整个国家的政策，运用于某个行业的政策，针对企业的创新鼓励政策和对个人创新具有激励作用的政策等。按技术创新的要素分类主要是从技术创新的活动要素方面考虑，有针对技术创新供给方、需求方的相关政策，对技术创新有重要影响的基础设施的建立和完善等相关的政策等。按技术创新过程进行分类，其实是将创新政策按照技术创新过程中的不同阶段予以分类，但技术创新过程分哪些阶段与从何种角度理解技术创新有关。从狭义的技术创新的观点出发，技术创新过程只包含技术的研发和技术产品的商业化阶段，因此创新政策的分类就按照以上的阶段进行。若是从广义技术创新的角度分析，技术创新过程包含从基础理论研究到技术开发和应用、推广、传播、扩散再到产业化、商业化，甚至还包括产品使用的技术反馈环节，等等，那么创新政策的分类也要从这个阶段入手。创新政策分类的方法和标准多种多样，但只是分析的角度有所不同，其目的都是推动和保障技术创新的顺利开展。

（三）创新政策的主客体

政策主体是指决定政策的目标、选择政策工具、发布并监督政策执行的社会组织。[①] 创新政策的主体是中央和地方各级政府，作为创新政策的主体，政府主要担负着创新政策的制定、发布、实施和执行、监督的任务，它贯穿于创新政策从产生到取得实效的整个过程。之所以说政府是创新政策主体的不二人选，是因为创新政策若想真正达到预期效果，有两点是必不可少的，那就是权威性和代表性。权威性是指创新政策作为政策性措施是要求强制执行的，它本身体现着主体的意志和目的，政府就拥有这样的权威性。创新政策的实施是为了保证技术创新的顺利进行，保障广大技术创新参与者的利益，因此创

---

① 陈劲等：《创新政策：多国比较和发展框架》，浙江大学出版社 2005 年版，第 25 页。

新政策主体在制定和执行过程中要代表这部分利益群体的意志，政府就具有这样的代表性。因此，中央和各级地方政府可以作为创新政策主体并在创新政策的制定、发布、实施、执行和监督过程中发挥作用。

技术创新政策的客体即技术创新政策的作用对象，技术创新政策不仅作用于技术创新活动，还作用于开展技术创新活动过程中所产生的问题，以及各创新主体之间、创新主体与创新产品用户之间的关系。具体说来，技术创新政策的作用对象主要包括技术创新活动的过程、秩序和基础。技术创新活动过程指技术创新各环节及各环节之间的相互关系，技术创新活动的秩序是指各执行主体从事技术创新活动的环境，包括制度环境和经济环境等。技术创新活动的基础主要是指保证技术创新活动开展并影响技术创新活动状态的经济、技术和社会基础条件。[1] 技术创新过程即技术创新的实际发生阶段，不但包括技术创新的各个环节，还包括各个环节之间的关系。技术创新秩序是指技术创新活动的环境，这其中包括国家的宏观经济环境、产业环境、国家的制度和法律环境等，虽然这些因素不属于创新活动的具体实施阶段，但技术创新与这些因素之间如同鱼与水一样，无法分离且十分重要。技术创新的基础即保证技术创新活动顺利开展的社会基础性因素，如自然、文化、人口等基础性因素。技术创新活动包括以上环节，那么创新政策的作用对象就涉及以上环节，目的是协调以上各因素的关系，建立和完善基础性因素，引导技术创新活动的顺利进行。

四　创新政策的演进

(一) 创新政策的形成与演变

最早的创新政策当属专利和税收制度。专利制度是一种利用法律的和经济的手段确认发明人对其发明享有专有权，用以保护和促进技术发明的制度。最早实行专利制度的是威尼斯，它于1474年就把专利制度当作一种法律确立下来，而后于1624年被英国引入。到20世纪初，世界上仅有45个国家和地区制定了专利法，但到1980年已有

---

[1] 连燕华：《技术创新政策概论》，《科学管理研究》1998年第5期，第7—12页。

近150个国家和地区制定了专利法。① 在早期各国为推动技术创新所采取的各项创新政策中，税收政策也是应用较为普遍的政策工具。20世纪70年代美国的《内部收益法典》就规定给予从事创新的企业以税收优惠的政策，瑞典、加拿大等国在20世纪60年代也相继推出了税收优惠这种鼓励创新的政策手段。随着创新推动经济的发展，人们越来越重视技术研发和创新，并开始注意到单一的政策对于推动创新发展的作用是远远不够的，人们开始研究和制定集多种政策措施于一体的综合性的创新政策。综合性创新政策的思想在20世纪60年代便已提出，但当时大多集中在欧美国家，并且作用对象也不广泛，主要是在基础研究、大学等科研机构、大型企业以及有自主研发能力的中小企业。随着科学技术对人类社会和生活的影响愈加深远，人们在研究和制定创新政策方面的意识逐渐增强，越来越多的政府将创新政策的研究和制定作为本国政策研究方面的工作重点。

1980年，经济合作与发展组织（OECD）部长级会议上提出了对创新经济发展有重要影响的声明：(1) 在经济、社会和调控性政策框架内将推动创新作为一个目标。(2) 给予研究、开发和创新的投资以优先考虑，以保证短期的压力不至于威胁未来经济发展的源泉，确保高就业、结构调整。(3) 为创新创造一个良好的环境，包括开放市场，鼓励在公共和私有部门进行有风险的创新。(4) 给予中小企业的创新潜力以特别的关注。(5) 推动研究、开发和创新，以增加公共和社会服务部门的效率、质量。(6) 推动与世界性问题相关的研究、开发和创新，这些问题包括能源、原材料、环境、食品、城市条件、卫生和工作环境。(7) 推动技术信息的扩散。从这项声明中可以看出在当时的西方工业国家中对技术创新的重视程度之高，并把注意力放在如何为技术创新构建良好的政策环境上，尤其是与推动中小企业技术创新活动相关的政策制定也被提上了日程。

（二）技术创新政策

雅各布斯将技术创新政策分为科学政策、技术政策和狭义的创新政策，也就是说，创新政策在初期并没有现在这么丰富的内容，人们

---

① 王明友：《知识经济与技术创新》，经济管理出版社1999年版，第174页。

最初所说的创新政策即所谓的技术创新政策。这其中的科学政策和技术政策更偏向于对基础性理论研究的调节，狭义的创新政策更侧重于对创新成果的产业化和商业化等应用型活动的调节。由于前二者偏重于调节基础理论研究领域，往往调节周期较长，调节效果较难显现，而狭义的创新政策由于应用于科学、技术成果的产业化和商业化过程，较容易取得一定的成效。例如一国政府针对某个产业实施的创新政策，会使该产业迅速得以发展并且取得一定的产业间优势。

科学政策涉及科学研究的多个环节，如科学研究的投资、体制结构、科学研究的应用前景等，它所涵盖的范围也很广泛，如自然科学、应用科学、社会科学等，凡是对于经济和社会发展有益且需要进行理论研究的科学都在科学政策的调控范围内。它的目的是巩固和发展基础性科学用以推动技术创新的发展进而取得社会进步和经济增长。科学政策的具体实施内容主要是确定优先发展的科学领域，即确定优先发展的学科，并且确定科研的重点发展方向，是以国防为主要目标，还是以经济建设或公共基础性服务为主等。除此之外，还要确定以何种途径和手段使科学研究得以繁荣和发展。从科学政策的调节内容中不难看出，它与高等教育的关系十分密切，因此科学政策的实施同样需要与高等教育政策共同配合。

技术政策主要停留在理论、方针层面，即在宏观上把握和引导技术发展的方向，以达到使其推动经济增长的目的。这就需要技术政策能够确立技术发展的目标，这不仅要参照技术的发展趋势，还要借鉴别国的发展经验，结合国际经济形势来确定本国技术发展的总体目标。要明确技术发展的战略和方向，发展或是优先发展何种技术，如何促进其优先发展；在某些技术无法紧跟技术发展趋势时，要及时对其进行改进或是淘汰；对于某些成本过大的技术进行一定的限制。要调控和确定行业的技术结构，在对某个行业的生产力水平、技术水平、发展潜力以及市场对其产品的需求结构全面了解的情况下，确定行业的技术结构，使其更合理，一方面可以适合该行业的发展现状，另一方面使行业产品更能满足市场需求。除此之外，确定大的技术发展方针、路径和手段方式也属于技术政策的调控范畴，它需要与国家的经济和社会发展一致，符合国家的整体利益。

不同于以上两种政策，狭义的创新政策不是运用于静态的理论或是方针的调节，它更侧重于动态的实际转化过程，即将技术创新成果转化成可以进行产业化生产和商业化运作的产品，它的目标是为这种转化提供良好的政策环境，提升转化效率，缩短转化周期，以及减小创新产品供应方和使用方的距离。就狭义创新政策的本质而言，它就是政府鼓励创新的一种手段，在促进技术传播、扩散和转化的同时，保护创新者的利益，为创新营造有利于其发展的制度环境，从而实现创新收益最大化。在这个过程中政府需要做的主要有两方面的工作：一方面是配置创新资源。在市场无法合理配置创新资源时，政府的角色就是对其进行管理和调节，使重要的创新资源更多地向该国优先发展的技术领域倾斜，从而保证技术发展战略和目标的完成。另一方面，为创新构造良好的环境。一个是鼓励积极竞争的市场环境，放开市场，让创新技术和创新产品在市场环境下扩散、传播和有效转化。建立和健全风险投资政策体系及其他优惠政策，以鼓励公有和私有部门加大对有风险的技术领域的创新投资力度。出台中小企业政策，鼓励中小企业的技术创新活动，使其成为技术创新体系的重要和有益补充。

虽然说科学政策、技术政策和创新政策各有其调节重点，但调节领域并不是泾渭分明，而是有联系的，这是因为科学研究、技术研发和创新应用本身就有重叠的地方。科学和技术研发是一个智力创造与积累过程，而创新是创新经济的推动过程，只有建立在科技研究成果之上，创新才会是有本之木，有源之水，否则就无法通过创新实现经济的增长。科学和技术政策的调节目标是促进科技成果数量的增加和质量的提升，而创新政策是促进科技成果向产业化和商业化的转化，并提高其转化效率，从而推动创新经济发展。因此科学和技术政策与创新政策必须紧密配合，相互协调，这样才能在促进科学技术发展的同时，利用创新完成科技成果的转化并达到促进经济增长的目的。

（三）技术创新政策重点的转变——从科学政策到创新政策

分析创新政策的演变过程，可以从技术创新政策实施重点的变化过程的角度展开。随着科学发展和技术进步，以及由此带动的经济发展速度的加快，技术创新政策的实施重点逐渐从科学政策转移到创新政策方面。在第二次世界大战后，科学与技术政策便已成为一项独立的政策，那时的科学和技术事业蓬勃发展，一方面为社会和经济发展积累了庞大的科学技术成果，并且这些成果的应用也使许多新兴产业迅速崛起，并成为那个时代的支柱产业，同时由此带来的经济上的巨大收益也为人类生活和公共利益带来了好处；另一方面，科学和技术事业的迅速、盲目的发展和扩张带来了一些负面的影响，如资源消耗过大，科技成果实际利用率低，科学技术发展目的性差，缺乏规划等，这在不同程度上为科技的发展以及由此推动的经济增长造成了一定的阻碍。此时就需要政府的干预，以政府的名义，以政策法规的形式来为科学技术的发展指引方向，在鼓励科学技术发展的同时确定发展的重点领域和总体战略目标，并将政策的重点从单纯鼓励和支持科技研发向重视科技成果转化的方向转变，从而使技术创新政策的重点从科技政策转移到创新政策上来。创新政策这一演进过程体现了各国在战后发展创新经济中所遇到的典型性问题，它大致可以分为四个阶段。

第一个阶段是20世纪40年代后期到50年代，此时正处于二战后的冷战阶段，由于战时军备竞赛的影响，各国政府仍将注意力放在与军事密切相关的科学研究领域，尤其是基础科学领域。二战结束不久，战争的思维方式还影响着各国发展科技和经济的决策方向，与军事相关的基础科学研究在当时是各国政府尤为重视的，这既关系到一国的军事实力，进而也影响着战后各国的经济发展。因此，当时的技术创新政策更侧重于科学政策，政策目标是加强基础科学的建设和基础性理论科学的研究，政府在对科研的资金支持和对科研院所、机构的建设和完善方面也给予了大量的鼓励和便利条件。在这样的政策推动下，战后各国军备和武器方面的研发得到了迅速发展，尤其是核技术、核武器和空间技术等领域的科学技术水平更是有了长足的进步。

第二个阶段是在20世纪六七年代的十几年里，其中的一个重要因素遏制了科学技术迅猛发展的势头，这就是资源的限制。前期基础性科学研究的大量成果是以资源的消耗为代价的，资源的减少和限制使人们开始对以往的科学研究行为进行反思。同时，随着战后经济的恢复和市场竞争的不断加剧，人们也逐渐意识到基础性科学研究的发展和研究成果的大量涌现并不是推动经济增长的必要因素，人们的注意力逐渐从重视基础性科学研究转移到应用性研究上面，更加注重技术创新。此时的技术创新政策更具有创新政策的特点，创新政策初步形成。这时，创新政策多以资金支持的形式为主，通过资金资助促进科学研究，推动研发机构、高等院校等与企业合作，扶植中小企业的技术创新。除此之外，税收优惠政策也是此时较为普遍的创新政策之一。

第三个阶段是 20 世纪 70 年代中期到 80 年代，在结构性经济危机和石油危机的双重作用下，世界经济进入了危机时代，各国经济面临着衰退的趋势，此时找到新的发展领域成为世界经济发展的增长极。以生物技术、信息、新材料技术为标志的新技术革命向人们展示了其推动经济增长的巨大潜力。日本就是一个典型的例子。起初，同样作为工业化国家的日本经济由繁荣陷入衰退，但日本政府大力发展新技术的战略使日本经济重新崛起，并进入世界前列。随着人们对发展新兴技术的重要性认识的逐渐提升，各国政府对创新政策的内容和目标更加明确，即以技术创新为重点，将更多的注意力放在推动和指导技术创新上面。此时的创新政策并不是单一地针对技术创新，而是更加重视创新政策与科学政策、产业政策、教育政策、经济政策等的协调和融合，从与技术创新有关的各个方面入手，为技术创新发展构建良好的政策环境。在这一阶段，基础性研究再次被提到重要的位置上来，但与以往不同的是，它并不是围绕着军事来进行的，而是以其作为进一步技术创新的理论基础，使之成为技术创新的源泉，从而推动技术创新的进一步发展。

第四个阶段是从 20 世纪 80 年代中期之后，随着苏联和华约的解体，冷战宣告结束。各国将主要精力从军备竞赛转移到发展经济上来，人们已经认识到经济的发展才是增强一国竞争力和政治实力的有效途径。几次科学技术革命和产业革命的完成也使人们更加坚信只有发展科学技术，才能真正推动经济迅速、持久的增长。一方面，发达的经济体和工业国家将技术创新作为其经济再度繁荣的有效工具，并依靠自身的经济优势和科技优势来推动技术创新的进步。同时更加重视创新政策对技术创新的推动作用，制定和实施了多项鼓励技术创新活动和保护创新收益的政策措施。另一方面，发展中国家也将技术创新作为其振兴经济和转变市场结构的手段，由于其在经济实力和科技研发方面还处于劣势，因此选择引进、吸收、再创新的路径实现本国的技术创新。在创新政策方面也多以鼓励新技术的引进、吸收和自主创新为主。许多发展中国家依靠这种方式实现了经济的振兴和崛起，如"亚洲四小龙"崛起的事实便验证了这一点。不仅如此，人们还更加深刻地认识到技术不能孤立存在，而应与科学和经济结成一个整体，将科学、技术和经济三方面的因素加以优化组合，使之相互适应，相互协调，这是获取经济利益和促进经济增长的捷径。因此在创新政策的制定和实施方面，各国政府也注意将科学、技术和经济三大领域的政策加以整合，从多个角度强化创新政策，在更大范围和更高程度上推动技术创新。

五 创新政策理论模型

（一）新古典学派

新古典学派对创新政策制定和实施的研究依据是从"市场失灵"这一角度考量的，该理论学派认为，市场不能保证对资源的完全最优配置，当市场无法做到时，就存在着市场失灵，此时就需要外部进行干预，而最直接也最有效的干预者就是政府，政府利用行政手段，以实施政策法规的方式在市场出现失灵情况下对其进行辅助调节。无论何种成熟的市场都存在着市场失灵的情况，而对还不完善的创新市场来说，这种情况就更加不可能避免了，因此政府及政府制定和实施的创新政策在完善创新市场、辅助配置创新市场稀缺资源以确保其良好运行方面的作用是尤为必要的。以市场为主，政府调控为辅，只有在这两方面的双重作用下才能达到社会整体效用最大化。

美国经济学家纳尔逊和阿罗是最早将市场失灵理论引入创新政策研究领域的，其中阿罗的研究影响较大，他分析了创新市场存在市场失灵的根源。他认为，在市场失灵方面创新市场不同于其他市场是因为技术创新自身的三个特点，即创新成果的非独占性，技术创新过程中的外部性和不确定性。非独占性表现在创新成果虽非公共物品，但具有公共物品的特点，即无法阻止其他个人和企业对创新成果的模仿；外部性是由于技术创新成本较大，但创新成果一旦公布就很容易被模仿，从而使技术迅速扩散，使更多个人或企业加入该创新产品的生产和市场竞争中来，使创新者的私人收益低于社会的总收益；不确定性是技术创新过程中存在的典型风险，它是由于技术创新周期长，创新成果的产业化和商业化结果不可预知而引起的，这一方面会导致创新企业减少对技术创新的进一步投资，另一方面会影响潜在创新主体的创新积极性。技术创新的这三个特点，决定了它无法完全依靠创新市场来实现对资源的优化配置。

阿罗在其研究中将技术创新过程的"市场失灵"现象进行了表述：首先是公共物品。在技术创新成果进入产业化、商业化阶段之前，它多以知识或信息的形式存在，而知识或信息却具有公共物品的性质，它无法保证自身的排他性和独占性，是极易被模仿和扩散、传播出去的。因此创新知识和信息的创造者无法获取由创新带来的全部收益，加之技术创新前期投入大，周期长，创新收益无法得到保障会大大降低创新者对创新的投资积极性。随着对创新投入逐步减少，技术创新的效率会由此降低，创新进程减慢，尤其在基础理论研究领域这种现象更为严重。这种创新市场的失灵现象会对技术创新造成严重的阻碍，此时只能依靠政府承担基础理论的研发费用，并采取政策措施对企业的创新成果加以保护。其次是创新收益的非独占性。造成创新收益无法让创新者全部获取的根源是创新成果的溢出效应。溢出效应是指一个组织在进行某项活动时，不仅会产生活动所预期的效果，而且会对组织之外的人或社会产生影响。由于溢出效应导致的私人成本大于社会成本、私人收益小于社会收益的现象会大大降低创新企业对创新成果的收益预期，从而减少其对创新的研发投入，并且在这种情况的影响下创新企业对"技术首创"积极性降低，宁可采取模仿战略。当企业开展创新活动的意愿越来越低而越来越多的企业从事创新成果的模仿和生产时，开展技术研发的企业就会越来越少，创新成果的数量和质量也会大幅下降，创新市场进入恶性循环。此时市场失灵的情况不但不会因为市场自身调节而得到缓解，还会使情况变得更加严重。这个时候政府的作用便尤为重要，政府应加大对创新积极性较弱的基础性研究领域的研发投入，采取各种政策措施去鼓励新技术的研发，建立创新技术培训机构和创新成果的交流及交易平台，制定法律法规来保障创新主体的创新收益，这样才能扭转由于市场失灵所造成的创新市场恶化的情况。最后是外部性。外部性有两种，正的外部性和负的外部性。正的外部性是企业的生产活动在满足自身发展的同时还会给社会带来益处，而负的外部性则恰恰相反，它会给人类社会带来危害。阿罗在其著作中说的是企业技术创新活动为社会带来了负的外部性。众所周知，发展科学研究和技术创新能够促进经济发展、社会进步和人类生活水平的提高，这也是各国大力发展技术创新的初衷。但企业从事技术创新在给人类生产、生活带来好处的同时，也具有一定的危害性。国家的创新主体是企业，而企业开展技术创新活动的动机是追求自身利益最大化和保持自身的竞争优势，所以企业在从事技术创新活动中往往会为了追求自身的短期、局部利益而损害国家的整体利益，这种情况靠创新市场自我调节是无法改变的，外部性造成了市场失灵。在创新市场存在市场失灵以及技术创新过程中造成的负的外部性无法保证国家的整体利益时，政府就要承担这种责任。在不影响创新企业技术创新积极性的前提下，政府要以政策法规的形式对技术创新所造成的负的外部性加以约束，从而保证国家的总体利益。

　　既然创新市场存在市场失灵，如何解决这个问题就成为新古典学派经济学家们研究的重点。他们主张政府采取政策措施来对技术创新的方向、规模和速度加以引导和规范。一方面使技术创新符合国家和社会的总体利益以及国家发展的总体战略目标；另一方面要使技术创新的发展战略符合创新企业自身的发展目标和利益，并尽量解决技术创新过程中私人收益率与社会收益率失衡的问题。只有两方面共同调节，才能实现社会总收益和总效用的最大化。此外还要避免政府干预过程中的"矫枉过正"，众所周知，政府干预也存在正向干预和负向干预，如果政府在宏观调控和调节市场失灵中起到积极的作用，就会对经济和社会实现正向的干预；反之，当政府对市场的干预过大或过频时，不但不利于市场的完善和发展，还会产生多种经济和社会问题，从而形成负向干预，如出现寻租及由寻租引发的资源配置更加不合理的情况。因此政府在对创新市场进行调节时应针对市场失灵的领域加以微调，避免对创新市场的整个运作机制产生大的影响。虽然针对市场失灵的政府干预措施是十分必要的，但新古典学派的经济学家仍然认为创新市场的运行主要还是靠市场自身调节，政府只是起到有益的辅助和补充作用。但这种辅助和补充在创新市场失灵时是必要的，因为新古典学派认为制定和实施创新政策的理论基础是市场失灵，只是政府的调控效率远不及市场自身。

总之，新古典学派所研究的创新政策并没有将关注点放在技术创新的整个运行过程中，而是把技术创新过程看作一个"黑箱"，对黑箱内部的东西和运行原理，新古典学派并未加以研究，他们认为，创新市场自身的调节就可以使黑箱内部得以顺利运行，所以无须多加关注。他们的研究注意力放在了黑箱以外的部分，即市场对优化配置资源效率低下或无能为力的地方，新古典学派认为，这才是创新政策得以出现的根源，也是技术创新政策起作用的地方。新古典学派的理论观点与新熊彼特学派的理论观点是截然不同的，前者关注黑箱以外，后者却将注意力放在了对黑箱内部即技术创新过程的分析和研究上。

（二）新熊彼特学派

新熊彼特学派的代表人物是弗里曼、罗森伯格和纳尔逊，之所以叫作新熊彼特学派是因为他们沿袭了熊彼特的研究传统，即认为技术创新和技术进步在对经济增长的贡献中居于核心地位。不仅如此，他们也更加重视对黑箱内部即技术创新具体运行过程进行揭示和研究，并将创新政策的制定和实施根据建立于此。在研究技术创新这个复杂系统的过程中，新熊彼特学派的经济学家总结出许多著名的技术创新模型。

起初，以技术创新原动力为研究视角的两种模型比较具有代表性：一个是"技术推动"的技术创新模型，另一个是"需求或市场拉动"的技术创新模型。"技术推动"的技术创新模型是由卡特和威廉姆斯于20世纪50年代提出的，他们认为，之所以会出现技术创新活动并不断繁荣发展，是因为科学发现和科研成果的推动作用，不断涌现的科学发现和科研成果推动着技术不断改进和推陈出新，这带动了技术创新活动的蓬勃发展。"需求或市场拉动"的技术创新模型是20世纪60年代由迈尔斯和马奎斯共同提出的，他们认为技术创新活动是由于作为创新主体的企业根据市场上消费者的需求趋势和变化而引起的，所需求的产品质量和数量的不断提高及需求方向更趋于高科技化，促使企业不断进行技术创新，以期维护自身的竞争优势和长期发展。这个模型是在技术创新相关研究更趋于微观化和实际的背景下提出的，此时业界对技术创新的研究更偏重于利用实际数据进行实证研究，更贴近于对现实创新市场的分析，因此这个模型更偏重于需求和市场的作用。虽然这两个技术创新模型对技术创新原动力的表述有所不同，一个是以最初的科学研发为动力，另一个是以市场需求为动力，但是在这两个模型中，技术创新都被看作一个线性过程，且过程中的每个阶段都具有连续性，没有间断。针对这两个模型所进行的创新政策研究也是以技术创新原动力为出发点的，前者多考虑对促进科学技术研发和提高科技成果水平的相关创新政策的研究和制定，后者多考虑如何完善和引导创新产品市场以及建立易于进行创新产品供需交流的平台等相关政策的研究。

随着对技术创新相关领域研究的深入，人们逐渐认识到研究技术创新不能只停留在科学研发或市场需求等与技术创新相关的单个环节上，而应从技术创新由研发到创新产品产业化和商业化的整个过程入手，并注重分析各创新企业之间、企业与产品用户之间的交互作用对整个创新过程的影响，这其中还包括企业与企业之间、企业与用户之间、企业与市场之间的创新和产品等的信息交流所产生的影响作用。在这个研究思想的影响下，罗斯韦尔于1983年提出了技术创新的"交互作用模型"，这个模型注重对创新过程中各个环节之间联系和影响的研究。该模型认为，创新过程中的每个环节并不是独立存在、线性运行的，而是更近似于"纵向一体化"的概念，它们之间互相联系，互相影响。每个阶段新知识和新技术的开发和积累对其他环节都是具有影响作用的，当然不适于创新的知识积累和应用对其他环节也会产生不利的影响，这种有益或不利的影响也存在着反馈过程，被作用方也会向作用方反馈各种有益或不利的信息。因此基于此模型的思想，创新政策不能只针对创新过程中的某个或每个环节，还应重视对该过程各个环节的协调和整合，注重利用各个环节间的交互作用，以此将创新过程作为有机整体，提高技术创新效率和促进技术创新的发展。

(三) 国家创新系统学派

关于技术创新的国家创新系统学派兴起于20世纪80年代末90年代初，它相对于前面提到的学派思想更加复杂化。关于技术创新的国家创新系统学派是将技术创新的外延进一步扩大化，从创新过程扩大到整个国家背景下的技术创新体系。该学派更重视从宏观角度分析技术创新的发展绩效，比如在对国家间技术创新效果的比较研究中，从宏观经济水平这个大背景出发对其进行分析；在研究企业间的技术创新绩效差异时，从更为宏观的文化背景和文化传统这些角度进行分析。国家创新系统学派认为，国家或地区间乃至企业之间的技术创新绩效之所以存在差异，是因为所处的背景不同，这种背景主要包括经济和文化背景两大方面。不同于新古典经济学派和新熊彼特学派分别利用新古典经济学和实证分析的研究方法，国家创新系统学派主要利用新制度经济学的一些理论和研究方法开展学术研究，他们注重以经济和文化为背景，以制度和政策的调节方式和效果来衡量技术创新的发展情况，因此国家创新系统学派更加重视创新政策或制度在技术创新中的调节和推动作用。

最先提出国家创新系统这一概念的是弗里曼，他是在对日本为大力发展技术创新而确立的政策机制并使其经济重新崛起的路径分析中提出该思想的。他认为，国家创新系统是"由公共部门和私营部门的各种机构组成的网络，这些机构的活动和相互影响促进了新技术的开发、引进、改进和扩散"。在开展技术创新的过程中，除了需要基础科学研发、企业自身技术研发、创新技术人才的教育和培训、创新市场和产业结构这些因素间的相互协调、配合外，弗里曼还强调了国家制度政策的重要作用，只有将国家制度政策与以上各因素整合起来，才能促进技术创新和变革。同时他还强调技术创新不应孤立存在，而应与组织创新、管理创新、制度创新、金融创新等相互配合，只有这样，才能取得预期效果。创新经济的发展成功与否，取决于国家能否通过制度政策调节来使经济和社会环境适于创新活动的开展以及创新成果的产业化和商业化，因此可以看出，国家创新系统学派十分重视国家或政府一级制定的制度政策为创新提供的政策环境，这直接影响着一国技术创新和产业革新的速度、质量和方向，政策制度及其实施的差异导致了各国技术创新绩效的不同和经济发展情况的好坏。

国家创新系统学派的另一个代表人物纳尔逊认为，国家创新系统是"其相互作用决定着一国企业的创新实绩的一整套制度"，他认为，创新不仅仅在企业中完成，而且是由大学或科研院所与企业共同合作完成的，因此国家创新制度政策的设计应兼顾公有的大学或科研院所以及私有的企业两方面的利益，在其中寻求平衡点，这样才能推动大学或科研院所与企业间的顺利衔接和合作，从而完成创新。

伦德瓦尔在研究国家创新系统的构成和运作机理时，运用了"用户—生产者"的分析方法，他强调创新活动的开展取决于创新活动中各创新主体的协调作用。各创新主体能够协调配合，则创新活动开展顺利，反之则会降低创新效率，直接影响创新绩效。因此创新政策的制定应重视对各创新主体创新活动的调节，为其建立良好顺畅的合作沟通渠道，便于各主体间的协调配合。

佩特尔和帕维蒂主要是从国家创新系统与经济增长绩效间的关系这个视角着手进行研究的，他们认为，之所以不同国家间的创新活动会导致不同的创新和经济增长绩效，主要是因为国家创新系统的系统失效所造成的。这里所说的系统失效类似于"政府行为失范"的概念，只是这里只针对创新政策的制定和实施而言。如果在创新政策的制定和实施过程中，并没有实现利用这些政策为技术创新构建良好环境和促进技术创新发展的目标，反而由于政策制定和实施、执行过程中的失范行为阻碍了技术创新的顺利开展，就会出现系统失效的情况。当国家创新系统面临系统失效时，就需要政府的进一步干预，而干预的方式和水平又直接影响着对系统失效的改善效果，这就又需要政策制度去规范这种干预行为，因此说国家创新系统的理论基础和运行机理与制度经济学的研究方法是密切相关的。

迈克尔·波特提出了关于国家创新系统的另一个学说，即"钻石理论"，其模型如图 3.3 所示。从波特的模型中可以看出，"钻石理论"因其模型外观结构酷似钻石截面而得名。"钻石理论"的中心思想是国家竞争力，他认为，决定国家竞争力的关键因素是一国能否形成一个良好的竞争环境来推动创新的开展，并且这种竞争环境没有固定模式，每个国家都应根据自身的实际情况来确定以何种竞争环境支持适应本国特色和国情的创新体系的建立和发展。模型中企业策略、企业结构、同业竞争、生产因素、需求条件、政府、相关支援产业和机会等因素之间是相互影响的，它们之间的联系构成了一个密集的网络，由该网络构建的竞争环境在适合本国创新实际的同时，促进了创新体系的完善和创新的发展。

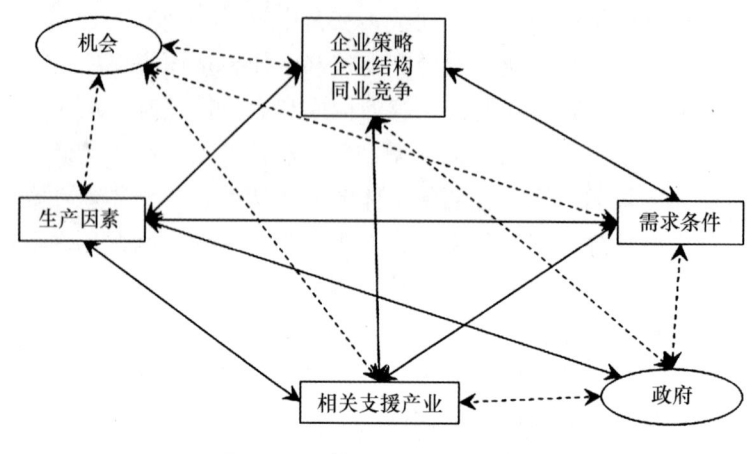

图 3.3 "钻石理论"模型示意

OECD 也对国家创新系统有所研究，它在 1996 年发表的《国家创新系统》研究报告中指出：国家创新系统是由公共部门和私营部门的各种机构组成的网络，这些机构的活动和相互作用决定了一个国家扩散知识和技术的能力，并影响国家的创新表现（如图 3.4 所示）。从图 3.4 中可以看出，参与创新的各个环节组成了一个联系紧密的网络结构，它们之间相互作用，共同推动着国家创新绩效的提高。

国家创新系统学派对国家创新系统的研究和论述，向人们展示了建立和完善国家创新系统的重要性。它使对于技术创新和创新政策的研究不再仅局限于创新环节或与创新有直接关系的环节，而是以宏观经济和社会为背景，以所有参与创新的环节为研究对象，从整体上把握技术创新的发展机理和路径，并且所制定的创新政策也以协调和整合创新各个环节为出发点，提高整个国家的创新绩效。

总之，国家创新系统的建立能从根本上解决三个问题：市场失灵、政府失灵和系统失灵。创新的市场失灵问题是一个现实问题，前面我们已经论述了产生市场失灵的根源，在国家创新系统学派之前，对于如何解决创新市场失灵问题，大都是以政府制定政策、加强干预的方式为主。这种政策包括政府加大对具有公共物品性质且创新积极性不高的基础研究的投入，鼓励高校或科研机构的基础理论研发，直

接建立高新技术园区，设立平台以加强高校或科研机构与企业间的创新

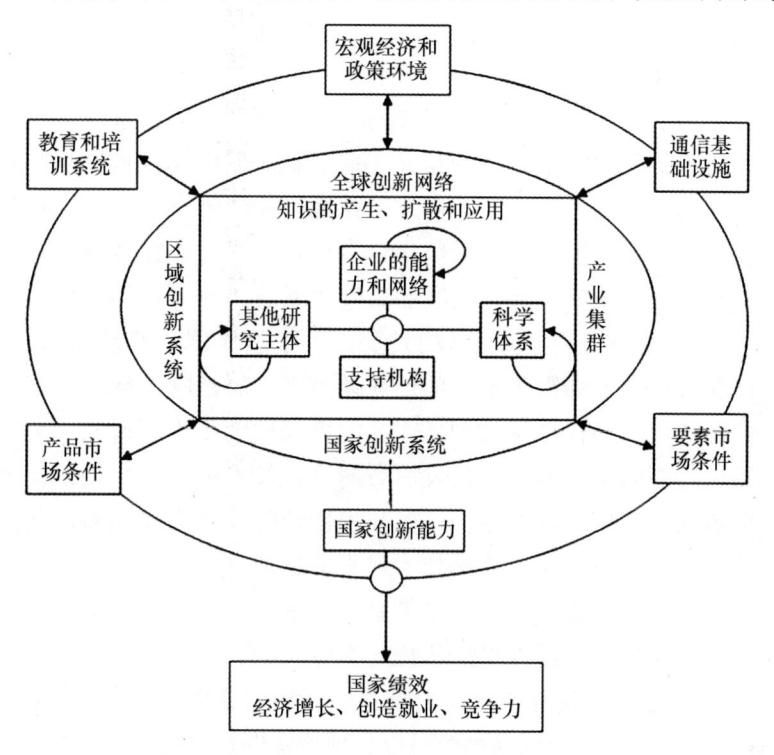

图 3.4　OECD 国家创新系统示意

交流等。当然，这些措施在解决创新市场失灵方面确实起到了一定作用，但在发挥作用的同时，也带来了一些消极的后果。比如，政府的创新政策措施可以解决创新市场失灵对基础性研究积极性不高或投入不足的问题，但基础性研究由此长期脱离市场竞争的环境，难免会出现基础性研究缺乏实用性，难以满足创新市场供求关系的情况，这降低了基础性研究的研究效率，造成了大量的人力、财力等的资源浪费。由此可见，政府对创新市场进行干预所带来的负面效应违反了制定创新制度政策的初衷，在这种情况下进行的基础性研究以及研究成果无法达到促进经济社会进步的目标。同样，经济社会发展的反馈信息也无法真正实现推动基础性或公益性知识相关研究进步的目的。建立和完善国家创新系统却可以解决这些问题，解决由于创新市场失灵

所带来的创新不足问题，并且可以充分发挥市场机制的作用来推动创新的全面发展，同时也可以降低政府在应对创新市场失灵时所带来的负面效应。这是因为主张建立国家创新系统的国家创新系统学派融合并整合了多个学派的观点和有意义的结论，而国家创新系统可以发挥这些学派所主张的理论观点的长处。信息和知识作为技术的载体具有非独占性的公共物品的性质，而技术作为企业的创新成果也同样具有私人物品的属性，国家创新系统较科学地解决了这种在技术中存在的既有公共物品性质又兼具私人物品属性的矛盾，在保证创新积极性的情况下，有效推动了技术创新的发展。关于技术创新原动力的研究，国家创新系统并不局限于单一的创新动力源，而是既强调技术创新的技术推动作用，同样也重视创新产品的需求拉动作用。这两个方面共同作用，才能明确技术创新的发展方向，使技术创新事半功倍，大大提高创新效率和创新针对性。一国技术创新的发展需要创新市场上的竞争活力，只有竞争才能推动技术成果的日新月异和成果交流的日趋完善与高效，除此之外，合作也是必不可少的。技术创新从研发到产业化离不开合作，高校或科研机构与企业之间，企业与企业之间，企业与消费者之间等都需要合作的维系。竞争与合作在技术创新过程中是缺一不可的，而国家创新系统可以合理地将创新过程中的竞争与合作整合统一起来，发挥其整合后的最大效用，推动技术创新的高效发展。由此可以看出，国家创新系统在解决创新市场失灵方面有其明显的优势，它不但解决了市场失灵所带来的不良后果，还扫除了在解决市场失灵过程中所产生的消极影响，大大提高了对创新市场失灵问题的解决效率。

在进行技术创新的过程中，除了会出现市场失灵的情况外，还会出现政府失灵的情况。政府失灵的表现除了上面提到的政府在利用政策制度克服创新市场失灵的过程中会产生消极影响，甚至会使调整动机偏离初始目标以外，还有一个重要表现，即政府干预过多过频。政府在利用制度政策解决市场失灵问题时，它所承担的角色只是辅助调整，绝不能代替市场去配置资源，这样不但会影响配置效率，还会引发寻租现象。在解决基础性研发积极性低的问题上，政府的职责同样是调整、鼓励和引导，绝不能代替大学和科研机构等科研主体去从事基础性的科学研发工作，包办代替同样会降低研发效率并且导致不必要的资源浪费。总之，政府在依靠行政手段解决市场失灵问题时，应认清自身的职责，对创新市场进行调整和引导，而不能代替市场去配置资源，也不能代替科研机构去从事基础性研究，同时要保持创新政策对创新活动的最初目标，对其进行辅助性引导和鼓励，而不是过分干预，否则就会出现政府失灵的情况。虽然政府失灵是每个国家的政府在调控经济活动时都努力避免的问题，但它的发生也是现实存在的，至今还没有哪个国家的政府对经济活动的调控可以完全做到"不越雷池一步"，主要依靠市场自身调节而不过分干预。政府在对创新市场和创新活动进行调节时难免会出现政府失灵的问题，建立和完善国家创新系统是一个很好的解决办法，依靠国家创新系统，政府既可以完成对创新活动应有的调节，同时又不会过分干预从而发生政府失灵的情况。因为国家创新系统的中心是"一个核心加一个综合"的机制，"一个核心"是指国家创新系统的建立仍是以创新主体企业为创新核心，强调企业在创新活动中的主导地位，鼓励创新企业的市场竞争；"一个综合"是指国家创新系统围绕企业这一核心对创新活动及其相关领域、经济领域、社会领域、产业领域等进行综合性的调节，这样，一方面以企业为核心可以保证政府不对创新市场和创新活动进行过多或错误干预，从而出现使创新活动和创新目标扭曲的情况；另一方面综合的调整手段可以整合各个领域的政策，使之更灵活、高效和全面，从而推动创新活动积极、有效地开展。另外，国家创新系统的建立使政府对创新活动的干预职能更加明确，即政府所有的行政手段都要以维护国家创新体系正常运转为前提，都要把完善国家创新系统作为主要目标，国家创新系统为政府提供了一个明确而有效的行为框架，这样可以有效遏制政府对创新活动的过多或错误干预，克服政府失灵。在国家创新系统的机制下，一方面鼓励政府对创新市场失灵时的有效干预，另一方面阻止了政府在干预过程中越权甚至破坏国家创新系统的行为发生，保证了创新活动在市场与政府共同作用下的健康开展。除了以上两方面之外，在国家创新系统机制下，政府还可以发挥纽带的作用，即将大学、科研机构与企业有机联系起来，在它们之间建立创新信息交流和交易平台，这样，一方面高校、科研机构的研究方向更加明确，避免科研与实际应用之间的脱轨现象；另一方面企业可以通过与高校、科研机构之间的广泛交流提高自身的创新能力，提升创新成果的数量、质量和技术含量。总之，在国家创新系统机制下，政府充分发挥其辅助、引导和联系沟通的作用，同时在国家创新系统制定的行为框架内，避免政府过多或错误的干预行为，大大降低了政府失灵发生的风险和造成的不利影响。

  对于一国的创新体系来说，还存在一个不可忽视的问题，那就是系统失灵。我们知道创新体系这一整体是由多个行为主体组成的，各个行为主体之间如果相互协调，互相给予正向作用，就能使这一体系运转良好；相反，各个行为主体间如果缺乏协调和沟通，相互之间缺乏作用或者给予对方负向作用，就会引发体系非正常化运转，这就是系统失灵。比如说，从事基础性理论研究的高校、科研机构或公共研究部门与从事应用性研究的产业研发部门或企业之间常常由于衔接不够顺畅，而导致基础性研究无法为应用性研究提供必要的支持，或者产业研发部门、企业等向基础性研究部门的信息反馈不及时、不准确，导致基础性研究部门的理论研究成果与现实脱轨，无法推动技术创新及其产业化的发展。再比如，技术转移或信息交流平台的缺乏，使得技术研发部门的创新成果与企业的技术吸收能力不相匹配，从而无法或难以被企业吸收，造成二者之间的信息转移或交流失衡。这种行为主体间的负向作用就会引起系统失灵，由负向作用所引发的各主体间沟通不畅、衔接困难不但会扰乱创新主体的内部秩序，还会阻碍技术创新活动的顺利开展。针对这种系统失灵出现了很多解决策略，并形成了多种理论，如资本大投入理论、工业化理论或进口替代理论、加入国际循环理论或外向型经济发展模式或贸易立国理论、技术引进战略或技术立国理论、经济增长阶段理论、可持续发展理论等。我们认为，建立国家创新系统不失为解决系统失灵问题的一个有效途径。因为国家创新系统本身就强调各行为主体间的协调和整合，这与创新体系的发展机制是相符的。另外，国家创新系统在确立企业这个创新主体不可动摇的地位的同时，也十分重视高校、科研机构等基础性理论研发部门的发展，这就为协调企业与基础性研究部门间的研究目标及信息交流打下了稳固的基础。最后，国家创新系统强调各种政策间的协调和整合，共同作用来推动技术创新发展的理论思想有利于解决系统失灵时各行为主体间缺乏沟通、各自为政所产生的不良后果。国家创新系统为解决创新体系中的系统失灵问题提供了可行的方案，具有较大的现实意义。

（四）基于动态演化的技术创新政策理论

达尔文生物进化论的三个核心思想是变异、选择和遗传，这被称为 VSR 范式。在这三个因素的共同作用下，生物可以完成动态演化的过程。动态演化理论随后得到了广泛的发展和应用，几乎很多重要研究领域都有利用演化理论进行解释和分析的观点存在，在创新制度政策领域也是如此。基于动态演化的技术创新政策理论学派的科学家们认为，在技术创新和知识积累及增长过程中 VSR 范式起着重要作用，在技术创新政策的演进中存在着动态演化过程。这一理论观点可以解释随着时间的推移为何有些创新政策被保留了下来，而有些却不再使用或者被另一些改进政策所替代。该理论把技术创新政策的这一变化比作进化论中的生物进化过程，而对于生物进化起着决定性作用的自然环境这一角色在技术创新政策的演进中是由市场来扮演的。技术创新政策被放入市场中加以选择，当政策出现变异后，不管创新主体的主观意愿如何，市场对其都会加以选择，符合或迎合创新市场发展规律的创新政策被保留下来，不能做到这点的创新政策便会被淘汰。在被淘汰的政策中，有些不再被使用，有些通过改进或进一步变异被市场选择保留下来。通过创新市场的这一检验和选择过程，创新政策和创新思想在社会中不断加以扩散和传播，并影响和改变着整个社会的创新行为，这就是进化论中的遗传过程。可以说，在 VSR 范式中，选择是推动技术创新政策不断演进的重要动力，它影响着技术创新政策的发展方向。当然，这种选择机制并不是一成不变的，它会随着技术发展水平、经济社会环境、市场需求情况等因素的变化而有所不同，选择机制的不同推动着技术创新政策向不同的方向演进。

在技术创新政策领域，这种选择机制分为两种：内部选择和外部选择。内部选择通常是指在技术创新政策的制定和实施中，某些公共机构内部的政策方向发生了变化，导致选择的标准和范围随之发生变化。比如作为制定技术创新政策的政府部门如果对预算政策加以调整，就会直接影响对研发投入或研发补贴等创新政策的选择，预算紧缩，研发投入就会相应减少，因此某些技术创新政策也会发生相应变化或被搁置。此类情况还有政府紧缩预算会导致对某些公共基础性研发项目投资的减少甚至导致项目被取消。这种内部选择会使技术创新政策发生改变、改进或被取消。从某种意义上说，内部选择是一种被动选择。外部选择的主体是企业，企业作为创新主体，对技术创新政策的选择是具有权威性和决定性的。创新政策对于企业来说，唯一目标就是促进企业的技术创新活动高效、有序地进行，并符合企业发展技术创新的战略规划。如果创新政策无法发挥这样的作用，就会在外部选择中遭到淘汰。因此，创新政策在制定时要充分调研和分析创新企业的创新发展规划和发展战略，分析企业的技术水平和技术创新产品的市场占有率等重要因素，这样创新政策才可以在外部选择中得以保留。由此可以看出，外部选择是一种主动选择。

在选择机制的作用下，技术创新政策不断演化，这种演化都会经历创新政策的淘汰、改进和重构、创新政策的建立和发展这几个阶段，在每个阶段中，企业、技术发展水平和技术创新等都对创新政策的演化起着决定性作用。除了企业及产业结构、技术发展水平对技术创新政策的演化有重要影响作用外，技术创新政策同样会影响企业的发展、产业结构的调整以及技术的发展方向，它们之间构成了协同演化的关系（如图3.5所示）。从图3.5中可以看出，技术创新政策在整个创新过程中起到了纽带的作用，由于创新政策的存在，技术、产业结构及企业之间才能协同演化。一方面，在技术创新政策制定和实施前要做好充分的调查研究，以保证其能够适应技术水平及技术发展方向、产业结构的现有环境及变化趋势等，这样可以确保创新政策最大限度地发挥纽带作用，并且可以保持技术创新政策的平稳演化。另一方面，技术创新政策也对技术、产业结构、企业的发展有反作用。比如，技术转移政策可以在基础性研究和应用性研究、科研机构与企业之间建立技术及信息交流的平台，便于它们之间的技术转移。专利政策在决定企业或科研机构对其创新成果的所有权程度的同时，还决定着后续企业对该创新成果的模仿程度，这样就可以使创新企业与模仿企业都有一个运作标准，维护了正常的创新秩序。虽然创新政策与技术、产业结构之间是协同演化的关系，但是这种演化也存在时滞，一般而言，创新政策的演化慢于技术、产业结构的演化，尼奥斯和贝伦认为，这是缺乏一个流动性足够大的"政策市场"所导致的，因此，技术和产业层面的市场选择过程会快于政策选择过程，某些官僚主义的思想和内部困难都会影响对政策的效率和结果进行评价。①

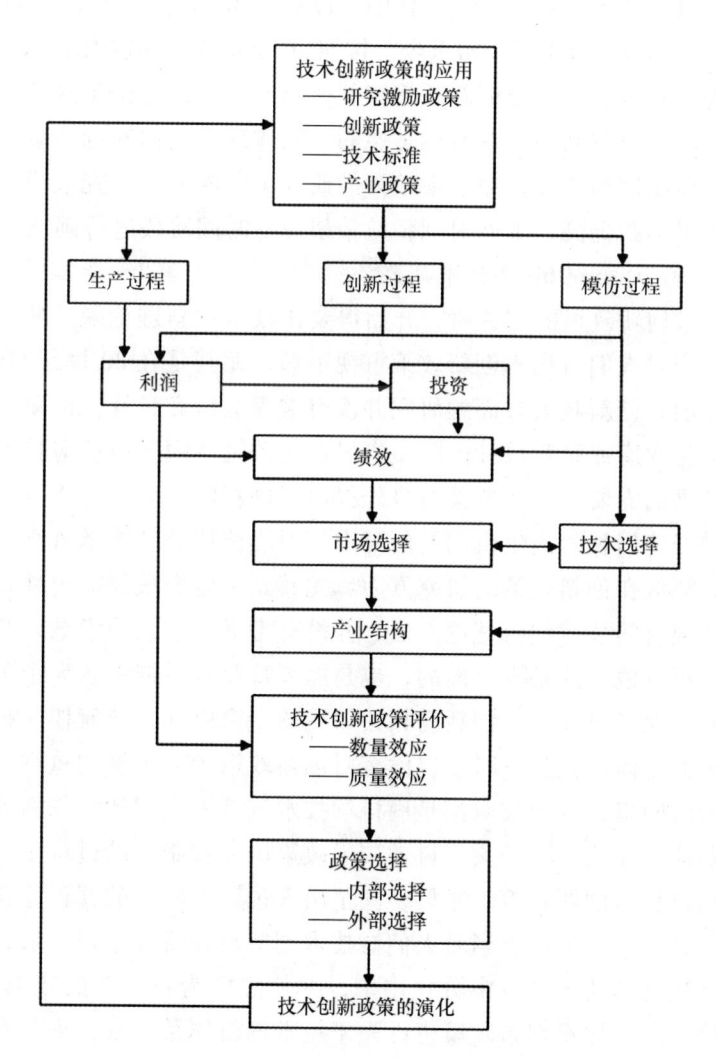

图 3.5 技术创新政策、技术和产业结构协同演进示意

---

① J. Niosi, and B. Bellon, "Une Interpreutation Evolutionniste des Politiques Industrielles," *Revue d'Economie Industrielle*, 1995: 71.

六 创新政策研究的发展

关于创新政策研究的发展大体上可以划分为三个阶段，按时期来说，可以划分为20世纪60年代中期以前，20世纪60年代中期到80年代初，20世纪80年代初至今。按照20世纪60年代中期和80年代初作为时间节点来划分创新政策相关研究的发展，是由于这两个时期对创新政策研究来说是具有标志性的，它体现了人们对创新政策研究的重视程度逐渐加深，对创新政策的研究不断深入，研究成果不断丰硕且水平不断提高。下面对创新政策研究分时间阶段进行阐述。

（一）20世纪60年代中期前

技术创新政策的相关研究开始得要比技术创新理论晚一些，主要原因是当时人们对技术创新政策重视不够，尤其是在20世纪60年代中期以前，创新政策方面的研究并没有被提上研究日程，而只是被人们认为是政府或政策设计部门负责思考的政策性问题以应对技术创新活动开展的需要。虽然熊彼特最先提出了创新的概念，并将其引入技术促进经济增长的内生机制的研究中，但熊彼特及其继承者都没有将研究兴趣放在创新政策的研究方面，尤其是在他们最先提出并在研究上有所成就的技术创新理论方面，并没有考虑将政策因素纳入其研究范畴。可以说，这是不全面的，也是熊彼特及其后继者研究中欠缺的一方面。除了研究技术创新的相关领域的专家以外，政府作为技术创新政策的主体，在这一时期也没有对创新政策予以足够的重视，在很长一段时间里，各国政府都是用科学技术政策来代替技术创新政策行使其职能。在这一时期关于科学技术政策研究和制定的过程中，有可能出现过技术创新政策的雏形，甚至出现过后来所说的真正意义上的技术创新政策，但由于当时人们对技术创新政策研究重视不够，并没有将其从科学技术政策中分化出来，并使之成为一个新的政策体系。可以这样说，技术创新政策也许先于技术创新体系出现，人们在发展创新经济的过程中已经在无意中开始制定和使用所谓的技术创新政策，只是当时的研究者并没有从事独立的技术创新政策体系的工作，当时的技术创新政策是在科技政策的研究和制定中产生的附属政策产品，并且被研究者笼统地归为科技政策。

之所以将 20 世纪 60 年代中期作为分析创新政策研究发展的第一个时间节点，还因为当时的国际形势。在第二次世界大战期间，各国将主要的技术创新精力都投放在了军备研发和竞争中，尤其是对原子能武器的开发和使用。由于人们看到了原子能在战场上巨大的威慑力及其在战争中可以瞬间左右战争结果的威力，各国政府认为对大型科技项目尤其是军事项目的投入和研发是十分必要的。当时二战刚刚结束不久，人们的思想仍停留在军备竞争而非转移到经济建设上来，加之几个实力强大的国家在除了原子能以外的军用雷达和飞机项目研发中的大力投入，更加影响着各国技术创新的发展方向。在人们对巨额投资会产生巨大回报的憧憬中，各国政府的研发投入资金迅猛增加，这一局面从 20 世纪 40 年代开始一直持续到 60 年代中期。事实上，当时许多国家设立的科技政策研究机构都主要从事军备方面的研究，尤其是核研究，各国政府对于这些大型科研项目持续不断的投入是普遍现象，人们坚信这样做一定会带来巨大的回报。

进入 60 年代中期以后，随着战争日益远离，人们的注意力开始投向了经济发展，作为创新主体的企业面临着日益严峻的市场竞争压力，因此企业对于自身的发展方向，尤其是对技术创新的投资方向进行了更加严苛的审查。它们不再一味地将资金投入研发大型的或者与军事有关的科技项目中，而是更加考虑市场的需求。同时各国政府也开始积极寻找其他的科技项目加以资助和推动，以期对本国经济的增长发挥作用。此时，不管是企业还是政府，对于技术创新活动的发展，并不是一味地投入，而是考虑成本—收益问题。这些新的认识为以后技术创新的发展和创新政策的建立与完善打下了良好的社会基础。

随着人们认识的逐渐提高，政府对于军事或大型科技项目投入的必要性引起了越来越多的怀疑。因为人们开始意识到军事或大型科技项目并不一定会提升全社会的技术创新水平，而且这些军事或大型科技项目的研发与应用似乎与人们日常的生产生活关系不大，并不能提高生产生活水平。1971 年纳尔逊等人从经济理论和事实案例两个角度入手对政府资助的军事以及大型科技项目进行研究，得出的结论是这些巨额资助存在着惊人的浪费，是成本远远大于收益的投资项目。这更催生了对于政府投资科技项目的经费进行评估的要求，无论是在军事上还是在大型科技项目领域，评估性的研究逐渐延伸到技术创新的各个领域。在这方面的研究中，比较有代表性的是英国的卡特和威廉姆斯以及美国的霍兰德，他们都强调与人们日常生产生活息息相关以及工业制造过程中的技术创新比某些大型的科研项目更具有现实意义。他们认为，在进行技术创新方面，不应只盲目投资大型项目，而应该严格审查所投资的创新项目的成本和收益情况、创新成果的实际利用率以及这种创新能为经济增长做出多大的贡献。"所有这些新发展的特点都是越来越关心成本收益，关心科学和技术对于提高经济实绩的直接贡献。重点并不是放在科学技术系统或者研究开发系统的健康运行上，而是更多地放在为更好地利用科学技术成果所必需的经济社会环境上。"[1] 在这种思想的影响下，关于技术创新方面的研究活动分化为两个趋势：一个是研究创新成果的实际应用情况，另一个是研究为何研发活动的增长率呈逐年下降的趋势。这两方面的研究，都不能不考虑政策因素在其中所起的作用，政策因素对于创新方向和创新成果的交流与交易以及研发活动的开展频率都有着重要的影响。因此人们开始重视与创新有关的科学技术政策和创新政策。一些国家的政府及大学、科研机构等相继成立了科技政策研究机构，专门从事与科学技术研发相关的，对科技发展起着重要调节和引导作用的科学技术政策。在这些研究机构中最为著名的是创立于1966年的英国苏塞克斯大学科学政策研究所。虽然各国政府都认识到政策在科技发展中的重要作用，同时也鼓励政策领域的研究活动，但真正意义上的技术创新政策体系仍然没有确立，它仍旧被当作科学技术政策的附属产品。因为这些政策的作用对象仍然是科技发展以及如何管理好政府对科技项目的研发投入，并没有从作为技术创新主体的企业的角度研究和制定相关的制度政策。有学者认为，尽管一些政府很早就开始使用某些政策手段促进技术创新的发展，但是，创新政策的真正诞生是在20世纪60年代。[2]

---

[1] C. Freeman, *The Economics of Industrial Innovation*, The MIT Press, 1982, p. 199.
[2] 柳卸林:《技术创新经济学》，中国经济出版社1993年版，第201页。

(二) 20 世纪 60 年代中期到 80 年代初

20 世纪 60 年代中期以后，人们对于技术创新促进经济增长的效果有了更大的认识，尤其是 70 年代发生的石油危机，更是提醒各国政府在有限资源的情况下大力发展技术创新才是促进经济增长和社会稳定的有效途径，因此，对技术创新政策的讨论和研究广泛兴起。在技术创新政策的讨论和研究方面最具代表性的是美国，此时也是美国技术创新较为活跃的时期。60 年代中期后直到 80 年代初，美国共出现了三次较为活跃且影响较大的关于技术创新政策的讨论。

其实，美国关于技术创新政策的思考和讨论早在 60 年代初期便已开始，这也是美国第一次较为活跃的关于技术创新政策的讨论。这次讨论的发生和当时的美国经济背景有很大的关系。当时美国正经历着自 50 年代末期开始的经济停滞，严重的经济停滞使美国开始反思对军事和大型科技项目的巨额投资对经济发展的影响，认识到应将发展技术创新的精力转移到和人们生产生活密切相关的民用方面。因此，当时的肯尼迪政府试图提出并开展一个民用项目，并为此研究和制定了一系列推动该项目顺利进行的政策。但是，这次尝试是较为肤浅的，政府当时制定政策的目的只是单纯地针对该项目，并没有真正认识到技术创新政策对于一国技术创新有着何等重要的作用，对于技术创新政策的研究也缺乏全面性。这在当时技术创新活动较为活跃的美国尚且如此，别国政府在这方面的认识和行动就更为欠缺了。

美国第二次比较活跃的关于技术创新政策的讨论发生在 20 世纪 70 年代初，发生的背景是美国在世界上的技术领先地位逐渐丧失，这种情况提醒了当时的尼克松政府关于技术创新政策的反思，这次类似于检讨性质的反思和讨论在美国历史上具有重要意义。在推动和鼓励工业创新的大目标下，美国政府开始关心技术创新政策的重要性以及拓宽技术创新政策的实施范围。因此，这次反思和讨论也围绕着政府制定何种技术创新政策和法规以推动工业创新的进一步发展及私有企业的创新问题来展开。这次讨论相对于前次的进步之处在于政府和社会深入地探讨了关于技术创新政策推动创新发展的重大作用，并且深入讨论了应制定何种政策法规来达到这一目标，尤其是其中针对私人企业创新的部分，更具有重要的意义。

第三次讨论发生在 20 世纪 70 年代末 80 年代初的卡特政府时期，由于此时美国的技术地位并没有得到明显改善，反而其劳动生产率和技术创新水平有下降的趋势，卡特政府开始了一次关于技术创新政策的反思式讨论。同样是反思式讨论，但这次相比于前一次的进步之处在于美国在技术创新政策的研究方面迈出了一步，这就是 1978 年美国总统报告——《工业创新国内政策评述》中关于创新政策的描述，包括经济和贸易政策，环境、健康及安全法规，工业结构与竞争法规，政府专利和信息方面的政策，政府购买政策和政府对开发的直接支持。但并不能说明这就是一次成功的和真正意义上的有着明确实施路径和实施目标的技术创新政策的制定过程，因为在《工业创新国内政策评述》中关于创新政策的描述并没有针对当时美国的历史背景和经济、工业的实际发展情况，政策过于笼统，缺乏明确性，导致这些创新政策并不被总统和国会注意和接纳。即便是被接纳，这些政策被关注或使用的周期也很短，一般一到两年。总之，这些既缺乏明确目的又没有充分考虑到当时美国国情和经济、技术状况的技术创新政策并没有帮助美国建立起完善、成熟的技术创新政策体系，但是，这些讨论和尝试为以后美国技术创新政策的发展和完善打下了良好的基础。

20 世纪 70 年代末期，技术创新政策日益受到重视，除美国之外，法国、德国、瑞典等新兴工业国家在重点发展技术创新的同时，也逐渐认识到技术创新政策对于刺激和调节技术创新的重要作用，相继进行了这方面的探讨和研究。美国国会图书馆国会服务部做过这方面的统计，截止到 1980 年，全世界各国提出的对于技术创新有较大影响作用的技术创新政策有 205 项。瑞典在技术创新方面提出了新的观点，指导着瑞典进行新的技术创新政策的改革，即不再将研发资金只局限于投入企业和原始设备上，而是将资金投入从研究、开发、创新到培训、组织发展的整个过程。1974 年，联邦德国、加拿大、法国、比利时、荷兰制定了一个技术创新政策国际联合研究计划，后来澳大利亚和瑞典也相继参加，每两年召开一次国际会议，对推动各国技术创新政策的研究、制定和实施起了重要作用。① 除此之外,在70年代上半期,西方国家涌现出许多关于技术创新的研究成果,因此,许多相关的技术创新政策方面的研究也在此基础上出现了,其中有些政策建议还是具有现实意义的。比如,应相应缩减与军事、国防相关的大型科技项目的投资,把研发精力向与人们日常生产生活相关的"黄油和面包"部门的技术创新转移,并且在进行技术创新之前,要注意考察市场,看创新产品是否符合市场需求等。"但是,研究机构向政府所提出的这些建议,无论如何都不是对政策最强有力的影响。他们的建议的确广泛地与政府眼中的发展巧合,简单的科学推力和政府需求拉力的方法被更巧妙的观点所取代,即打算把专门的技术刺激与广泛的政策结合起来,这些政策的目标是创造适合于创新的环境和更有效的管理。但是,把意图转变为政策手段仍是困难的和有争议的。"② 美国经济学家纳尔逊认为,经济学家们运用自己的理论知识和实践经验所给出的技术创新政策的相关建议只是指导性的,并且这种指导是不全面和不完整的,因为这些结论得出的途径是根据经济学家的分析,将技术创新现状分成几种情况,然后按照各种不同情况给出不同的技术创新政策建议。但是这种情况分类并没有完全和实际情况结合起来,所以在政策建议的有效性和可操作性上都是有限的。"事实上,关于这个问题的经济文献越来越不是结论性的了。"③ 尽管有着这样或者那样的不足,20世纪70年代末和80年代初期仍然可以说是技术创新政策研究的高潮时期,甚至经济合作与发展组织也受到影响,于1980年发表了一个技术创新政策声明,既表现了西方工业化国家对于创新政策的渴望,也展示了它制定创新政策的立脚点。④

(三) 20世纪80年代初期至今

20世纪80年代初期至今,是技术创新政策进一步拓展和繁荣的

---

① 夏国藩:《技术创新与技术转移》,航空工业出版社1993年版,第35—36页。
② [英] R. 库姆斯、P. 萨维奥蒂、V. 沃尔什:《经济学与技术进步》,商务印书馆1989年版,第206页。
③ Richard R. Nelson, *Government and Technical Progress: A Cross-industry Analysis*, Pergamon Press, 1982, pp. 1 – 2.
④ 柳卸林:《技术创新经济学》,中国经济出版社1993年版,第202页。

时期，它伴随着信息技术、生物技术和新材料技术的新技术革命而发展和趋向成熟。在新技术革命中，由新兴技术带来的产业革命以及经济和社会的迅速发展，使人们认识到技术创新对于经济社会发展的重要作用和意义，因此，人们对于推动和调节创新的技术创新政策也愈加重视。因为新技术革命和新产业革命是从欧美各国产生并发展壮大的，所以关于技术创新政策的研究和相关政策领域的拓展也是在这些地区最先开始的。在欧美国家的带动和引领下，其他发达工业国家甚至是发展中国家也将注意力转移到了技术创新政策的研究和制定上，它们试图通过多种渠道来调整本国的技术创新政策，以期能够为本国在新技术革命中谋得一席之地，以促进本国经济和技术的快速发展。这种对于技术创新政策研究和调整的热情主要体现在两个方面。

一是各国技术创新政策的重点发生了重大的变化。在进入90年代以后，各国将技术创新的重点转移到了创新产品的实用性和产业化与商业化方面，更加重视技术创新能够给经济社会带来怎样的绩效。与以往相比，各国政府不再一味地发展科学技术以提升本国在国际上的竞争力和增加政治及利益筹码，进入90年代后各国政府认识到不应将发展科学技术作为最终目标，而应将其作为一种手段，利用这种手段达到促进经济增长和社会进步的目的。因此，随着技术创新重心的转移，各国的技术创新政策也随之做出调整，目的是调节基础性研究和企业技术创新之间的关系，并且为创新产品实现产业化和商业化构建良好的政策环境。1991年成立的美国国家关键技术委员会就在其报告中明确提出："技术本身并不能保证繁荣和国家安全，技术只有在我们学会将它更有效地应用于研制新型、高质而成本又有竞争力的产品时，才能对美国未来的国家利益做出重大贡献。"这说明，一向以大力发展科学技术为主要任务的美国认识到将科学技术应用到人类实际的生产生活中才能真正实现其价值，并提升本国的综合国力，而并非一味发展军事和大型科技项目。这一思想和政策目标在克林顿1993年执政后向国会提出的施政报告中得到了明显的体现："投资于技术就是投资于美国的未来。""美国的技术必须向新方向发展，以培育美国的经济实力并刺激经济增长。联邦政府在技术发展中的传统作用仅限于支持基础科学和国防部、国家航空航天局以及其他机构进行的使命性研究。这种战略对于上一代人可能是合适的，但是，它并不足以应付今天所面临的重大挑战……我们必须直接瞄准这些新的挑战，并将注意力集中于我们面临的新机会上，承认政府可以在帮助私人企业开发并从创新中获利方面发挥关键作用。"[1] 除了美国外，欧洲国家的技术创新政策也向更接近实际生产的方向调整，欧共体科技首脑会议在 1993 年 10 月提出欧共体的技术创新政策新方针："科技领先，发展生产"，并在 1994 年 4 月通过了《欧洲第四个科技发展和研究框架计划》，提出要集中研究有重大社会经济效益的关键技术项目及推广工作。从中可以看出，欧洲各国也逐渐认识到发展与生产生活密切相关的创新技术才是推动经济增长的强劲动力。在亚洲，日本是最具代表性的依靠科技创新走上强国之路的国家，在此期间，日本的相关技术创新政策也做出了相应调整。它于 1994 年 6 月提出从科技立国转向科技创新立国的发展方针，在同年 11 月发表的科技白皮书中决定将政府研究开发支出增加一倍以补充企业因为经济条件恶化而削减研发经费的趋势。从几个主要的技术创新国家的创新政策调整中可以看出，科技创新的发展重点发生了重大变化，从重视军事到考虑经济社会绩效，从重视大型科技项目的研发到着力发展与企业创新及生产有关的创新技术，技术创新政策也随之发生了变化，目的是使技术创新达到这一目标而发挥重要的调节和推动作用。

二是国际上的科学与技术合作日益广泛，而其中最为活跃的形式是区域间的科技合作，它加强了区域间科学技术交流，使新技术的传播和扩散更加有效和有序，大大提高了技术创新的社会绩效。欧盟是这方面做得较为突出的国际组织，它于 1994 年实施了研究与技术开发总规划，它针对的对象主要是欧盟成员国，后来还实施了将俄罗斯等东欧国家包括在内并共同参与的"尤里卡计划"。在亚洲地区，东盟于 1994 年发布了东盟科技发展计划，该计划的实施原则是"经费分担，利润共享"，这进一步鼓励了东盟各成员国之间的科学技术合作，降低了单个国家独自进行科学研发的风险，尤其是在投资较大、

---

[1] William Clinton, *Technology for America's Economic Growth: A New Direction to Build Economic Strength*, MCB UP Ltd., 1993.

周期较长的科研项目方面，更加显示了该计划的优越之处。此外，"利润共享"在提高技术创新效率和社会绩效的同时，也促进了成员国的经济发展。这一时期，中国发挥了其应有的作用和影响，在第四次亚太经济合作组织非正式首脑会议上，时任中国国家主席的江泽民提出了加强亚太地区经济技术合作的倡议，并承诺拿出几个中国发展较好的国家高新技术开发区参与国际经济技术合作，其中北京、苏州、合肥和西安等地的国家高新技术开发区被确定为 APEC 科技合作园区，这些措施体现了中国发展技术创新并且加强与国外的经济技术合作的努力与决心，为国际上尤其是亚太地区各国间的科学技术合作发挥了重要的作用。"一切国家，不论其经济规模大小和不同政治类别，都在设法取得、开发和利用技术。它已被看作现代国家和世界威力的重要生命血液。"① 经济学家蒂思得尔认为，科技政策和产业政策是当代国家经济发展中不可缺少的有机部分，而技术创新政策更是一个国家所不能忽视的。②

虽然各国政府对于技术创新和技术创新政策重要性的认识愈加提高，但是在技术创新和技术创新政策领域仍存在一个严重的问题，那就是理论研究与现实需要差距大，存在脱节现象，这也是目前世界各国在技术创新和技术创新政策领域存在的普遍问题。在理论层面，经过经济学家们的共同努力，我们已经知道创新市场存在市场失灵现象，仅仅依靠市场自身去配置资源无法达到资源的优化配置，政府需要在这种情况下发挥应有的调节和引导作用。但现实情况是，在理论层面认识到了政府在调节创新市场中所扮演角色的重要性，但现实中关于政府应采取何种政策措施调节和引导创新市场使其有效运行以促进技术创新的发展并没有确切的结论。除此之外，对于政府已实施的相关调节政策的细分还不明确，何种措施针对何种情况，它的具体效用如何，都是现实中需要明确的问题。总之，技术创新理论的研究和发展对于现实中技术创新政策的设计及执行的贡献度还是十分有限

---

① ［美］博多·巴托恰：《发展高技术产业政策之比较》，中国友谊出版公司 1989 年版，第 10 页。

② 夏国藩：《技术创新与技术转移》，航空工业出版社 1993 年版，第 35 页。

的，并未提供充分的理论与实际相结合的依据和方法。分析其原因，主要有两个方面：一是相对于其他科学研究领域，技术创新及技术创新政策的相关研究起步晚，研究时间尚短，理论基础并不坚实，这种年轻的学科存在的明显问题就是学术界、企业界及政府间关于如何发展技术创新存在着很大的争议，这无形中就为技术创新的发展和技术创新政策的设计及实施设置了障碍。前面曾提到，在技术创新政策研究领域存在很多学派，每个学派的理论基础不尽相同，因此不同的学派就会形成不同的技术创新政策模式，这也为提高技术创新和技术创新政策的一致性和明确性造成了困难。技术创新及技术创新政策的地位愈加重要与相关领域知识的缺乏之间的矛盾还是十分突出的。二是各国政府虽然认识到了技术创新政策对发展技术创新的重要作用，也表现出了利用技术创新政策推动本国技术创新发展的决心，但是在利用何种政策工具，通过何种路径实现这一目标上，各国的想法莫衷一是。因为这一问题在学术界存在着较大的争议，到目前为止关于具体的技术创新政策工具以及实施路径还没有明确的结论，学术界无法在理论层面提供充分且准确的支持依据，导致各国的技术创新政策的顺利实施面临着困难。克里斯托弗·弗里曼认为，虽然我们现在知道了对于私人企业在创新的竞争中成功或者失败的许多因素，但是，我们对于哪一种政府政策可能会鼓励创新者并促使他们成功，则知道得要少得多。妨碍人们对于后一问题的研究和认识的主要障碍是，我们很难把某一个政策措施如税收刺激、研究开发补贴等因素的重要性同对厂商行为有更为普遍影响的或者对单个厂商有特殊影响的无数其他因素区别开来。[1]

  总之，在理论层面，我们已经有了一个较为清晰的技术创新理论体系，且随着新古典学派、熊彼特学派等，以及后来的经济学家们的不懈研究和努力，我们对于技术创新理论的认识和理解越来越深刻，越来越成熟，对现实中出现的许多问题在理论层面我们也可以做出很好的解释。但是我们的研究不能停留在理论层面，理论研究是为实

---

[1] [美] 克里斯托弗·弗里曼：《创新》，[英] 约翰·伊特韦尔：《新帕尔格雷夫经济学大辞典》（第二卷），经济科学出版社1996年版，第926页。

际应用服务的，当我们想把技术创新理论转化成在现实中为我们所用的技术创新政策时就会遇到很多困难，在选择何种技术创新政策，利用何种政策工具等方面我们所能掌控得还相对匮乏，需要我们付出更多的努力。

第四章 中俄技术创新发展路径比较

当今世界的经济发展有一个不可忽视的事实，那就是经济增长绩效与创新的关联度越来越高，各国政府、机构及学者都认为创新已变得如此重要，以至于关系到一国经济增长绩效和持续性，并且决定了一国的经济实力和企业竞争力。创新因素已成为经济增长的内生因素并为持续的经济增长和社会进步提供了强有力的基础和动力。在业界，关于技术创新和技术创新增长的研究和关注，多集中于以美国和欧洲等西方发达国家或者是以日本、韩国为代表的新兴创新国家，因为这些国家通过大力发展创新经济，将创新作为强国战略，确实取得了举世瞩目的成就，尤其是在经济和人民生活水平上一直处于领先地位，在技术创新水平上也处于引领技术发展趋势的位置，所以以它们为研究对象，确实具有可信性和重要的现实意义与参考价值。然而，创新经济学并不是一门狭隘的学科，技术创新这一发展路径也并不是只能在创新经济发展相对成熟的国家或地区采取，任何一个想通过技术创新实现强国之梦的国家都可以从中获益。其中，作为转型中的发展中国家——中国和俄罗斯便是代表，两国政府认识到技术创新对于本国经济转型和经济发展的重要意义，并且已采取了多种政策措施来鼓励研究机构和企业的创新活动，两国技术创新的发展路径不尽相同，技术创新的基础及发展方式、发展速度等也有所区别，但是两国发展创新技术的最终目标是一致的，那就是通过技术创新转变生产方式和经济结构，提高生产效率及加快经济增长，并最终实现经济和社会的成功转型。可以说，中国和俄罗斯已昂首阔步地走在了创新之路上，并将一直坚定地走下去。然而，学界对于正处于转型期的发展中国家创新经济发展的关注还相对较少，需要我们在这方面加以概括、描述和研究，以期总结出转型期发展中国家的创新经济发展路径的特点，这将是一件很有意义的事情。

第一节　中国在技术创新领域的发展路径

一　中国技术创新发展概述

"中国奇迹"是国际上对于中国在40多年改革开放中所取得的举世瞩目的成就的生动描述和概括，"中国奇迹"的发生不仅具有一些外在的表现：经济高速增长，国际贸易额和外国直接投资额大幅度提升，人民生活水平明显提高等，还体现于内在的变化上，中国的经济结构、社会和制度结构都发生了深刻的变革。究其原因是中国的经济结构、政治体制改革顺应了经济和社会发展的规律，实现了经济的高速增长；反之，经济增长和社会进步又使人们对于中国的经济结构、政治体制改革充满信心，为经济、政治和社会领域的改革进一步深化构建了良好的社会环境和群众基础。

在中国40年多的改革成就中，作为坚实基础的经济、社会和制度结构变革当然是不可或缺且十分重要的，但中国是利用何种手段和工具，通过何种路径实现经济快速增长的问题，也是国内外学者试图探寻和研究的。外国学者对于中国经济增长原因的研究主要集中在初始条件决定论和经济结构改革及政策有效性决定论这两方面，有些学者认为，中国的经济成就是缘于丰富的生产要素初始条件：丰富的自然资源，廉价的劳动力，相对单一的经济体制等，这些在别国看来并不能称为可持续发展优势的初始条件，却成就了中国高速的经济增长；另一些学者则更加乐观，他们认为，中国在改革开放中进行的经济体制改革和经济结构调整以及为顺应改革所实施的有效的政策措施为中国的经济发展扫清了障碍，加上原有的生产要素优势，高速的经济增长得以实现，其中经济结构变革和有效的政策起到了决定性作用。

国内学者对于"中国奇迹"的研究和解释也是多方面的，其中林毅夫的"后发优势论"和杨小凯的"后发劣势论"最具代表性。林毅夫认为，"中国奇迹"根源于中国遵循和实施了充分利用"后发优势"的经济发展战略。① 其中"后发优势"从字面上理解就是虽然处于"后发"的境况，却能由此保有"先发"国家所没有的优势，而林毅夫的"后发优势论"主要是针对技术领域来说的。相对于技术水平较高和成熟的国家，中国在技术水平上与其还有一定的差距，但是我们可以利用这一差距，积极引进、消化、吸收、再创新，从而实现自身技术水平的提高及对世界先进水平的赶超。林毅夫认为，处于"后发优势"的发展中国家都可以充分利用这一优势，在对国外先进技术的吸收和再创新的过程中，实现自身的技术结构调整和技术水平提升进而促进经济发展。前面我们提到技术创新是实现经济增长的主要途径和重要保证，因为中国具有"后发优势"并且加以了充分利用，所以实现了技术水平的提升，从而实现了经济的快速增长。这就是林毅夫利用"后发优势论"对中国改革开放40多年所取得成就的解释。而另一种颇具代表性的观点是由杨小凯提出的"后发劣势论"。他认为"后发"也有可能带来"劣势"，虽然处于后发位置的国家可以用较短时间对国外先进技术加以引进、吸收以达到提升自身技术水平的目的，但在这一过程中，较为容易获取技术的方式和实现经济增长的途径使后发国家产生"惰性"，一味依赖对先进技术的引进和吸收以及由此带来的经济增长，而对于与经济、社会发展具有决定性意义的社会、制度结构的改革和调整的积极性却减少或缺乏，这无异于饮鸩止渴，无法实现社会、经济的长期稳定发展。杨小凯指出，正因为后发国家可以轻易地通过技术引进和模仿实现经济的快速增长，反而缺乏改革自身制度的动力，可能丧失经济长期发展和繁荣的机会，"后发优势"可能演化为"后发劣势"。② 基于林毅夫与杨小凯间的争论，陈志武认为，中国改革开放40多年所取得的成就的确得益于充分利用和发挥"后发优势"，使中国在技术创新领域得以迅速发展并由此奠定了经济高速增长的基础。但是只依靠"后发优势"是远远不够的，他认为"中国奇迹"来源于已经成熟的工业技术的

---

① 林毅夫：《"后发优势"与"后发劣势"——与杨小凯先生商榷》，《新闻周刊》2002年第18期。

② 林毅夫：《"后发优势"与"后发劣势"——与杨小凯先生商榷》，《新闻周刊》2002年第18期。

引进和有利于自由贸易的世界秩序。①虽然陈志武的观点只是学界研究的一个方面，并不能完全解释"中国奇迹"发生的根源，但是确实是中国搭上了世界政治、经济环境稳定、技术创新发展迅猛这趟快车。总之，中国的经济成就既得益于"后发优势"所带来的对先进和成熟技术的引进和吸收，也得益于世界稳定的经济、政治大环境，但更得益于中国自发进行的经济、制度结构改革并实施适应中国国情的发展战略和制度、政策体系，这些因素共同成就了中国经济的快速增长。

中国技术创新的发展，是伴随着中国的经济转型而进行的，中国的经济转型是在大力发展技术创新从而推动经济增长这一战略目标驱使下逐步推进的，它是经济发展模式的完善和优化。在中国经济经历40多年的高速发展后，国内外的环境发生了重大变化，这些变化主要表现在三个方面：首先是资源短缺使以"要素租金"为模式的经济发展捉襟见肘。这一影响对于中国来说十分明显，这表现在中国经济所依赖的钢铁、石油等资源的进口价格上升，使"要素租金"成本上升，增加了"中国制造"的成本。同时，生态保护的压力不再允许中国进行对环境具有破坏性的不可持续的生产制造。其次是以劳动密集型为主的产品出口模式受到来自两方面的冲击：一方面，由于国际市场的萎缩，它对劳动密集型产品的需求减少；另一方面，其他发展中国家更加低廉的劳动力价格使中国劳动力成本低这一优势不再明显。最后是在生产技术方面，中国通过多年的引进和吸收，生产技术水平得以迅速提升，与先进国家的差距逐步缩小。在现阶段，提升自身产品竞争力的重点已不是生产和制造方面的技术水平，而是技术创新和产品的研发能力，这才是形成核心竞争力的关键。

面对如此这般的国际环境，中国不能坐以待毙，而是应努力适应外部环境的变化，积极谋求创新，由制造经济向创新经济转变。针对这种情况，中国也做出了努力和相应改变。如在经济增长方式方面，由粗放型的增长方式向集约型的增长方式转变。向集约型增长方式的转变就是生产模式由简单的横向扩张转变成高质量的纵向延伸。横向

---

① 陈志武：《重新思考中国奇迹》，《中国品牌》2008年第3期，第64—71页。

扩张即简单的扩大生产规模，而纵向延伸即积极促进企业的技术创新和技术改造升级，同时通过自主创新提升自身竞争力。在创新环境方面，要注重组织、管理和政策创新，为企业实现持续性创新构建良好的环境。在资源利用方面，从资源消耗型向资源节约型转变。原有的生产方式不注重对资源的综合利用，资源消耗和浪费严重，且这种利用方式不可循环，容易对生态环境造成不可恢复的破坏。节约型资源利用是注重资源的综合利用，通过科学的管理方法实现资源的循环利用和绿色利用，在提高资源利用率的同时减少对环境的破坏，实现增产和环保的双赢。在技术发展方面，由技术引进向技术创新转变。相对于技术创新，在知识掌握的复杂程度等方面技术引进的要求都较低，而技术创新需要通过自身科学技术的研发及知识的长期、持续积累才能实现，因此向技术创新的转变要付出更大的努力。中国摒弃了以往单纯通过学习和模仿提升自身技术水平的途径，而是通过鼓励科学技术研发、知识积累和自主创新来提升技术竞争力和提高产品的技术含量。对于当前仍居于主要地位的中国制造业，增加创新投入和鼓励自主创新是促进其发展的关键因素。在促进 GDP 增长的方式方面，从依靠外贸拉动向依靠内需推动转变。中国在 40 多年的改革历程中，始终以开放作为经济改革的标志，由此中国经济一直显现出外向型的特点。大力发展外向型经济虽然可以使中国企业和产品加入国际市场竞争，在缩小国际差距的同时促进经济增长，而且对于改善中国经济环境、增加国外直接投资大有益处，但是，依靠外向型经济也存在一些隐患。国际政治和经济环境复杂多变，与国外广泛的经济接触和经济联系会为中国经济带来一些安全问题，这会阻碍经济的发展和人民生活水平的提高。因此，中国在继续加大改革开放、发展外向型经济的同时，应增加内需消费在 GDP 中所占比重，将重心逐渐向国内转移。在资本流通方面，由资本引进型向资本输出型转变。在资本流通中，如何使中国的企业走出国门，向跨国企业的领域进军一直是中国企业发展的目标和方向。过去以"要素租金"、资源及廉价劳动力为优势的中国企业很难在国际竞争中谋得一席之地。随着中国创新经济的发展和企业自主创新动力的增强，技术创新水平有了显著的提高，这就为中国企业走出国门增加了具有决定作用的砝码，从而为实现从资本引进向资本输出转变提供了条件。

总体来说，改革40多年中国经济的增长和"中国奇迹"的发生缘于"要素租金"的优势、丰富的资源、低廉且丰富的劳动力资本以及对国外先进技术的引进、吸收和模仿，在此基础上，中国强大的制造业得以建立并迅速发展，这为中国经济增长贡献了巨大的力量。但是2008年经济危机以后，如何保持中国经济的持续稳定增长却是更加重要的问题。前面提到，随着国际经济形势的变化，依靠原有优势发展制造业来推动经济增长的模式已然不适应国际经济发展的大趋势，中国面临着对经济发展模式的又一次抉择，从依靠制造业向依靠创新产业转变。这一方面要求提升技术的自主创新水平，另一方面还要用良好的政策环境来保证这种转变的顺利进行。只有政策环境和技术创新水平相互适应、高效协调才可以使这种转变真正实现。除了硬件方面，软件方面也很重要，即在意识上认识到创新的重要性，使企业的科技研发和自主创新常态化，并使其成为企业增强自身竞争力和提高效益的强有力途径，由点及面，由创新生产向创新产业、由创新产业向创新产业集群、由创新产业集群向创新产业网络延伸，从而使创新经济广泛开展。由此可见，在国际金融危机的冲击下，在实现中国经济持续增长的目标要求下，发展创新经济是中国唯一且重要的抉择，它是中国经济能否实现又一次飞跃的关键所在，这需要我们在经济、制度机制的设计、具体的创新发展路径选择、如何在借鉴和模仿国外先进技术经验的同时发展自主创新等方面做大量的工作，需要试错性地探索着前进。

二 在转变经济发展方式中开展创新

发展创新经济是中国在新的经济发展阶段的新选择，中国的经济总量已经超越日本成为世界第二大经济体，这就需要我们在经济发展的道路上适时转变经济发展方式，以创新促发展，依靠技术创新提升产品竞争力和促进经济增长，这是中国实现经济持续、稳定增长的先决条件。

首先是明确创新思路。根据国家统计局公布的数据，从国民生产总值来看，2009年中国的国民生产总值约为49090亿美元，略低于日本的50849亿美元，此时中国的经济总量还排在世界第三位。而从2010年开始，中国的经济总量就超越了日本，跃居世界第二位。2011年，中国的国内生产总值为72982亿美元，而日本为58695亿美元。在经济增长率上中国也远超日本，2011年中国经济增长率为9.24%，而日本只有-0.75%。虽然如此，对于中国位居世界第二大经济体这个事实，我们应给予正确的认识。虽然在经济总量上中国已经跃居世界第二位，但也不应盲目乐观，应看到中国的实际情况。中国是人口大国，虽然经济总量居于前列，但是人均国民总收入在2011年所有参与排名的213个国家中仅位列第114位，这一排名与世界第二大经济体这一指标对比明显。人均国民总收入是衡量一国居民生活质量和水平、社会福利水平的重要指标，由此看来，我国在经济发展道路上依然任重而道远。

中国的经济总量在世界上排名不断提升与中国坚持走中国特色的发展道路分不开，中国特色的发展模式不是一成不变的，它在经济、社会和国际环境的变化中不断调整着，这一调整的过程就是创新的过程。相比于西方化的市场模式，中国创新性地走上了以公有制为主体的多种所有制并存的经济制度发展之路，这一模式使中国摆脱了计划经济体制时期落后的生产力，为经济的发展注入了强大的动力。在市场方面，发展社会主义市场经济，这种创新性的机制提高了生产率，使中国在社会主义道路上取得了经济增长的良好绩效。在发展经济方面，创新性地发展开放式经济，在使中国的企业积极参与国际竞争的同时，充分利用了国际经济中优质的资源和各种有利条件，不但推动了本国经济的增长，还增强了中国在世界上的影响力。在传统的工业和农业基础上，创新性地提出新型工业化、农业化和城镇化的发展策略。这些都是中国为解放生产力、促进经济增长做出的努力，是在体制和发展模式上的一种创新，说明中国的发展从一开始就用创新的眼光和思维作为指导。在经济增长方面更加重视经济质量和技术含量，使需求拉动对经济增长的贡献比重逐渐提升，并且将经济增长的路径从依靠物质资本投入转变到技术投入、创新投入上来。同时，将发展经济的目标放得更高、更远，将提高技术水平和发展自主创新作为总的发展方向，并不只是将注意力放在经济总量上。中国虽然一直致力于发展技术创新，并且当前的各种经济指标也说明了中国具备这样的实力和基础条件，但是几次主要的技术革命和产业革命都缺少了中国的参与，这也同样说明了中国在发展技术创新方面还有很长的路要走。但是，如果要实现科技水平像经济总量一样的跨越性提高，仍旧需要转变发展思路，在思维上创新，在技术上创新，从而实现从经济大国向技术强国的转变。

其次是在技术创新和产业创新发展战略方面由跟随向引领转变。一直以来，中国在发展技术创新方面采取的是跟随战略，这和中国的初始条件有关。作为一个发展中国家，无论在经济状况还是技术水平上都无法与发达国家相提并论，又因为在每一次源于西方发达国家的技术革命中中国都没有参与且几乎没有从中获取有利于技术发展的因素，这就决定了中国在最初的技术发展阶段只能采取跟随战略。虽然跟随战略可以在短时间内使用并掌握先进技术进而创造价值，但在一般情况下，从国外引进的技术大多已经发展成熟，创新空间有限，并且由此种技术带来的产能和形成的产业也已经成熟甚至是过剩的，这不利于中国技术水平的真正提高，而且这种跟随和模仿容易使中国企业故步自封，缺乏创新动力。在这种模式下的技术发展只能使中国的技术水平越跟越远，无法实现技术的突破和创新，也无法实现对先进技术的引领并且提高在国际上的竞争力。例如，作为中国经济发展支柱产业的工业制造业，根据联合国 2011 年的统计数字，按照当前的汇率，其产值为 2.05 万亿美元，早已超过规模为 1.78 万亿美元的美国制造业。但是，中国制造业产品的出口份额远低于美国，这也从一个侧面说明了中国制造业产品的技术含量相对较低，技术水平还有待提高。如今，随着经济全球化日益发展，世界各国之间的联系也日趋紧密，在科学技术领域的交流与合作日益广泛，技术的传播和扩散受到地域的制约越来越小，技术扩散的经济歧视性逐渐降低。过去发展中国家由于经济水平的限制，无法参与到技术革命和产业革命中来，现在科技全球化的有利条件使发展中国家也可以积极参与技术创新并且从技术革命引领的产业革命的发展红利中受益。因此，中国努力抓住以生物技术、信息、新能源为标志的产业革命的契机，在这些领域加大科研投入，进行技术创新，发展创新产业，力争摆脱原有的跟随战略，实现对先进技术的掌握和引领。

　　再次是在世界经济中的参与由外围向中心转移。虽然经济全球化的趋势日益增强，但世界上仍存在经济中心和边缘地带。经济中心以发达的美、日、德等国为代表，这些国家的优势主要是技术和资本密集型产业发达，而处于经济外围的国家多以资源和劳动密集型产业为主，目前发展中国家大多处于全球经济的边缘地带，在世界经济中缺乏强有力的竞争，不能引领经济技术发展的潮流，且在资本及技术密集型产品方面对处于经济中心的发达国家有一定的依赖性，需要用本国技术含量较低的资源和劳动密集型产品与发达国家交换。这种局面使像中国这样处于世界经济外围的发展中国家不得不在技术产业方面依附于发达国家，很难在短期内与发达国家间缩短技术差距甚至是实现赶超。目前，中国已经成为世界经济大国且增强中国产品国际竞争力的迫切性使中国必须加快在技术水平上的提升和对发达国家的赶超，进而实现中国经济由世界经济外围向经济中心转移的目标。如何使中国产品在世界贸易中的竞争优势由比较优势向绝对优势转变，起决定性作用的因素就是增加产品的技术附加值，技术创新和自主创新是确立自身产品在国际市场上绝对竞争地位的重要保证。世界经济中心多是以经济增长绩效作为考量标准的，经济中心即经济增长中心，中国要在经济总量大幅度提升的有利条件下大力发展技术创新，提升产品竞争力，利用国家竞争中的绝对优势促进经济增长，使中国成为世界经济的另一个增长极，确立中国在世界经济中的中心地位。对于这一目标，中国已做出了多方面的努力。首先是重视技术创新。从当今世界的发展趋势来看，技术优势是决定一国经济增长速度的重要因素，也是有助于推动一国向世界经济中心靠拢的重要途径，可以说，技术水平是否处于中心位置直接决定了一国在世界经济中所处的地位。因此中国提高技术水平和开展技术创新，不仅要重视对国外先进技术的引进和学习，而且要重视高水平的自主创新，以期在前沿技术领域谋得一席之地。通过具有强竞争力的创新技术推动经济增长，从而进一步向世界经济中心转移并稳固在世界经济中的地位。其次要重视由技术创新推动产业创新。一国的自主创新能力只能说明一国在技术方面的优势和水平，而利用技术创新和自主创新实现经济的持续稳定增长才是发展技术创新的最终目的，而能够将技术与经济绩效有效联系起来的纽带便是产业。只有利用技术创新实现产业创新，才能够真正实现所追求的目标。对中国来说非常有利的一点是，中国在经济总量上成为第二大国恰逢当今世界产业革命在生物技术、信息、新材料等领域的展开，中国可以利用这一契机，通过在这些领域大力发展技术创新，实现产业结构调整，建立新兴技术产业体系并逐步增强其在整个产业结构中所占比例来确立其主导产业的地位。通过这种优化和调整，可以使中国的产业结构更加合理，产业体系更加高效，产业的自主创新能力进一步增强，创新产品的竞争力逐步提升，从而提升中国在世界上的经济地位，由经济大国向经济和技术强国迈进。再次是增强中国市场在世界上的影响力。对推动经济增长有巨大作用的技术创新是通过创新产品实现经济价值和经济增长绩效的，而创新产品的价值要在市场上才能得以体现。中国不仅要将自主创新产品打入国际市场，在引领技术发展潮流的同时获取利益，还要重视国内市场的建设和完善，以吸引国外拥有先进技术的企业和产品参与其中，在活跃中国市场的同时，为中国的经济增长做出不可忽视的贡献。因此，中国要逐步重视市场在国际上的影响力，尤其要重视有世界影响力的金融市场的建设，这为吸引外国企业和高科技含量产品进驻中国市场提供了良好的金融基础。最后是增强中国企业的国际影响力。增强中国企业的国际影响力即增强中国企业尤其是高技术水平和自主创新能力突出的企业在国际上的知名度以及在参与国际市场竞争时能够发挥应有的作用和潜能。所以要求中国竞争力强的企业有国际眼光，多参与国际市场上的竞争，一方面可以获取更大的经济效益，另一方面会扩大中国企业在国际舞台上的影响力。目前，进入世界500强的中国企业数目在不断增加并且排名也在不断上升，但从企业的性质来看，仍是大型的具有自然垄断性质的国有企业占主导地位，我们应推动具有高技术水平企业和自主创新能力突出的企业向国际市场进军，使越来越多的此类企业进入世界500强的行列。

最后是发展创新性的开放型经济。开放型经济是在中国改革开放时期外向型经济的基础上发展起来的，目的是充分利用国际资源和国际市场以实现推动中国经济增长和技术进步的目标。但起初这一战略方针在对国外先进技术引进方面的作用并不明显，中国经济和市场的开放，吸引了许多国外的高科技企业来华投资，但这些企业仍旧把劳动和资源密集型的生产环节放置在中国，而没有将企业的核心技术环节引入中国，这与中国希望通过发展开放型经济吸引外资的同时引进先进技术和管理经验的初衷是相悖的。因此，中国认识到不能一味地发展开放型经济，而应将开放与创新相结合，发展创新性的开放型经济。此时，中国所处的国际环境给予其正向和负向两个契机。正向的契机是随着世界全球化步伐的加快，各种信息、知识、技术和资源等变得更加透明，中国与世界其他国家的交流也变得更加顺畅。与鸦片战争时闭关锁国的中国不同，现在的中国处于全球网络之中，可以平等地享有世界资源、市场以及技术，加之有世界第二大经济体这一条件作为后盾，中国可以在这一契机下完成技术水平的提升和创新经济的发展。同时，负向契机使中国不得不加快发展技术创新的步伐，这就是"中国威胁论"导致的西方发达国家对中国在经济上尤其是在高科技领域的封锁和压制，这不利于中国技术创新的开展和经济增长，因此中国只能加快技术创新，提升本国企业的自主创新能力，以期在世界经济中拥有绝对的竞争实力。

经济的增长只能为技术创新提供物质基础和研发保障，但技术创新的核心仍是人才和知识。中国将创新与开放相结合，即在发展开放型经济的同时引进国外先进的技术和人才以及成熟的管理、组织理念，鼓励外国企业进驻本土市场并将技术创新的关键环节设置在中国，同时推出优惠条件鼓励外国企业在华从事技术研发和推广。这是中国发展开放型经济的现实目的，在实现经济总量提升的同时也可以在经济增长质量和绩效上得到提高。发展创新性的开放型经济是现阶段中国的发展战略，也是中国发展技术创新的有效途径。

三 创新与集约型经济增长方式的结合

集约型经济增长方式是相对于粗放型经济增长方式而言的，过去，中国发展经济采取的是粗放型经济增长方式，即依靠增加生产要素的投入量或依靠劳动力和资源的相对优势来实现经济的增长。这种经济增长方式并不是可持续的，因为生产要素是有限的，劳动力和资源的相对优势也会随着经济和贸易环境的改变而成为相对劣势。因此，当前中国经济发展最主要的目标就是使中国的经济增长方式向集约型转变。集约型的经济增长方式依靠的不是生产要素量的增加，而是质和利用效率的提高，不是依靠劳动力和资源的相对优势，而是依靠技术、管理和组织等的绝对优势。因此发展技术创新及由此带来的与之相协调的管理和组织创新才是推动中国向集约型经济增长方式转变的前提条件，将创新与集约型经济增长方式相结合是中国实现经济增长方式转变并实现科技强国和科技富国的正确路径。

技术创新转变经济增长方式是通过技术创新提高全要素生产率水平这一路径实现的。全要素生产率是指生产活动在一定时间内的效率，是衡量单位总投入的总产量的生产率指标，即总产量与全部要素投入量之比，全要素生产率的增长率常常被视为科技进步的指标。显而易见，当经济增长方式遵循了集约型这一路径，其全要素生产率水平在经济增长率中所占比重将会提升且占据主导地位。影响全要素生产率的因素有很多，包括技术进步、组织创新、专业化和生产创新等，可以看出，技术创新和技术进步是提高全要素生产率水平的重要前提，也是实现集约型增长方式的重要保障，经济的增长依赖于科技的进步和技术水平的提高。这就是集约型经济增长方式的具体表现。除此之外，集约型经济增长方式还表现为经济的可持续增长。可持续增长要求在节约资源的同时保证资源对生产不间断的长期供应，而技术创新在其中发挥了重要作用。技术创新可以通过提高生产效率和资源利用率来节约资源，同时，随着技术的进步，人们会寻求越来越多效率更高的可替代资源，这样就可以保证对生产的不间断且效率更高的资源供应。因此可以说，要实现集约型经济增长方式，技术创新是不可或缺的。同时，我们也应看到，事物的发展要遵循客观规律，发展集约型经济增长方式也要与经济发展的阶段性和规律性相适应，只有集约型经济增长方式能够真正与所处的经济发展阶段相协调，这样，该经济增长方式才能够达到推动经济增长的目的。在最初的经济发展阶段，由于土地、资本、劳动力等生产要素较为丰富，成本较低，具有更为明显的相对优势，人们依靠加大对要素的投入来推动经济增长，即粗放型的经济增长方式，此时的经济增长方式与当时的经济发展阶段是相适应的。随着经济的进一步发展，经济发展到了以规模经济为主导的阶段，加之技术的进步和有形生产要素成本的增加，技术因素进入生产领域，但此时在生产中占主导地位的仍是有形要素，因此只能把这一时期看作由粗放型经济向集约型经济的过渡阶段。如今技术创新已经取代有形的要素成为生产和经济增长的主导要素，人们利用技术创新推动经济增长，即采用集约型经济增长方式。目前，中国正处于这一有利于集约型经济增长方式形成和发展的阶段，我们有理由相信，随着中国对技术创新和知识推广的不断重视，形成集约型经济增长方式并推动经济持续增长并不是遥不可及的目标。

形成集约型经济增长方式对于中国实现经济持续稳定增长尤为重要，其中的人力资本和知识资本也是形成集约型经济增长方式的要素保障。如果说过去的经济增长依靠的是有形要素大量投入的话，那么当今的经济增长依靠的是无形的知识、技术和人力资本。罗默作为新增长理论的代表人物提出了"知识外溢长期增长模型"。该模型强调了知识对于经济增长的重要作用，并反映出经济的长期、持续增长离不开知识资本。而新增长理论的另一个代表人物卢卡斯则通过"人力资本完整性模型"揭示了人力资本在推动经济增长中的决定性作用。通过这两位学者的模型，我们可以获知人力资本的培养和知识资本的积累是现阶段经济增长的动力。从发展集约型经济增长方式的角度分析，要想达到节约资源、提高生产率的目的，就要提高生产要素的利用效率，这一方面需要增加人力资本的投入来提高劳动力的生产效率，另一方面要加大对知识资本如技术创新等的投入从而提高除劳动力之外的其他生产要素的使用效率。对于人力资本和知识资本的投入和推广，中国还需要做出更大的努力。就人力资本而言，与发达国家相比，中国还远远不够。要知道，这不是通过简单增加劳动力数量就能促进经济增长的年代，现在的竞争更多地体现在劳动者的质量和素质上，只有劳动者的素质提高了，才可以符合技术创新的要求，才能够为实现自主创新奠定人才基础。作为创新经济刚刚起步的发展中国家，相对于物质资本，中国在人力资本存量及人力资本培养和开发方面所做的工作还十分匮乏。虽然中国企业普遍认识到先进的技术是提高生产率和收益率的有效手段，但大部分企业仍停留在对先进的技术设备的引进上，对于同样重要的人力资本方面投资的重视程度不够。这一状况带来的后果是，一方面引进的先进的技术设备因为缺乏与之相匹配的人力资本而无法达到预期的绩效，同时较低的劳动者素质也无法利用先进的设备进一步实施自主创新，这使企业的技术创新之路成了无源之水；另一方面，人力资本存量的缺乏也会阻碍国外企业将技术含量高的生产环节或产业放置在中国或者已放置的产业由于中国人力资本存量低而无法获取预期利益，这会严重影响中国通过引进国外高技术产业或企业进驻中国从而提升中国技术创新水平的战略目标。因此，我国应重视对于人力资本的培养和储备，从而达到人力资本与物质资本相协调的目的。对于提高人力资本存量，最主要的途径是教育，这不但包括针对适龄人群的全日制基础教育和高等教育，还包括针对已经走上工作岗位的劳动者的在职教育和技术培训等，支撑这些教育手段的是国家对教育的投入。在政府的干预中，一般采取主动和被动两种策略。主动策略即国家加大对人才培养和劳动者技术培训的资金投入，建立各种教育院校和培训机构以扩大教育和培训面以及提高教育和培训的专业性。被动策略是国家通过实施各种专业知识、技能职称制度、技术水平和专业素质与升职或工资挂钩、技术水平与产业升级脱钩而实施的结构性失业制度等政策措施来迫使劳动者增加自身的知识贮备量或在岗培训机会，从而达到增加人力资本存量的目的。目前，中国在这方面已做出努力，在人才的培养和劳动者培训方面的投入越来越大，使中国人力资本的整体素质有了明显提高。但由于考虑到就业问题，中国在很长一段时间内没有采用引领技术创新的先进技术，而是采用略高于低级技术又低于先进技术的中间技术，目的是保证我国的就业率，不致造成过多的结构性失业。这明显与中国提高劳动者素质、增加人力资本存量的初衷相悖，会对人力资本的培养和储备造成严重阻碍。因此，中国正在摒弃这种技术利用为就业让步的思想，积极引进和研发先进技术，推动技术创新，增强国产品牌在国内和国际市场中的竞争力。同时技术创新还会带来新的就业岗位，索罗认为："从历史的角度看，工人担心的情况显然没有发生。现在的生产率是18世纪工业革命时期的10—20倍，但失业率并不比那时高。"① 目前，中国愈加重视技术创新，尤其是自主创新，这就更需要注重人才的培养和培训，因为自主创新的主要执行者是企业中的工人以及具有较高专业技术能力的人才。人力资本和知识资本对于中国向集约型经济增长方式转变和推动经济增长具有重要的意义。

在转变经济发展方式方面重视与创新的结合。转变经济发展方式，保持经济持续稳定增长一直是中国政府和人民努力的方向。2007年党的十七大就把提高自主创新能力、建设创新型国家作为中国经济发展的核心战略，由此这一努力的方向更加清晰和明确，那就是利用创新推动经济发展方式的转变、发展创新经济。对于这一战略目标，一度有人提出质疑，他们认为，转变经济发展方式势必会降低经济增长速度，这不利于中国的经济安全和稳定。但国外先进国家的经验证明，技术创新，尤其是自主性的技术创新在转变经济发展方式的同时仍可以保持经济的稳定增长。通过创新来转变中国的经济发展方式是十分必要的，一方面，由于有限的物质资本的制约，单单依靠物质资本的投入是无法实现经济的持续、稳定发展的。面对有限的物质资本，利用技术、知识和管理、组织创新等改变各种有形要素的投入组合和投入方式，从而在节约物质资本的基础上提高其利用率。有形要素虽然在数量上无法改变，但是通过技术创新及相应的组织、管理创新提升有形要素的生产能力，这也是熊彼特等学者提出的利用创新改变要素组合并最终将创新内化成经济增长驱动力的观点。作为在有限物质资本情况下需要继续维持经济稳定增长的发展中国家，利用技术创新来减少物质资本投入并同时提高物质资本使用率是转变经济发展方式的有效途径。另一方面，利用创新转变经济发展方式也是中国产业结构升级的需要。过去，由于中国低级的产业结构导致中国产品在国际市场上缺乏竞争力，这就需要通过技术创新增加产品的技术含量，提高竞争力。与此同时，由高科技产业做主导，引领传统产业的改造和升级。波特的竞争理论认为，产业创新与升级的能力决定了国家的竞争力，因此产业升级关乎整个国家的经济发展方向和绩效。过

---

① [美] 索罗：《论经济增长》，北京大学出版社 2000 年版，第 197 页。

去的几次技术革命和产业革命都源于西方发达国家，为西方发达国家带来了经济和技术上的双重飞跃，而中国错过了这几次机遇，导致我们只能采取技术跟随策略，这就带来了引进的已趋于成熟的技术所导致的产能过剩等问题。因此中国正努力发展技术创新和自主创新，争取在新一轮的技术革命和产业革命中占得先机，在推动高技术产业发展的同时，继续改造传统优势产业，如利用创新清洁技术实现对传统石油产业的清洁化改造等，这是中国利用技术创新转变经济发展方式的目标之一。此外，保持中国经济增长的可持续性也需要经济发展方式的转变。虽然中国一直致力于产业结构的调整，但是工业仍然是中国经济增长中的支柱产业。在过去，中国一直以加大要素投入的方式来提高工业产能和扩大工业规模，这种缺乏规划性的"多干快上"的方式所导致的严重后果就是资源消耗量不断增加，环境污染问题日益严重，直接危害着人们的健康，同时日渐减少的资源储备和日益严重的环境破坏的双重压力也使中国的工业化进程无法顺利进行下去。唯一的途径就是将创新与工业化相结合，这样才可以提高中国经济发展的可持续性。中国也正在各方面做出努力来发展绿色工业，如利用技术创新来开发和应用低碳技术、循环经济技术、能源清洁化技术等。此外还应注重环保产业以及工业与环保产业的纵向一体化的综合发展。对于过去对GDP贡献突出的高耗能、高污染的工业产业，中国的处理方式并不是"简单粗暴"，而是利用技术创新将其淘汰或者替代，积极寻找和研发改造或替代的生产技术，使中国的传统工业可以顺利过渡到创新型工业上来。由此可以看出，转变经济发展方式是与技术创新密切相关的。发展技术创新还涉及一个模式问题，可以是技术模仿和加工代工的模式，也可以是自主创新的模式，根据各国经验和实际情况，后者才是真正实现技术提升并由此创造效益的有效模式。只有通过自主创新才能拥有核心技术，才能达到转变经济发展方式的目的。虽然企业作为创新主体的位置不可替代，但也不能忽略科研成果，这些来自于高校、科研机构的成果为企业自主创新提供了依据和支持，所以需要建立起便于科研机构中的理论成果和企业中的应用技术交流和转化的平台，这有利于自主创新的持续开展。

四 中国技术创新的发展态势

技术创新尤其是高水平的技术创新是中国实现自主创新并发展创新经济的重要保证,技术创新成果离不开企业、高校、科研机构等的相关研发活动和创新努力。中国的技术创新取得了显著的成果,并为提升中国总体的技术水平发挥了重要作用。近年来,中国技术创新主要表现为以下的发展态势。

第一,企业作为创新主体,地位日益稳固。技术创新的主体是企业,技术进步及技术创新的发展离不开企业的作用。在技术创新方面,企业所发挥的主要作用体现在自主创新以及技术创新成果的实际应用上。企业通过自主研发形成了自主创新成果,然后将创新成果产业化并投入市场,创新产品在市场竞争中得以进一步改进或升级,同时取得巨大的经济和社会效益,这是现阶段中国企业自主创新的发展路径,企业的自主创新在中国创新经济发展中的中心地位和作用是不可动摇的。中国科技部统计报告显示,2008年,全国登记的科技成果总量增加明显,在年度登记的30847项应用科技成果中,共获得10284项发明专利权,其中企业占57.56%,大专院校占25.76%,独立科研机构占13.18%,从中可以看出,在科技成果尤其是应用型科技成果中企业所占比重是最大的,超过了一半。该报告还显示,企业仍是主要科技成果的完成单位,在2008年统计的35971项科技成果中,成果完成单位按成果完成数量统计依次是:企业13301项,比上年增长8.85%;大专院校7700项,比上年增长1.42%;独立科研机构6047项,比上年下降3.45%;医疗机构4783项,比上年下降0.13%。从这些数据中可以看出,企业仍是科技成果创造队伍中的主力军,并且其科技成果完成量呈递增的态势。图4.1显示了2008年科技成果完成单位的构成情况。图4.1显示,企业已成为中国技术创新的主体,并且它的主体位置和主导作用得到了日益巩固和加强。

第二,技术创新领军企业的数量逐渐增多。企业是中国自主创新的主体,为中国创新经济的发展贡献了巨大的力量,其中技术创新的领军企业更是成为引领先进技术、推动技术不断改进和创新的中坚力量。这其中包括能源领域的中石油、中石化、国家电网、华能集团等,

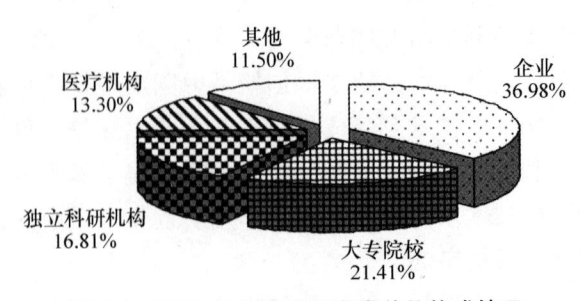

图 4.1　2008 年科技成果完成单位构成情况

资料来源：中国科技部网站统计公报。

冶金领域的宝钢、首钢、中铝等，机械设备制造领域的一汽集团、哈电集团、东方集团等，除了以上在中国传统能源和制造工业领域的技术创新领军企业外，在新兴产业中的技术创新领军企业的表现也很突出，如电子信息产业的华为、中兴、北大方正等。这些领域中技术创新的领军企业，拥有居国内领先地位的自主创新水平和创新技术，有的在国际市场上也具有绝对的竞争力。中国依靠这些企业将高水平的自主创新产品打入国际市场，在增强中国产品在国际市场上的竞争力并取得巨大收益的同时，推动了中国技术创新整体水平的不断提高。目前，中国正在努力将这些领军企业发展成为具有国际水准的跨国公司，这将为整体提升中国创新经济水平和技术影响力提供更大的支持和动力。

第三，合作成为中国技术创新的主要形式。企业作为技术创新主体在中国的技术创新中的地位不可动摇，但"孤木难成林"，仅仅依靠企业自身的研发和创新，一方面无法满足中国技术创新日益发展的需要，另一方面也无法提升创新效率和绩效。目前中国技术创新领域的合作主要是以企业与企业之间、企业与大学及科研院所之间的合作形式为主，即中国一直倡导和鼓励的产学研相结合形式。根据 2009 年中国科技部发布的第 24 期科技统计报告，不同时期国家科技计划项目中产学研合作项目数量呈逐年增多的态势。从"九五"至今，中国几个主要的科技计划项目中都存在一定比例的产学研合作项目。据不完全统计，"九五"期间，中国产学研合作项目为 2399 项，约占这一时期国家主要科技计划项目总数的12.4%;"十五"期间,这一数字上升到了6590项,所占比例也提高到了21.9%,与"九五"期间相比,提高了近10个百分点;在"十一五"的前三年,产学研项目数就已达到5458项,所占比例为20.4%,根据这一趋势,整个"十一五"期间的项目数也会继续增加。在产学研合作中,主要存在三种形式:以企业为主,高校或科研机构进行研发和技术攻关;以高校或科研机构为主,企业或产业部门参与协作;政府部门牵头项目的研发和实施。在这三种合作形式中,前两种较为多见,第一种在国家科技计划项目中所占比重较大,尤其是针对技术推广和应用领域的国家火炬项目和国家星火项目。总之,随着中国技术研发水平的提升以及对技术创新要求的提高,产学研相结合的合作形式将会成为主流,在国家科技计划项目中合作项目的比例也会逐渐提升。除了合作形式之外,技术创新领域的区域间合作也逐渐加强。跨区域合作一方面可以便于技术的交流和推广,另一方面也可以在跨区域合作中从侧面了解本地企业对创新技术的需求,同时易于对各地区高校或科研机构的技术创新研究成果的了解。北京是中国重要的科学技术辐射源,2009年的科技统计报告显示,在5458个产学研合作项目中,由北京牵头的就占到了25.0%,可见北京作为重要的科研中心的作用。以北京为例,北京与其他地区的区域间产学研合作最为广泛,并且位于北京的高校及科研机构对外地企业的技术支持多于本地企业,北京还通过各种途径积极促成本地与外地企业、高校或科研机构间的合作,扩大合作领域和范围,目前不少北京本地企业与外地企业间的跨区域合作都较为活跃。不管是技术创新主体间的产学研合作,还是中国区域间的技术合作,都推动着中国技术的推广及交流,在提高国家整体技术创新方面发挥了重要的作用。

第四,政府在中国发展技术创新和建立国家创新系统方面发挥了重要的作用。发展技术创新担负着推动中国经济增长和维护国家安全的责任,技术创新在推动经济增长方面主要体现在和国民经济以及人们生产、生活相关的技术改造和创新上,在维护国家安全方面的作用体现在关乎国家安全的重大项目的研发和创新上,政府在这两方面都扮演着不可或缺的角色。对于与国民经济密切相关的技术创新活动,政府起到的主要是调节作用，调节各个创新主体之间的创新活动，协调各个政府部门从而为创新活动顺利开展提供良好的政策环境等。与国家相关的大型项目大都具有投资大、周期长、风险高等特点，企业或科研机构往往缺乏积极性，政府可以负担对大型项目的研发投入责任，在使研发顺利进行的同时还可以保证这些重大的技术创新项目与中国创新系统以及国家战略目标的一致性。2011年全国科技经费投入统计公报显示，2011年国家财政科学技术支出为4902.6亿元，增长了19.2%，占当年国家财政支出的比重为4.49%，这一比例比2009年的4.12%有所增加，表明政府对于推动技术创新活动的重视程度逐年增加。

第五，东部地区在我国技术创新活动中仍旧占据主导和引领地位。从国家科技进步奖获奖情况来看，2000年以来，东部地区的获奖单位占全国总获奖单位的比重为61.9%，这一比例远高于中部地区的21.2%和西部地区的16.6%，并且东部地区的获奖单位比重自2000年以来一直保持着60%以上的水平。这说明中国的技术创新活动主要发生在东部地区，大部分的技术资源和创新人才也大都集中在东部地区，而西部地区在这方面与东部地区存在着明显的差距。因此，国家应在鼓励和维护东中部地区技术创新互动开展的同时，采取措施引导和推动西部地区的技术创新，这不但可以提升中国技术的总体水平，对拉动西部地区的经济发展也有着重要的作用。

五　中国企业在市场创新中面临的挑战及战略选择

在各个创新主体中，企业的地位和作用是不可忽视且十分重要的，企业技术创新的水平直接影响着整个国家的技术进步以及创新经济发展的进程。企业的核心竞争力就是技术创新，技术创新及成果给企业带来了绝对的竞争优势和丰厚的利润回报。企业技术创新所面临的环境就是市场，企业的市场创新决定着它的发展方向和效果，只有创新产品真正投入市场参与竞争并在竞争中得以生存，才能实现企业技术创新的绩效和价值，因此，中国企业应对其在市场创新中所面临的挑战有全面且清晰的认识，并由此做好自身的技术创新发展战略选择。

企业的市场创新是企业从微观的角度促进市场构成的变动和市场机制的创造以及伴随着新产品的开发对新市场的开拓和占领，从而满足新需求的行为。企业的市场创新对于整个市场机制和结构的优化发挥着重要作用，同时也能提高企业自身的市场占有率。企业的市场创新是一个复杂的过程，面临着很多风险和挑战，它的成功与否取决于两个方面：一方面来自企业自身技术创新以及其他内部因素的影响，另一方面来自外部环境因素的影响，其中来自外部环境因素的影响更加具有不确定性。随着经济全球化的发展以及中国加入WTO，中国企业面临的市场环境更加复杂，只有企业的技术创新活动真正适应外部复杂多变的环境，才能使自身的市场创新取得良好的绩效。因此，对市场创新的清晰认识是企业市场创新能否成功的关键，认清中国企业在市场创新中所面临的挑战和风险是十分重要且必要的。

　　首先是竞争市场变得日益复杂。在中国加入WTO之后，中国企业面对的不仅仅是来自国内的竞争对手，还有来自国外的竞争者，因此市场竞争局面变得更加复杂。面对日益激烈且复杂的竞争，企业不但需要继续依赖技术创新来保证自身的竞争优势，而且创新产品进入市场后的营销策略以及售后服务方式等因素对企业的影响也愈来愈深，同时国内企业尤其是中小企业在搜集市场信息、应对市场风险方面的能力较弱，因此，中国企业在选择竞争策略和目标市场方面仍面临着巨大的考验。

　　其次是产品竞争更趋于高新技术化。中国企业面临的产品竞争包括两个方面：一方面是中国加入WTO之后，在国际市场上具有相对优势的资源密集型和劳动密集型产品的竞争力逐渐弱化。在国际市场上既充斥着来自国外企业的更具优势的资本密集型和技术密集型产品，即便是同样的资源密集型和劳动密集型产品，随着中国资源消耗所导致的资源价格上涨以及劳动力成本的增加，中国企业的传统竞争优势也不再明显，因此中国企业面临着产品转型和技术升级两方面的挑战。另一方面中国技术创新型企业的创新产品在国际市场上的优势也不明显。过去我们由于在技术上一直采取跟随、模仿策略，因此创新产品与国外的同类产品雷同率高，同时创新点不多且创新能力不强，长此以往，我国产品在国际市场上的竞争局面会愈加严峻。

再次是营销理念更趋于现代化。除了技术创新和创新产品方面面临的挑战外,对于创新产品的营销理念和营销手段也是中国企业面临的主要挑战,同时是制约中国创新产品打入国际市场的重要因素。西方发达国家早在20世纪中期就实现了由传统营销理念向现代化的营销理念的过渡,而中国企业由于对这方面重视不够,营销理念和方式、方法还较落后,无法适应国际市场发展的趋势。传统的营销理念仍然是以产品的生产者为中心,在市场竞争上主要采取价格竞争的策略,并且具有传统营销理念的企业只单纯重视所获利润的多少,并不考虑创造社会效益,这种营销理念已经完全不适应现在的市场环境,它不但不利于产品打入市场,还会大大削弱企业和产品在市场中的竞争力。而现代化的营销理念则恰恰相反,它更加注重从消费者的角度去设计、生产以及推广产品,在市场竞争上更加重视以服务取胜,在获取经济效益的同时也考虑社会效益。相比于现代化的营销理念,传统的营销理念具有很多弊端,如产品不符合消费者需求,产品与市场脱节,严重影响企业开拓市场;落后的营销理念所导致的企业市场定位不准确会给企业带来巨大的经营风险。目前中国企业对营销理念及营销方法还没有给予足够的重视,陈旧的营销理念导致企业营销体系缺乏系统性和创新性,单一的营销方法使中国企业在面临国际市场竞争时的机动性差,应对多变、复杂的国际市场竞争环境的能力较弱。

最后是营销方式网络化。随着互联网的迅速发展,国外许多大的企业也开始将注意力转移到互联网营销这一方式上来,消费者不但可以通过传统渠道了解企业和产品,还可以通过互联网这个更加开阔、信息传递更加迅速的平台对企业和产品加以了解,从而提高了企业的营销绩效。中国企业在这方面起步较晚,在国际上营销网络化的大趋势下所面临的挑战也不可小觑。

面对国际市场上如此多的挑战,中国企业应及时调整市场创新战略,以适应复杂多变的市场环境,从而提高中国的技术创新产品在国际市场上的竞争绩效。但中国企业在对市场创新战略进行调整时,首先要做好市场调研和规划,谨慎地做出市场创新的战略选择。对于一个企业来说,战略目标有很多种,包括市场定位目标、产品定位目标、利润目标、企业形象目标、组织管理目标、员工发展目标等,而市场创新目标是企业在进行市场创新时规划的一个长期性的战略目标，这其中还包括企业为实现该目标而制定的各种制度政策和组织、管理方法等。因此企业在制定相关的市场创新目标时要对自身的经营状况、目标市场、市场定位、市场环境以及自身技术创新的现状有明确的认识，从而可以降低企业在进行市场创新中的风险。根据中国企业在市场创新中所面临的挑战，大体可以采取以下的市场创新战略：

第一要实施目标集聚战略。目标集聚战略是企业将经营重点集中在某一特定的顾客群体、某种产品系列或某一特定的地区市场上，力争在局部市场上取得竞争优势的战略目标。迈克尔·波特提出企业在市场竞争中有三种基本战略：标新立异、总成本领先和目标集聚。[1]前两种战略需要较大的资本投入同时还要承担较大的风险，只有少数有实力的企业才有能力采用前两种竞争战略，对于大多数企业来说，最为可行的还是目标集聚战略。因为每个企业都有自己的竞争优势和竞争核心，从这个角度出发寻找适合自身核心优势的细分市场和创新领域，当明确了自身适合的市场和创新领域之后，通过努力在该细分领域进行生产活动和技术创新，从而降低市场创新风险并提高创新绩效。针对中国企业目前的状况，在经济实力和技术创新水平上可以和国际大企业相抗衡的企业还很少，在该阶段采取目标集聚战略是切实和可行的。

第二是重视国产品牌的质量创新。质量竞争是企业把产品质量作为争取用户、打败竞争对手的手段，质量是产品的竞争核心，质量竞争是价格竞争以外的另一种基本的产品竞争方式。在市场上，对于产品质量高低的评价完全取决于产品的消费者和需求方，并不是专业人员的技术鉴定，因此我们所说的产品质量是相对的而非绝对的。对于创新产品来说，消费者对其质量的衡量因人而异，并且往往对其提出更多的要求让创新企业来满足，能否满足消费者的主观要求以及消费者对创新产品的满意度是决定企业在质量竞争中能否取胜并进一步占据和开拓市场的关键。比如海尔公司生产的"小神童"系列洗衣机在美国市场上的占有率很高，原因是该系列洗衣机提出了"内衣外衣

---

[1] [美]迈克尔·波特：《竞争战略》，陈小悦译，华夏出版社1997年版，第1页。

分开洗，小件衣服及时洗，省水又省电"的理念，非常符合美国消费者的需求心理。海尔生产的酒柜成为"质量与创新的代名词"，在世界上大多数地方赢得了消费者的青睐，原因也是海尔公司充分分析了当地消费者对于酒柜的消费方式和质量要求，生产出了迎合当地消费者需求的酒柜产品。因此，不断提高产品质量是一种有效的市场创新战略，通过技术创新对产品质量不断进行改进和提高，一方面满足了不同消费者的需要，另一方面也是增加产品市场占有率、提高知名度的有效手段。我国企业应重视对产品质量的系统性管理，在对目标市场做好充分调研的基础上，通过技术创新实现有效的产品质量创新。

第三是凭借技术优势提高市场占有率。长期以来，中国企业多以技术跟随战略开展自己的技术创新之路，在世界上出现引领性的技术时，及时地加以引进和吸收，但在某些技术领域与国际先进水平还有一定的差距，同时，同类型的产品在国际市场上并没有明显的竞争优势，因此抢占市场的能力还相对较小。真正能够获取高额技术垄断利润并开拓新市场的是具有引领性的先进技术，如1867年德国西门子公司生产的发电机，美国贝尔公司于1877年首次推出的电话，柯达公司最先生产的彩色照相机，英特尔公司发明的微型处理机等，这些创新产品在当时的市场上都是首次推出，由于绝对的技术优势，短时期内其他企业无法进行技术和产品的模仿和生产，这些公司获取了巨大的利润，同时开拓了新的市场，并长期保持较大的市场占有率。因此可以看出，要想提高自身产品在市场上的竞争实力，关键还是"人无我有，人有我精"的技术创新理念，也就是走自主创新之路。中国在科技研发和技术创新方面起步较晚，科技实力一直弱于西方发达国家，因此在发展创新经济之初只能采取跟随策略，但有些企业在引进和吸收的基础上，对原有技术进行改进和进一步创新，也走出了一条自主创新之路。如著名国产品牌海信生产的变频空调就是一个典型的例子，海信公司的变频空调技术并不是自主研发的，而是从日本引进的，但是在引进该技术以后，海信并没有一味地模仿，而是在对原有技术进行消化吸收的基础上，进一步加以改进，从而拥有了自己的核心变频空调技术，使产品出口到欧洲各国市场，并保有了一定的市场份额。提高技术优势是增强自身竞争力和提高市场占有率的有效且必要手段，不管中国企业是通过产学研平台获取创新技术还是通过先引进、吸收再改进、创新的途径，都应努力拥有自己的核心技术，走自主创新之路。

第四是创新营销手段和机制。自主创新和生产创新产品是企业经营的核心，但是创新产品只有进入市场并且被消费者所接受才能真正实现其价值，也才能真正创造效益，因此创新的营销手段和机制是企业自主创新技术转化为利润和竞争力的决定性因素。中国企业应逐步转变传统的营销理念，用现代化的营销理念制定营销手段和构建营销机制，以适应日益复杂的国际市场环境。

首先是从"击败"企业向与之"合作"转变。受传统营销理念的影响，中国企业在与竞争对手竞争时采取的是"击败战略"，这不但没有真正提升自身的竞争实力，还会在竞争中付出巨大代价，甚至两败俱伤。现在，国外许多企业已经认识到"合作"是比"击败"更有效的竞争策略，从想方设法打败对手到与对手建立销售同盟，通过"1+1>2"的集聚效应迅速占领市场并共同分享市场。目前，有许多国外知名企业采取了这种销售同盟战略，如IBM公司与同类型的小型公司建立销售同盟，建立了以个人电脑为主的营销战略共同体，取得了很好的效果。

其次是从整体向"模块式"的营销战略转变。传统的营销战略往往过分夸大了整体性的效果，认为以企业为整体进行营销运作，在节约营销成本的同时还可以取得规模化的良好效果，此外还可以增强整体的竞争实力。中国企业大多采取的是这种整体性的营销策略，从市场推广到售后服务都采取整体运作的方式。但是目前国外一些企业认识到将企业按业务类型或产品种类分成若干部分，也就是"模块化"的营销策略往往比整体营销会取得更好的绩效。比如美国的大型化学公司杜邦公司就按照"模块化"的思路对本公司的营销策略和方式进行了相应的改革，它将公司原有的五个主营业务部门和石油、天然气部门一起划分成20个较小的经营部门，分部门进行市场营销运作，取得了显著的效果。细分后的部门由于对自己本部门的产品特性、市场定位、竞争对手、营销管理等有相对于其他部门更加充分和细致的了解，因此能有针对性地进行营销策略的执行和营销方法的实施，相对于传统的无差别化的整体性营销，营销效率有了显著提高。为了适应日益变化的市场，中国有条件和实力的企业可以尝试"模块化"的营销策略，从而增强自身的营销能力和提高营销绩效。

最后要充分利用网络平台，拓宽自身的市场范围。随着经济一体化的进一步发展以及网络应用的日益频繁，目前，世界上许多大型企业都开始利用网络这个平台构建自己的商业推广、经营和服务系统，通过这种方式争取线上的无形市场，迅速扩大了企业的市场范围，并且将该系统与公司的管理系统连接起来，可以高效获取市场的反馈信息并及时转变经营策略。随着全球网络用户的日益增多，企业充分利用网络，一方面可以更快捷地获取用户的需求信息，使企业产品更适应市场需求，另一方面还可以通过网络起到消费导向的作用，从而进一步扩大市场范围。网络是企业进行市场创新的必不可少的工具，中国企业也要转变思维方式，不但要注重有形市场的构建，还要通过网络平台拓展无形市场，从而增加自身的市场范围。

第五是通过细分市场拓宽市场空间。拓宽市场空间，除了可以开辟新市场以外，还可以通过在原有市场上扩容来实现。相对于新市场，企业对原有市场的了解更细致，运作起来更加游刃有余，因此运作成本相对来说要低得多，对原有市场扩容就要通过细分市场这种方式来实现。我们知道，不同国家的消费者甚至是同一国家不同地区的消费者对于产品的要求不同，欧美发达国家的消费者，由于生活水平较高，对生活质量的要求也相对较高，因此在对产品的要求方面更注重品质和服务，推广到这些国家的产品就要注重产品质量，提高环保、节能等功能，增加产品的创新技术附加值；而南美、非洲等发展中国家在对产品的要求方面往往更注重价格，因此企业在向这些国家出口产品时，要注意提升产品的性价比，减少附加功能，在保证产品原有质量的同时降低成本，从而提高产品的价格优势。这种情况在同为欧盟成员国的发达国家法国、德国和欠发达的希腊、爱尔兰也会出现。因此，针对这种情况，中国企业在出口产品时，可以将原有市场进一步细分，有针对性地向不同消费群体推广产品，可以获得良好的效果。

随着国际市场的日益复杂和多变，中国企业在进行市场创新时要多借鉴国外企业的先进经验，紧跟市场节奏和步伐，及时转变自身的市场创新理念和方式，并通过实践形成符合中国企业实际情况的市场创新策略，从而提升自身的市场竞争力和经营绩效。

第二节　俄罗斯技术创新发展路径

在处于经济转轨期的发展中国家里，除了中国外，俄罗斯是另一个将实现经济现代化和发展创新经济作为本国经济发展和社会进步战略目标的代表性国家。与中国相比，俄罗斯发展创新经济起步更晚，无论是在技术创新成果还是在国家整体技术水平方面与中国仍有差距，这与俄罗斯过去的经济发展路径以及经济和社会转型路径有着密切的关系。虽然如此，随着俄罗斯政府对于发展创新经济的日益重视，俄罗斯在从"资源依赖型"向创新型发展的过程中也取得了显著的成绩。从1999年到2008年，俄罗斯经济保持了十年的快速增长态势，国民生产总值年均增长率达到7%，从经济总量上看，已经进入了世界经济大国的行列。但是2008年经济危机过后，俄罗斯经济这种快速增长态势戛然而止，到2009年国民生产总值的增长率甚至成为负值（-7.9%），俄罗斯成为2008年经济危机中经济受到损害极为严重的几个国家之一。虽然2010年在总统梅德韦杰夫和总理普京力挽经济颓势的共同努力下，俄罗斯经济下滑的趋势得以遏制，但它再也无法恢复到以往的"黄金时期"。危机后，俄罗斯国内外学者对这种情况进行了深刻的反思和广泛的讨论及研究，认为造成这种后果的原因是复杂的，但不可忽视的一个重要因素是俄罗斯经济对资源的过度依赖，这一因素导致了俄罗斯经济对于国际上资源价格的高度依赖性。国际资源价格一旦暴跌，就会使俄罗斯经济遭受重创并陷入迅速下滑的危机中，并且缺乏其他产业部门的接续，从而造成严重后果。鉴于此，俄罗斯逐渐认识到发展创新经济和推动科技进步的重要性，并逐步走向创新经济的发展之路。"创新经济就是发展科技创新、人才创新、观念创新和信息科技为重点的经济发展新形态，是经济增长模式从数量型外延式发展到质量内涵式的内在必然要求，是对传统资源型经济的否定。"① 相对于其他的发展中国家，俄罗斯发展创新经济还有很多困难需要克服，有许多劣势需要改进，但不可忽视的是，它同样也存在着其他国家无可比拟的优势，只有积极利用自身优势，努力改变劣势，创新经济才能走上健康发展之路。

一 俄罗斯技术创新发展概况

俄罗斯技术创新的演进最早可以追溯到苏联时期，俄罗斯在苏联时期完成了工业革命，位于工业强国之列，并且苏联的科学体系以其系统性和先进性领先于许多国家。在苏联的创新过程中，比较重视基础科学的研究，尤其重视在新材料、计算和设计方法以及制造技术等方面的研究，这些研究为日后基础研究成果向应用型的转化以及成果的产业化奠定了基础。在这一时期，为了保障技术创新的开展，政府成为创新活动的最大投入者，也是创新产品的最大消费者，这在一定程度上降低了创新风险，对技术创新有积极的推动作用。

自国际金融危机发生以来，俄罗斯经济波动明显且一直处于低迷状态，无法恢复到经济持续增长的黄金时期，这与俄罗斯缺乏支撑经济持续增长的动力因素有密切的关系，而推动经济持续增长的动力来源于技术创新，这也从另一方面折射出俄罗斯国内技术创新的发展水平还有待提高，这一情况在俄罗斯经济转轨初期便已出现。在俄罗斯经济转轨初期，在强烈的制度变迁的刺激下，俄罗斯经济也面临着转轨危机，为应对危机，俄罗斯政府采取了扩大出口以及向某些领域进行投资倾斜的政策，如在石油和天然气的开采和加工业、化学工业、机器制造业、金属冶炼和制造业等产业上增加投资，并加大这些产业中产品的出口份额，这些举措在一定程度上推动了这些领域的发展并且确定了其在国民经济中的主导地位，但是在俄罗斯经济转轨初期，技术创新活动在这些领域开展得很少，创新部门在其中所占的比重很小且呈逐年下降的趋势。进入20世纪90年代以后，俄罗斯在工业生产中的技术创新活动的速度和水平主要表现为依赖宏观经济形势的趋

---

① 唐朱昌：《经济转型与社会公平的悖论——来自俄罗斯的启示》，《东北亚论坛》2009年第5期，第104—113页。

势，激进的市场化和私有制改革为俄罗斯社会和经济带来了极大的风险，这一时期经济水平急剧下降，甚至触底达到20年来的最低水平，即1997年的国民生产总值增长率为-4.7%，而这一时期国民生产总值增长率的最高值也只是2000年的10.6%，加之1998年的经济危机，俄罗斯在短期内没有可以接续的产业，使俄罗斯宏观经济形势进一步恶化。由于这一时期创新对宏观经济形势的依赖性，导致这一时期俄罗斯的技术创新发展缓慢且受重视程度不够。俄罗斯开始重视技术创新和关注技术创新对经济增长的作用始于20世纪90年代末。1996年，俄罗斯政府颁布了《关于科学和国家科学技术政策联邦法》，这是俄罗斯第一部关于科学技术政策的法律，同时也是推动和引领俄罗斯技术创新发展的总纲领。俄罗斯在1997年开始建立国家创新体系，但由于时间仓促，此时还未建立起完善和完整的系统，俄罗斯的经济改革也未彻底完成，计划经济体制和旧有理念对社会还有着深刻的影响，市场经济体制和理念还未完全形成，同时由于缺少必要的硬件设施以及设备更新换代慢，这为俄罗斯的创新发展制造了很多困难。在经历了近七年的经济转轨危机之后，俄罗斯经济在1999年开始了恢复性增长，从当年主要的经济指标来看，俄罗斯经济有了较快的增长，但是经济增长的可持续性与发达国家相去甚远，甚至不如几个主要的发展中国家，这说明俄罗斯国内技术创新活动的开展还不积极，经济缺乏技术创新的支撑和推动。比如在这一时期俄罗斯国内开展技术创新的企业数量还很少，并且创新企业在企业总量中所占比重很小，同时创新成果和创新产品较少。这一时期俄罗斯技术创新发展落后还表现在产业结构调整缺乏技术创新的推动上。众所周知，产业结构的变迁和调整是由技术创新推动的，一国主导产业的更迭及合理化调整决定了该国经济增长的速度和绩效，技术创新活动越活跃，创新成果数量和质量越高，吸纳先进技术的能力也就越强，同时创新成果产业化和商业化绩效也会随之提高，从而推动经济的持续增长。而在转轨初期俄罗斯主导产业的技术创新活动开展不积极，创新绩效低下，1998年主导产业中创新产品在俄罗斯所有销售产品中所占的比重为13%，但到了1999年这一比重却下降到了10%，这也说明俄罗斯在进行产业结构调整时缺乏有效的技术创新推动，从而无法实现依靠主导产业引领经济持续增长的目的。技术创新决定着经济增长的稳定性和可持续性，也就是技术创新在经济增长中的贡献率越大，经济增长的绩效就越高，俄罗斯这一时期的技术创新发展缓慢，一方面和激进的经济和政治体制转型有着密切的关系，另一方面也受到制度创新的影响，一国的技术创新绩效的高低除了和本国科技发展和技术水平有关之外，还需要靠创新制度来调整和推动。在俄罗斯经济转型之初，技术创新绩效不高的原因主要是政府在技术创新活动中的推动力度不够。

进入21世纪以后，俄罗斯对于技术创新的重视程度逐渐提高，加之国际经济环境的逐步改善，为俄罗斯技术创新的发展提供了良好的条件。俄罗斯统计局科技创新网站上对技术创新给出的定义是技术创新是与科学技术研发和运用有关的组织活动，它包括与新产品和新工艺相关的技术以及在此基础上的重大改进、生产技术和生产方法的创新和改良等。[1] 从中可以看出，俄罗斯政府对于技术创新的理解和认识已经与国际先进理念接轨。2009年，俄罗斯在技术创新研发方面的投入达到了358.9亿卢布，比2008年增加了27.0%，从总体上看，1995—2009年，技术创新研发投入增加了近两倍。俄罗斯2009年在技术创新方面的投入占当年工业总产值的1.9%，大大超过了2008年，其中高科技产业方面的投入与欧洲平均水平持平，而在飞机制造、医疗器械、办公设备方面的创新投入超过了欧洲的平均水平，冶金、化学和汽车制造业方面的创新投入也很可观。尽管如此，俄罗斯在创新方面的投入强度依然落后于一些发达的欧洲国家，如瑞典和德国，仅仅排在保加利亚、冰岛、立陶宛、希腊和土耳其之前。俄罗斯能够保持长期创新投入的领域是开采业以及中等技术产业部门如冶金、化学、炼油和汽车制造行业，这些行业的创新投入占到俄罗斯总的创新投入的3/4。但是俄罗斯在创新投入方面结构失衡，超过一半的创新投入用于购买机器和设备，远远超过了对于技术研发领域的投入。但与2008年相比，2009年这个比例有所增加，尤其是在高技术行业方面的研发投入增加明显。

---

[1] Статистика инноваций в России // Росстат, 2010.

二 俄罗斯技术创新基础与技术创新成果

（一）俄罗斯技术创新基础

从苏联解体到经济和社会转型，俄罗斯经历了长期的社会和政治动荡，这不但使俄罗斯社会和经济的发展遭受重创，也严重影响了科学技术的发展。但值得庆幸的是，俄罗斯早在苏联时期就拥有了强大的科技实力和科技人才队伍，加之俄罗斯政府对于发展科学技术所采取的补救性措施，就科技基础来看，俄罗斯仍具备相当雄厚的科技创新实力，并取得了很多举世瞩目的技术创新成就。

在基础研究领域，早在苏联时期，其基础科学就处于世界一流水平，在当时只有美国可以与之相提并论。虽然在苏联解体后，其基础科学的发展受到了一定程度的影响并逐渐被美国赶超，但其总体实力仍处于世界先进水平的行列。由于"休克疗法"和"激进式"的社会和经济转型一度使俄罗斯经济增长放缓甚至衰退，导致对基础研究领域的投入不足，使基础科学发展缓慢，但即便是在这种艰难的环境中，俄罗斯在基础科学领域仍取得了重大的成就。如在微电子技术、超级计算机、高温超导材料、化学、天体物理、核激光等领域取得了重大的技术创新成就，有些还处于世界一流水平。

除了基础研究领域之外，俄罗斯在高科技领域的成就也是举世瞩目的。凭借在苏联时期奠定的雄厚的高科技基础，并通过后来不断的努力，俄罗斯很多高科技处于世界领先水平，有些甚至是世界首创。据相关数据，在与国家安全关系密切且能够显示一国高科技实力的航空航天和新材料等领域的50项重大技术创新成果中，俄罗斯1/3的成果可以与技术发达国家相媲美，而在原子能、生物科技、航空航天、新材料等领域中的100项重大突破性技术成果中，俄罗斯的技术成果有20%达到了引领世界高新技术发展的水平。

除了基础研究和高新技术方面的基础以外，俄罗斯还为本国技术创新的发展奠定了法律基础。比如俄罗斯政府相继颁布的《俄罗斯联邦宪法》《科学和国家科技政策法》《俄罗斯联邦国家预测和社会经济发展规划》《国家专利法》等，这些都构成了俄罗斯协调和促进技术创新的政策、法律体系。在这个体系当中，相对全面且重要的当属

2002年3月颁布的《2010年前和未来俄罗斯科技领域基本发展政策》，该政策规定了国家发展技术创新的目标和战略方向，包括在加速国家经济向创新发展过渡的同时发掘国家经济和科技潜力，建立高效、灵活和适宜的俄罗斯新经济体系；在实施创新政策的过程中要注重联邦在科技和工业政策方面利益的统一，并且政策的实施要与国家经济发展规划相协调。该政策从总体上系统地对技术创新政策的制定和实施加以规定，对改善俄罗斯技术创新环境起到了有益的作用。

在以建立国家创新体系为总的战略目标的引导下，俄罗斯还制定了多项科技计划以推动本国技术创新和科技研发的开展。这其中包括《2002—2006年俄罗斯科技优先发展方向》《2008年前俄罗斯联邦政府主要活动方向》《俄联邦2015年前科学与创新发展战略》等科技计划，其中《俄联邦2015年前科学与创新发展战略》更加详细地阐明了俄罗斯技术创新发展的具体目标：稳步增加研发资金投入，到2010年研发资金在GDP中的占比要达到2%，2015年要达到2.5%；大幅度提升预算外的研发资金投入，到2010年预算外研发资金投入要占到总研发资金投入的60%，2015年要达到70%；采取鼓励政策和措施吸引年轻人加入创新队伍，到2016年实现39岁以下中青年科技人员在科研人员总数中的占比为36%；增加创新产品的出口，到2011年前创新产品出口额要占出口总额的12%，2016年提高到15%。除此之外，俄罗斯政府还颁布了若干针对科技人员的奖励政策以提升科技人员的创新积极性。

俄罗斯还对本国基础雄厚的研究领域采取鼓励和优先发展的战略，使某些领域的技术水平达到了世界一流，甚至引领国际技术发展的方向。这其中极具代表性的是纳米技术、激光技术和生物技术。发展纳米技术是2001年俄罗斯在其颁布的《2002—2006年俄罗斯科技优先发展方向》这一规划中提出来的，并在2002年的《2010年前和未来俄罗斯科技领域基本发展政策》中被列为优先发展的技术之一。经过多年的努力，俄罗斯在纳米技术的研发和推广方面取得了长足的进步，每年俄罗斯都要拨出相当数额的专项资金来支持纳米技术项目，目前俄罗斯已经拥有了一批高水平的纳米技术科研团队、研究所和大批的纳米技术相关研究设备。为了进一步推动纳米技术的发展，俄罗斯于2007年成立了专门负责纳米技术研发和管理工作的国家纳米技术委员会。这些措施使俄罗斯的纳米技术处于世界领先水平，它们不仅在纳米技术领域起到了推动技术发展和进步的作用，同时还为俄罗斯其他领域如工业、能源、国防等方面的技术创新和发展提供了支持。有关资料显示，到2015年俄罗斯纳米工业产值达到一万亿卢布。激光技术得以重视和发展最早可以追溯到苏联时期，1962年苏联就开始兴建激光设备制造业，在发展激光技术的同时还将该技术推广到机械制造、军工产品和外科手术等传统优势领域，进一步促进了这些优势领域的发展。苏联解体之后，给俄罗斯留下了激光技术和激光工艺领域雄厚的研究成果和研究条件，俄罗斯政府对这一宝贵的财富也予以重视，一直将激光技术和工艺的研发和推广作为本国科学技术发展的重要领域，并颁布实施了多项政策来推动激光技术的发展。如在《1996—2005年国家技术库联邦专项纲要》中设立了《发展光电子和激光技术》的专项，并启动了《激光技术及其应用》和《新型激光器及激光系统开发》两个科研项目。目前在俄罗斯重点发展的创新技术领域里，激光技术是发展较为迅速的一个，在激光技术和工艺水平日趋提高的同时，俄罗斯政府还将其推广和广泛应用于其他的生产领域，在提高这些领域技术水平的同时也大大提高了生产效率和产品质量。比如新型的激光器及其零部件、激光仪表及相关装置等的研发和应用为俄罗斯生产水平的提高起到了重要的作用。除了纳米技术和激光技术外，生物技术也是俄罗斯政府优先发展的技术领域，生物技术在《2002—2006年俄罗斯科技优先发展方向》中也被列为专项发展计划。在2005年俄罗斯还通过了《2006—2015年俄罗斯生物技术发展计划》，对推动生物技术的发展进行了更为详细的规划。在生物技术领域，俄罗斯政府倡导优先发展的项目是与生产及实际应用密切相关的，如生物柴油、生物乙醇、生物燃气等，这些技术创新成果不但为传统不可再生资源找到了可替代品，还有效地保护了生态环境。除此之外，俄罗斯还在生物高技术领域加快研究步伐，优先发展人类基因计划项目、生物多样性、生物安全和生物催化计划项目、生物医学、疫苗、细胞技术项目等，这不仅有助于提高俄罗斯本国生物技术水平，对世界生物技术研发和应用也具有重要的现实意义。

(二) 俄罗斯技术创新成果

早在苏联时期，俄罗斯就是唯一在航空航天技术上可以与美国相抗衡，甚至在某些领域超过美国的国家，在此雄厚的技术基础上，苏联解体后，俄罗斯在航空航天技术上的发展仍然处于世界领先地位。在航天器的相关技术领域，据有关资料，俄罗斯国家航空系统科研所和科学院应用力学研究所研制出了航天器保护的新方法，该方法可以有效避免航天器在太空中被太空垃圾破坏。与传统的保护方法不同的是，该方法使航天器的重量更轻，成本更低，具有较高的经济效益。随着太空垃圾的日益增多，俄罗斯研制的航天器保护的新方法具有较好的可行性和重要的现实意义。2005年7月，俄罗斯能源火箭航天集团宣布将研制新一代的混合型宇宙飞船，该飞船兼有舱式载人飞船和翼式航天飞机二者的优点，进一步提升宇宙飞船的安全性。同时，该飞船的表面将用耐热合金替代美国飞船常用的耐热陶瓷瓦，这不仅使飞船的安全性得以大大提高，还大大降低了成本，因此它拥有广泛的应用前景。2006年4月，俄罗斯赫鲁尼切夫航天系统科学研究所所长梅尼希科夫宣称，他们经过四年的努力，研制出能耗更小的航天发动机。这种发动机不但能耗小，而且是利用太阳能电池板产生能量，属于清洁能源的应用装置。2009年11月，俄罗斯总统梅德韦杰夫在其发表的国情咨文中提出俄罗斯在能源利用领域将优先发展核能，尤其是在"建造用于保证星际飞行的动力装置方面，将积极采用核技术研究成果"。俄罗斯将重点打造核动力飞船，相比于传统载人飞船，核动力飞船的性能将进一步提高，能耗也会更低。同时在研发飞船核动力的过程中，还有助于能源领域的技术创新活动的开展。除了动力装置外，俄罗斯科学家还研制出新型的航天助推器，该助推器是以电和水为能源，它是在航天器由低轨道向高轨道运行时利用电解水生成氢气来达到助推作用的。相比于传统的在航天器上直接装载液态氢，新型的航天器有很多优势，比如在运行过程中转化比直接运载氢气安全性更高，避免直接运载发生爆炸的可能；虽然新型助推器推进航天器进入预定目的地的耗时比传统助推器长，但由于不用携带大量的液态氢，从而避免了许多技术攻关方面的麻烦。俄罗斯还开发出可以降低火星探测成本的新型装置。人类使用空间探测器进行火星探测的历史几乎贯穿整个人类航天史，几乎就在人类刚刚有能力挣脱地球引力飞向太空的时候，第一个火星探测器也开始了它的旅程。最早期研制探测器的工作几乎都失败了，而火星探测器的研制也就是在一次又一次的失败中不断进行的。而俄罗斯研制出的火星探测的新型装置也是人类火星探秘的又一次有益的尝试。该装置使用太阳能电池并且使用低廉的惰性气体作为燃料，大大降低了探测成本，同时太阳能电池重量较轻，这也是降低探测成本的另一途径。据俄罗斯克尔德什研究中心预测，该装置预计可以使探测成本降低80%。除此之外，在轨道空间站的建设方面，俄罗斯发明了新型材料。在空间站的建设过程中，耗时最长、成本最高的就是运输环节，在这一环节需要将成吨级的物资运送到外太空以满足空间站建设的需要。由于物资重量大，运输成本往往也是巨大的。而降低空间站建设成本的最有效途径就是降低运输成本，也就是减少运输物资的重量，这也是很多致力于发展空间科学技术的国家及研究人员一直非常重视的技术创新领域。俄罗斯巴巴金科研究中心的科学家研制出一种充气硬化材料，这种材料可以用于空间站的建设，同时其硬度可以媲美传统材料，最重要的是它的重量比传统材料轻得多，重量减轻大大降低了由地球向外太空运输材料的成本，从而降低了空间站建设的总成本。俄罗斯科学家仍在对这种材料进行改进，从而未来人类可以完成在月球甚至是火星上的空间站的建设。

　　除了与航天器相关领域的技术创新成就外，俄罗斯在利用和开发外太空方面也有着处于世界先进水平的技术创新成果。在这一领域，俄罗斯政府以及科研人员主要的研究与技术创新重点集中在开发太阳系空间中具有前瞻性和引领性的创新活动方面。俄罗斯《消息报》2004年12月2日报道，俄罗斯科学家研制出一种人造空气，这种空气是一种氧氩混合气体，由于氩气可以增强人体在氧缺乏状况下的抵抗能力，因此这种气体很适合作为人类开发月球和火星时的辅助气体，为在月球和火星上建立空间站创造了条件。同时，由于这种气体燃点低，也可以有效避免在密闭空间发生火灾。俄罗斯医学生物学课题研究所与美国肯尼迪航天中心于2006年合作研制出一种转轴式温室，研究这种温室的目的就是为在航天器上种植蔬菜提供条件。该温室发明的主要目的是在远距离、长时间的太空航行中为宇航员提供新鲜的蔬菜。比如说，在未来向火星发射航天器，由于时间较长，这种转轴式温室可以使航天员在航天器上自己培育蔬菜并保证日常的新鲜蔬菜供应，这是非常有必要的。除此之外，俄罗斯正在致力于开展生命星际飞行试验。该实验是从2009年开展的生命科学实验，目的是研究地球生物在不加防护的条件下在太空的存活时间，从而验证众多生命起源假说中的有生源假说。有生源假说认为，简单的生物可以在太空中漂浮并存活很长时间，而地球上的生物有可能起源于来自外太空的漂浮生物。如果该实验能够证明地球生物在不加防护的条件下可以在太空生存较长时间，就为有生源假说提供了一个重要依据。

  在天文仪器领域的创新方面，俄罗斯也取得了重要的技术创新成果，如大型红外望远镜和毫米波射电望远镜的研制。俄罗斯圣彼得堡的LOMO公司研制出一种超宽角的红外望远镜，它的识别性更高，可以识别太空中亮度低、体积小的物体或天体。更重要的是，该红外望远镜的研制使准确识别体积小、亮度低的太空垃圾成为可能，从而为进一步解决人造垃圾对人造卫星和航天设备的威胁提供了有利条件。毫米波射电望远镜是用来观测太空中微弱的辐射背景的，同时利用射电望远镜，科学家还能够预测地震以及监测地质活动等，在更深层面上，还可以帮助人类观测宇宙中的冷物质，具有非常高的实用性和科研性。目前世界上只有一台射电望远镜，它被安装在西班牙的皮科·瓦莱托山上，但是这台望远镜位于欧洲且镜面直径只有30米。俄罗斯与乌兹别克斯坦准备联手建造镜面直径达到70米的射电望远镜并将它安装在位于乌兹别克斯坦境内的苏法高原上，它不但在镜面直径上有了新的突破，使观测范围更加广泛，同时这也填补了亚洲地区没有射电望远镜的空白，有利于在亚洲地区开展对外太空的观测及地质监测活动。

  俄罗斯是个交通事故多发的国家，因此俄罗斯政府对于智能交通系统领域的技术创新也十分重视。早在苏联时期，俄罗斯就拥有了自主研发的"格洛纳斯"导航系统，不过，该系统在当时主要被用于军事领域。后来俄罗斯与印度合作在原有"格洛纳斯"导航系统的基础上加以创新和升级，使之成为兼有军用和民用两种功能的多功能导航系统。相比于原有的导航系统，新型导航系统的最大特点是使道路事故的反应速度进一步提升，反应时间进一步缩短，为救援伤者和降低交通事故死亡率提供了条件。

除了太空航天器以及依托人造卫星的多功能导航系统以外，在比较擅长的重型运载工具方面，俄罗斯的技术创新优势更加明显。这包括俄罗斯自行研制的重型运输机、超高速直升机、新一代破冰船等。在重型运输机方面，俄罗斯正着手研制 60 吨级的军用和民用重型运输机，目的是使飞机能够装载更多物资和设备并且能够顺利完成各种空投任务。与传统的运输机相比，该机型有望在增加自身载重量的同时增加飞行距离以及提升巡航高度。在民用载客飞机方面，俄罗斯正在研制气动布局的新型飞机，该类型飞机载客量与传统空客和波音飞机相当，但是自重更轻，这不但可以保证运载效率，还大大降低了运输能耗和成本。俄罗斯科学家在该类型飞机上的研究和技术创新具有一定的前瞻性。由于在空气动力学领域所具有的深厚研究基础，俄罗斯在直升机的研究和技术创新领域一直处于世界前列。相对于固定翼飞机，直升机具有可以垂直升降、空中盘旋、受降落地点限制较小等优势，但是劣势也很明显，那就是飞行里程不长且速度较低，传统直升机时速只能达到 250 公里且只能保证不超过 500 公里的飞行距离，这对直升机的广泛应用带来了很大的限制。俄罗斯试图研制出超高速直升机，时速将有可能达到 500 公里，飞行里程也将会突破 1500 公里，大大增加了直升机的使用范围，无论是军用还是民用都具有较高的实用价值。除了空中飞行器外，俄罗斯还研制成功了新一代破冰船。2009 年新一代破冰船"圣彼得堡"号成功下水，这结束了俄罗斯破冰船一直从国外订购的历史。"圣彼得堡"号是以破冰船的功能建造的，但它还兼具消防、科考、海底研究等多方面功能，因此一艘破冰船能完成许多复杂的作业。此外，"圣彼得堡"号还具有船只拖曳能力，可以将被困船只从冰区拖曳出来，从而在破冰领航的同时还可以完成救援任务。目前，俄罗斯在水泥潜艇的研制方面也取得了重大的突破。水泥潜艇是由水泥制成的，可以依靠自身重量实现水中深潜，且攻击力惊人，同时水泥潜艇对操控人员数目的要求比传统潜艇低。水泥潜艇的显著特点是能够深潜并且可以大幅度降低噪音。俄罗斯在该领域的技术创新突破为提升俄罗斯水下军事能力和技术水平创造了条件。

　　纳米与激光技术是第三次科技革命中发展起来的重要创新技术，它们引领了世界范围内的第三次产业革命和新一轮的技术创新大潮。在这些关系到一国技术和经济发展并且能够有效提升本国产品竞争力的领域，俄罗斯也取得了令人瞩目的成就。在纳米技术创新领域，俄罗斯政府采取多项创新政策来推动纳米技术的发展，同时将大力发展纳米技术和纳米产业作为本国经济发展的主要目标之一，使纳米产业成为拉动俄罗斯经济增长的主导产业。在推动纳米技术及其产业发展的过程中，俄罗斯政府主要采取了对纳米产品的政府采购政策，为纳米技术创新企业采取税收优惠措施以及为技术创新产品的出口开辟绿色通道，完善对纳米技术的知识产权保护措施，完善纳米技术人才培养模式从而加强纳米技术人才队伍建设等措施，这些措施为纳米技术的基础性研究以及纳米产品的推广、纳米产业的发展奠定了良好的基础。俄罗斯政府加大对纳米技术领域的资金投入，2015年前，针对该项目的投入总额达到了110亿美元，是世界纳米技术研究领域投入最大的项目。俄罗斯计划将发展纳米技术和产业分成两个步骤。第一步是2008—2011年，主要任务是在完善现有纳米技术和工艺的基础上，进一步提升纳米技术和工艺的技术研究范围，同时进一步推动纳米技术的产业化；第二步是在2012—2015年，进一步扩大纳米产品的生产规模，在扩大本国市场占有率的同时，进军国际市场并保持一定的出口份额。在纳米技术相关研究的具体推进过程中，俄罗斯在纳米材料的研究和开发方面取得了很大的进展，如开展固体材料和纳米晶体方面的研究、纳米复合材料的研制以及对生产纳米管的新方法的探索和研制，尤其是纳米管生产的新方法，推动了纳米管的生产和广泛应用，作为在性能上超越传统碳纤维管并具有超强纤维强度的新型材料，纳米管的广泛应用为提升生产效率和产品质量创造了条件。除了在纳米材料方面的研究外，俄罗斯科学家还一直致力于对纳米产品的相关研究和开发工作。由于纳米产品具有体积小、化学稳定性强等特点，俄罗斯科学院化学与生物研究所研制了纳米机器人，主要用于医疗，尤其是在对肿瘤癌变的进一步确认以及为相关病灶直接送药等方面用途广泛且非常具有实用价值。此外，俄罗斯科学家还研制出利用纳米材料印刷集成电路的方法，该方法大大提高了集成电路产品质量，同时由于成本降低也相应增加了企业的赢利水平。在激光技术的研发和推广方面，俄罗斯积极与国外合作以推动本国激光技术的发展和激光项目的应用。2009年，俄罗斯参与了欧洲新一代激光技术研究项目，并拨款2.5亿欧元用于该项目的研发，从而使俄罗斯成为继德国之后该项目的第二大投资国。俄罗斯在该国际合作项目中主要承担提供科研技术力量，利用欧洲已经研制出的X射线自由激光装置，共同进行激光技术领域的基础研究和应用性研究。俄罗斯还加大科研投入以及政策扶持来促进激光器的研究。激光器是利用受激辐射原理使光在某些受激发的物质中放大或振荡发射的器件，它大多运用于工业、农业、精密测量和探测、通信与信息处理、医疗、军事等方面，因此激光器的应用范围很广，对于激光器的研究和开发具有广泛的实用意义。俄罗斯圣彼得堡光电仪器综合试验研究所研制出的激光推进器，就是利用激光作为动力源将航天器发射出去。相比于传统的航天器发射动力装置，激光推进器具有明显的优势。由于激光推进器的原理是在地面建立激光站，用激光发动机发射航天器，因此航天器本身无须携带重量庞大的动力原料，在降低运载成本的同时也提高了安全性；由于航天器无须在飞往太空的过程中使用燃料，也减少了对太空的污染；利用地面激光站可以较容易地调整发射器的运行轨道，从而躲避太空垃圾对航天器的损害，大大提升航天器的运行安全性。因此俄罗斯在该方面的技术创新为航天器的发射和运行开辟了新的途径。俄罗斯实验物理科研所研制出可以进行热核反应的激光器，它可以代替传统的实验室条件下的核试验，为热核反应的基础性研究和开发提供了便利的条件。俄罗斯诺贝尔物理学奖得主阿尔费罗夫带领的科研小组在量子点激光器的研究方面也取得了重大的突破。量子点激光器可以广泛应用于工业生产中，因为它可以提高半导体仪器的性能，从而为光电仪器在通信、微电子、光纤等领域的广泛应用创造了条件。

俄罗斯在电子信息技术领域也取得了显著的成果。在电子信息产品领域，俄罗斯科学家于2007年研制出世界上最小的录音机，重量只有6克，但容量却可以达到8000兆，并且自重轻，能耗远低于传统录音机。此外，俄罗斯还开发出一种新型的矿井煤尘探测装置，该装置实际上是一种射频传感器，可以探测出矿井中煤尘的含量，准确率可以达到百分之百。该装置的研制成功，大大提升了矿井作业的安全性，具有很高的实用价值。俄罗斯沃罗涅日国家技术学院研制出探测空气中酚含量的传感器。众所周知，酚是一种有毒物质，对人体的危害相当大，该传感器的特点是灵敏度极高，甚至在酚含量极低的环境中也可以准确探测出酚含量，因此可以广泛应用于工业生产、环境监测等领域。除了在工业生产方面俄罗斯科学家利用电子信息技术研制出多种传感器外，还研发出可以广泛用于日常生活的传感器装置。俄罗斯开发出一种可以辨别肉类新鲜程度的传感器，该传感器灵敏度很高，不但可以测出肉类的新鲜程度，还可以准确测量出肉类的保存时间，实用性很高。可以看出，俄罗斯在电子信息技术和传感器领域的技术创新是十分广泛的，包括了生产和生活的很多方面，但都具有很高的实用价值，这也可以说明俄罗斯对该领域技术的深厚基础以及对该技术在应用性推广方面做出了很多努力并取得很好的效果。除了电子信息产品领域外，俄罗斯也十分重视在计算机和人工智能领域的研发和技术创新。在该领域俄罗斯的技术创新成就主要集中在医学方面。2006年，俄罗斯的一名外科医生发明了可以用嘴控制的电脑外接设备，该设备可以帮助那些上肢残疾的人使用电脑并利用电脑做以往无法做到的工作，它用牙齿和舌头进行控制，方便易学，为残疾人带来了福音。2008年，莫斯科大学的研究小组发明出一种"机器人护士"，它可以准确地为人类进行肌肉注射和血样采集，并能够直接得出血样分析结果，目前该方面还属于世界首创。除此之外，该研究小组还在努力研发"机器人医生"，以期利用它进行复杂且精准度要求较高的手术，提高手术的成功率和准确率。俄罗斯在计算机和人工智能领域的发明和技术创新处于世界先进水平，且其创新目标更加具有应用性和贴近人类生活，是除了军事和工业之外，技术创新发展的新趋势。

俄罗斯是一个能源大国，但是这些不可再生能源的大量使用和出口不仅使俄罗斯依赖于能源经济，经济状况易受国际能源价格的左右，大大降低了国家的经济安全，同时大量使用能源也造成了严重的环境污染。因此，俄罗斯国内非常重视在能源和环保领域的技术创新工作，并且取得了很多的科技和创新成就。在能源领域，俄罗斯一方面加大在传统能源领域的技术创新资金投入和技术研发，如石化、氢能、核能等，另一方面也非常重视对于新型可再生或污染较小的清洁能源领域的技术创新，如风能、生物能、波浪能等。在传统的石化领域，俄罗斯主要进行的是天然气水合物的开采、煤层气的回收利用以及生态热电厂等方面的技术研究和创新。天然气水合物是一种由甲烷和水组成的固态化合物，俄罗斯富含这种天然气水合物，尤其是在贝加尔湖底及周边地区储量丰富，目前已经探测到三个渗出点。世界上很多地方的天然气水合物储量都很丰富，如果可以成功开采，该能源很有可能成为一种新的替代能源。但是，技术问题一直困扰着天然气水合物的开采，至今世界上仍没有国家可以成功开采天然气水合物，这无疑不利于解决世界能源日趋减少的关键问题。俄罗斯科学家正在发现渗出点的三个地区进行天然气水合物开采的相关研究和实验，力求破解这一领域的技术难题。煤层气是一种高能气体，在回收和压缩以后可以作为能源使用。以往煤层气大都被当作煤矿开采的附带产品而被直接排入大气中，这一方面造成了严重的资源浪费，另一方面，由于煤层气富含甲烷等气体，直接向大气中排放会造成比二氧化碳排放更加严重的温室效应。因此，对煤层气的回收利用是煤矿开采的趋势。俄罗斯专家正在进行煤层气回收利用的技术环节的相关研究，专家们发现，将煤层气回收后进行压缩，完全可以用来发电、供暖等，利用前景广阔。同时煤层气的回收利用成本只占煤矿开采成本的30%—35%，因此利用煤层气发电比用煤发电具有更大的成本优势。此外，煤层气燃烧后产生的二氧化碳比煤直接燃烧产生得要少，更利于生态环境的保护和解决温室效应问题。俄罗斯科学家正在致力于煤层气回收利用技术的研究和创新，目前已经取得了很大进展。生态热电厂利用的是一种生态能源燃料燃烧技术，该技术是俄罗斯研究人员在原有能源燃料技术基础上进行的技术升级改造，通过技术改造，可以使煤炭的燃烧利用率达到100%。除此之外，该技术对燃烧过程中煤炭的质量要求也相应降低，对劣质煤甚至是煤矸石都可以有效利用，在提高能源利用率的同时也大大降低了成本。该技术对于煤炭使用量较大的国家具有很好的实用意义。在氢能研发领域，俄罗斯科学家取得了重大的突破。俄罗斯一直非常重视对氢能的开发和利用以及对氢能利用技术的研究，这可以追溯到苏联时期，当时的航天飞机"暴风雪号"就是利用氢能作为基础燃料的。氢能作为一种效率很高的燃料，应用范围非常广泛，目前，俄罗斯至少有20家科研院所在进行氢能开发和利用等相关技术的研究，并且该领域的很多研究成果处于世界领先水平。在氢能研发领域最受瞩目的突破就是氢燃料电池技术的突破，氢燃料电池具有重量轻、能效高的特点，但是该领域面临的最大难题是氢燃料电池的成本太高，俄罗斯科学家在该领域的研究就是从这个角度入手的。他们研制出一种新型的材料充当氢燃料电池的质子交换膜，从而大大降低了电池的电阻，使成本得以大幅度降低。在油箱中加满水来驱动汽车行驶一直以来都是人们美好的幻想，但是俄罗斯科学家却有望通过技术创新实现这个梦想。2009年，圣彼得堡应用化学科研中心的科学家发明出可以从水中提取氢气的小型装置，该装置体积小，完全可以放置在汽车中，加上氢气是一种廉价但是热能效率很高的气体，因此该装置具有十分广阔的应用前景。同时，在该装置研制的基础上，科学家进行技术创新，可以使水和氢气循环起来，从而达到循环使用的目的，进一步降低了成本。这种相比于汽油更加低廉、环保的氢气燃料装置在未来完全可以替代汽油发动机而得到广泛应用。在核能技术的开发和利用方面，俄罗斯的创新成果主要体现在第四代核反应堆的建设以及水上核电站的建设方面。第四代核反应堆是俄美联合项目，是由美国通用原子能公司和俄罗斯试验机械制造设计局共同进行研发的，相比于传统的核反应堆，第四代核反应堆预计达到的目标是核电成本更低，投资更少，建设周期更短，安全性进一步提高，放射性废物进一步减少等。相比过去的核反应堆，第四代核反应堆不仅更加安全，而且反应堆在工作中还可以产生大量的氢气，为人类广泛利用氢气作为替代能源提供了条件。该项目是从2006年开始实施的，俄美两国都投入了大量的研发资金。随着项目研发的逐步推进，投资还将会进一步增加，研发成果也将会逐渐显现。水上核电站又叫漂浮核电站，是由俄罗斯在2009年正式开工建设的，顾名思义，漂浮核电站就是在船上建设小型核电站，因此其受地域的限制更小，更具灵活性。漂浮核电站的建设主要是为位于海边的偏远地区的居民和企业提供电力支持，在这些地区建设其他的发电设施往往会受到多种条件的限制，因此这种漂浮核电站能起到重要的甚至是独一无二的作用。俄罗斯科学家对于漂浮核电站的研制和建设，将会为存在同类情况的其他国家提供有益的选择。俄罗斯对新能源的研发和利用主要集中在生物能、波浪能和风能等领域。在对生物能的利用方面，俄罗斯的技术创新成就主要体现在对新型内燃机的研制方面。该内燃机利用生物能原理将锯末、粪便、泥炭、褐煤等废弃物或半废弃物混合在一起，使之产生一定比例的可燃气体，从而成为内燃机的工作动力。该创新技术为新型内燃机和发动机的研制及实际应用打下了良好的基础。海洋中的波浪能是一种可再生的、取之不尽、用之不竭的洁净能源，俄罗斯圣彼得堡可再生能源中心研制出实验型波浪能发电系统，实现了安全、有效利用波浪能的目的。波浪能作为一种可再生的新型能源，它的利用引起了许多波浪能丰富国家的重视，日本、挪威、葡萄牙等国家也一直在致力于波浪能的应用和波浪能发电系统的建设，但与俄罗斯的研究成果相比，前者的发电设备大都建设在海中，这不仅不利于安装和建设，还需要额外架设电缆来对波浪能产生的电能进行输送，成本较高。而俄罗斯的波浪能发电系统建设在海岸边，利于设备组装，同时成本也会大大降低。该发电系统同样可以在沿海边远地区发挥重要的作用。在对风能的利用方面，俄罗斯莫斯科热力工程研究所研制出小型的可以移动的风力发电机，该装置的特点是体积小，机动灵活，可以装在集装箱中，便于运输到急需用电地区，其发电量可以供应一个小村庄，是一种方便的应急性发电装置。俄罗斯除了在传统能源和新兴能源领域的研发和技术创新外，在电池领域也有一些技术创新的成果。比如俄罗斯科学家发明出一种可以用酒精作为原料的手机充电器，这种充电器的发明使充电过程摆脱了对电源的依赖，是一种具有广阔应用前景的技术创新成果。此外，俄罗斯科学家还研制出星光电池，这是目前首个星光电池，因此该技术也处于世界一流水平。它的工作原理是将太阳的光能转化为电能，不受时间的限制，且光电的转化效率很高，转化效率比普通的太阳能电池高一倍。除了能源领域外，俄罗斯在环保领域的技术创新成果主要体现在废物治理领域的技术创新，尤其是对石化废物的治理上。俄罗斯喀山大学研发出一种堆肥技术，是专门针对石化废物治理的新技术。石化产业是俄罗斯的重要产业，而石化废弃物的治理工作则成了俄罗斯环保领域科研和技术创新的重要领域，石化废弃物是一种高污染废弃物，其中含有多种有害物质甚至是致癌物质，过去对于石化废弃物的处理和治理一直是一个难题，而俄罗斯科学家研发的这种对于石化废弃物进行治理的新方法不但可以逐步清除废弃物中的有害物质，并且能废物利用。用这种方法治理后的废弃物中的有害物质大大降低，同时清除后的废弃物可以作为培植用土，进一步提高了环保治理效率。除了石化废弃物外，工业污染物的处理也一直是俄罗斯在环保治理领域比较重视的问题，对于工业污染物尤其是煤矿废弃物及工业制碱过程中产生的酸性水和石膏废料的治理一直没有比较理想的方法。俄罗斯国立彼尔姆技术大学的科学家研制出一种净化设备，可以将以上两种废弃物放在一起加以反应，进而变废为宝。经过处理后的再生水可以被循环再利用，同时其他沉淀物还可以作为土壤添加物，改善土壤和生态环境。除了对石化和工业废弃物的治理外，俄罗斯科学家还建立了一个数学模型，根据该模型可以确定生态系统中生物多样性的最佳存在组合。建立该模型的科学家们认为单一生物的生态系统是难以抵抗外界侵害的，只有多样性物种并存的生态系统才是健康、稳定且可持续发展的系统。该模型的建立为人类研究生态系统的稳定性以及探索维持生态系统稳定的途径提供了重要的理论支持。

新材料技术是第三次技术革命中发展的主要技术之一，为了在第三次技术革命和第三次产业革命中使本国的技术和经济得以发展，俄罗斯也非常重视新材料领域的科学研究和技术创新，科研和创新成果主要体现在金属材料、无机非金属材料、有机高分子材料、复合材料等领域。在金属材料领域，俄罗斯的主要创新成果是培育出具有独特功能的磁性单晶材料，该材料相比于传统磁性材料的优点是重量轻、物理性质稳定并且信息储存量惊人，其中该材料庞大的信息储存量这一特点可用于制造新一代计算机的存储器，这项技术创新成果有可能在信息技术领域掀起一场革命。在无机非金属材料领域，俄罗斯科学家的技术创新成果更加体现了实用性和可推广性。比如他们研发出一种新型的车用气囊填充材料，该材料几乎具备理想的车用气囊填充材料的所有特点：能够在碰撞时瞬间完成爆炸，温度稳定性好，可长时间保持自身性质稳定，生成物无毒、无烟。该材料大大提高了车用气囊的安全性能，是理想的且具推广性的新型材料。此外，在材料吸附剂方面，俄罗斯研究人员研发出新型的生物活性吸附剂和导电碳纤维吸附剂。新研发的生物活性吸附剂几乎可以吸附所有的噬菌体和微生物，虽然它的吸附性能十分强，但是成本很低且具有很好的环保性。基于这些特点，该生物活性吸附剂可以被广泛应用于医学、食品工业、水净化等领域。俄罗斯科学家研发的另一种吸附剂是导电碳纤维吸附剂，该吸附剂除了能够导电以外，还具有耐热性以及更加良好的吸附性能，同时能反复使用，并在最短时间内将密闭空间中的有害物质吸附并分解，是一种成本较低但吸附性能较好的新型材料。在有机高分子材料领域，俄罗斯科学家主要在新材料的人工合成方面取得了重要的技术创新成果。他们在生物技术的基础上，人工合成了蜘蛛丝蛋白，该材料的纤维强度比钢高出好几倍，同时却具有良好的弹性，非常适合用于航空航天领域。此外还可以广泛应用于医学领域，实用性强。俄罗斯国家有机化学与工艺科研所的专家研制出人工合成的新材料，用于制造"人造骨"。"人造骨"的作用是进行骨组织的修复，在以往的骨组织修复手术中通常使用的是金属或复合材料，容易出现副作用。而经过实验证明，用新材料制成的"人造骨"能够和原有骨组织顺利长合在一起，并且出现副作用的概率极小，该人工合成制造"人造骨"原料的创新技术是一种推广前景广阔的新技术。俄罗斯科学家还开发出利用有机硅橡胶制成的新型的绝缘材料，这种新材料在高温和低温环境下的性能稳定，且有很强的耐腐蚀性，把它用于电线的绝缘材料可以提高电线的通电能力。此外，由于这种材料不含氯等有毒化学元素，在制造和使用过程中不会造成环境的污染，因此也可以广泛应用于轮胎的制造。在复合材料的技术创新领域，俄罗斯科学家主要研发了两种新型材料：隐形材料和装甲材料。隐形材料，顾名思义，将其涂到物体上可以达到隐形的效果，该新型隐形材料比以往的隐形材料隐形效果更好，是由乌里扬诺夫斯克大学的科学家研发的，将该材料涂到飞机或飞船等物体上，可以实现在雷达面前

"隐形"的效果，这是军事和航空航天领域的一项重要的技术突破。由俄罗斯科学家研制的新型装甲材料是一种性能极佳的液体装甲材料，它能大幅提升装甲的保护性能，同时还不会过多地增加被保护物体的重量，可以广泛应用于军事和普通的防护作业中。

俄罗斯在医疗和生命科学领域的技术水平一直处于世界前列，它的医疗和生命科学技术早在苏联时期就被广泛认可，随着医疗和生命科学技术的不断发展和日新月异，出现了越来越多新的技术和研究方向，俄罗斯也继续在该领域不断地进行探索和创新。在医疗和生命科学领域，俄罗斯的技术创新成果主要体现在基因、细胞、微生物和病理领域，同时还积极进行多种临床治疗药物及治疗方法的研发。在基因领域，俄罗斯科学家不但进行了相关基础学科的研究，同时也进行了基因治疗方面的实用性研究。在基础研究领域，俄罗斯的科研人员发现了与人类寿命有关的多种基因组合方式，他们发现，不同的基因组合方式对人类寿命会产生不同的影响，有的组合方式可以使人长寿，有的则会导致人类罹患重大疾病，该成果对于我们研究延长人类寿命以及如何规避重大疾病都有着重要的意义。在基因治疗方面，俄罗斯的医学专家研制出一种独特的基因工程结构，该结构可以帮助血管再生，因此该创新成果可以用于临床对严重贫血或遗传性贫血症患者的救治。在利用转基因植物培育重大疾病抗体或疫苗方面俄罗斯的创新成果也很显著，如西伯利亚植物生理学和生物化学研究所的专家培育出了可以抗艾滋病和乙肝的转基因西红柿，目前该转基因西红柿的医学效果已经通过实验鼠的试验，还未在临床上用于人类试验，但如果试验成功，该成果将会成为人类的福音。加之转基因西红柿具有成本较低、生产和储存环节简便、无须注射从而降低二次感染风险等特点，应用前景将十分广阔。莫斯科医学院的科学家研制出转基因土豆用来培育抗肝炎的疫苗，这项创新成果开辟了利用转基因植物培育抗病疫苗的先河，对于利用植物培育抗病疫苗具有重要意义。除了利用植物培育疾病抗体或疫苗之外，俄罗斯和白俄罗斯科学家合作，正在积极培育含有人类基因的转基因山羊，目的是使山羊奶中含有人体乳传递蛋白。如果该研究能够获得成功，一方面可以提高山羊奶的质量，另一方面将为婴儿喂养、心血管疾病的治疗甚至是制造抗微生物药品等提供条件。在微生物研究领域，俄罗斯的技术创新成果更加贴近生活，科学家们正在研制新型酵母菌用来生产乳酸制品。研究发现，乳酸制品中含有双歧杆菌和乳酸菌，它们有利于维持人体肠道菌落平衡从而提高人体免疫力，但是不同的双歧杆菌和乳酸菌对于不同种族的人群效果是不同的。俄罗斯科学家这项研究的目的是研发出适合俄罗斯人体质的酵母菌，由这种酵母菌生产的乳酸制品相比同类产品对于俄罗斯人所起到的效果可能会提高十倍。这项技术创新成果一旦成功，不但提高了俄罗斯本国人民的生活质量和健康水平，对于其他国家在该领域的研究也提供了有益的借鉴和提示。在某些常见病的生理和病理领域，俄罗斯科学家比较有代表性的技术创新成果是发现了一种人体寄生虫可以抗击癌症的机理。这种寄生虫叫枯氏锥虫，是一种常见的人体寄生虫，俄罗斯科学家发现用几种枯氏锥虫制成的药剂可以对抗癌症，同时还能阻止肿瘤的进一步生长和恶化。这项成果的发现为人类寻找对抗癌症的方法提供了一条新途径。另一个成果是俄罗斯医学科学院肿瘤科学中心的科学家经过多年的研究发现，感染了动物病毒的人群也极易罹患恶性肿瘤，而这种动物病毒多出现在我们常见的猴子和老鼠身上。这一发现提醒人们与这些常见动物接触时要多加防范，并且在此基础上继续研究动物病毒引发恶性肿瘤的机理，会更加具有实用意义和价值。在疫苗的研发和制造领域，俄罗斯科学家主要从事与流感、脑膜炎等流行疾病的相关疫苗研究。在流感疫苗方面，俄罗斯科学家研制出一种含片式的抗流感疫苗，这种新型疫苗不但安全性和效果更好，相对于注射式抗流感疫苗而言，它使用起来更加方便，在节省时间的同时也提高了效率。目前，该研究成果的相关信息已经被国际科学技术中心数据库收录。禽流感是目前世界上变种最多、传播速度快、危害范围大的流行疾病，各个国家都在致力于禽流感病毒及治疗方法的研究，据2006年俄罗斯有关媒体的报道，俄罗斯科学家计划开展可以直接掺在饲料和水中的口服抗禽流感疫苗的研究，这一方面可以从传染源上切断禽流感的传播途径，另一方面，相比于以往向禽类身体里注射疫苗的方式，这种新方法不但节约时间成本，也使资金成本大大降低。在脑膜炎疫苗方面，俄罗斯科学家研制出可以同时对抗多种脑膜炎的疫苗，并且防治效果已经得到了试验的检验。除此之外，俄罗斯科学家还研制出一种特殊的疫苗，将该疫苗注射到动物体内可以抵抗辐射所带来的损害。美国科学家比较早地研制出抗辐射疫苗，但俄罗斯科学家研制的疫苗与之相比效果更加明显，可以大大降低强辐射对机体的损害，并且成活率较高。该创新成果可以广泛应用于航天航空人员在外太空中的防辐射工作，相比于昂贵的防辐射服，抗辐射疫苗的成本要低得多。该疫苗除了可以应用在航空航天等高科技领域外，还可以广泛应用于临床肿瘤治疗中，大大降低了化疗对患者所带来的负面作用。在重大疾病的治疗方面，俄罗斯一直拥有较高的医疗水平，并且不断涌现出突破性的技术创新成果。比如俄罗斯科学家合成出一种无毒性的含硼天然卟啉药物，不仅副作用极低，而且具有更加高效的抗癌作用，在癌症治疗领域将具有广泛的应用前景。此外，俄罗斯科学家还在眼镜蛇的毒液中发现了抗癌的成分，为抗癌药物的研制开辟了新的途径。在癌症治疗方法方面，俄罗斯科学院生物遗传研究所和莫斯科大学合作开发出一种治疗癌症的新方法——光照动态内科法，该方法的目的是将抗癌药物通过光敏物质准确送入癌细胞中，提高药物治疗效率和抗癌成功率。除此之外，俄罗斯科学家还有一些与抗癌有关的新发现，比如他们发现，长期饮用氘气含量低的水，不仅有抗癌和抑制肿瘤发展的作用，还能够延长人类寿命。除了癌症治疗领域，俄罗斯科学家在其他疾病领域也发现或开发出新的治疗方法。利用干细胞或细胞移植治疗多种疾病是俄罗斯科学家在该领域的重要研究方向，创新成果也很多。俄罗斯医学科学院临床免疫学研究所的科学家利用胚胎干细胞移植的方法成功治愈了中风患者，虽然该方法还处于试验阶段，还未真正进入临床治疗过程，但是该研究成果为人类利用胚胎干细胞治疗大脑疾病尤其是中风提供了重要的理论依据。俄罗斯的科研人员还利用自体干细胞对患有肝硬化的患者进行临床治疗，治疗结果显示，肝硬化的速度明显减慢甚至有些病人的肝硬化区域逐渐缩小。在利用骨髓干细胞或者骨髓细胞治疗疾病方面，俄罗斯也有了较为突出的成果。俄罗斯科研人员利用骨髓干细胞治疗大面积烧伤，成果显著。大面积烧伤会造成人体组织的大面积坏死，使皮肤组织的血液无法正常循环，因此大面积烧伤的治疗一直是医学界的一个难题。俄罗斯的科研人员在世界上首创利用骨髓干细胞治疗大面积烧伤,并且获得了成功。利用该方法治疗以后,坏死的人体组织有了"复活"的迹象并且皮肤的血液循环也趋于正常,同时在利用该方法治疗以后再进行皮肤移植手术,可以大大提高移植的成功率。此外,俄罗斯医学科学院心血管外科手术科学中心还利用骨髓细胞移植技术治疗心肌梗死,并且在临床上有了成功治愈的例证。这些新的技术和方法将人类在骨髓细胞利用领域的技术水平又推进了一大步。俄罗斯科学家还利用脑干细胞恢复受伤的视网膜。以医学家的观点,就目前的医疗水平而言,视网膜一旦受到损伤是很难修复的,俄罗斯科学家发现利用脑干细胞进行激活或者直接进行移植可以使受损的视网膜再生,从而达到恢复受损视网膜的目的。这一发现在国际医学技术领域具有跨时代的意义,同时也为一直被认为是医学技术难以突破的视网膜恢复和再生领域贡献了重要的力量。2008年,俄罗斯圣彼得堡巴列诺夫神经外科研究所公布了一项最新研究成果,该研究所的科研人员在利用干细胞治疗儿童先天性疾病上取得了一定的进展。该研究发现,干细胞可以治疗儿童的先天性疾病尤其是脑瘫等神经系统疾病,研究人员在临床试验中利用干细胞取得了显著的治疗效果。干细胞一直被医学界称为"万能细胞",可见干细胞在治疗人体重大疾病时的重要作用和广泛的应用前景。除了儿童先天性疾病外,俄罗斯科学家还提出了利用干细胞攻克脑组织损伤、阿尔茨海默病等医学难题的观点,这也成为干细胞利用领域的一个新的研究方向。在其他疾病的治疗领域,俄罗斯的技术创新也有突破性进展,尤其是对帕金森症的治疗和在"人体冷冻技术"的突破方面成果显著。俄罗斯科学家发现通过向帕金森症病人头部输入微弱电流的方式,可以减轻病人的症状,从而达到恢复性治疗的效果。"人体冷冻技术"一直是科学界致力于研究的领域,早在20世纪40年代很多科学家就开始这方面的研究,但几乎没有进展。比如美国科学家想通过人体冷冻达到复活人类的目的,这种停留在理论层面的技术在现实中完全行不通,因为人体内的血细胞和水在零下18度的情况下就会结冰,从而对人体造成无法挽回的损害。俄罗斯科学家转变思路,将一种惰性气体注入人体细胞后再进行冷冻,其效果非常明显。通过在老鼠身上的试验,利用这种技术完全可以达到使器官复活的目的。这一研究发现是医学技术领域的重要突破，也为未来人类器官保存和复活提供了重要的技术支持。在治疗疾病的新药物和新器械方面，俄罗斯的技术创新成果也颇为丰富。俄罗斯科学家在抗生素的研制上提出了新的思路。抗生素是用于治疗各种细菌感染或抑制致病微生物感染的药物，但是过量使用会抑制体内的有益菌，并且会使机体产生抗药性。抗药性一直是抗生素研发领域的一个难以攻克的医学难题，俄罗斯科学家在该领域的研究有了突破性进展。他们改变了传统的抗生素研制思路，不是利用抗生素直接将人体内的致病性细菌灭杀，而是通过药物刺激增强人体内正常细菌的生物活性，使机体免疫力增强，从而使致病菌无法侵入或无法起作用。这相对于传统的抗生素研制思路，更加合理和科学，在降低对人体危害的同时增强了机体活力。据报道，俄罗斯科学家已经在该思路的基础上研制出新型的抗生素药物。此外，俄罗斯科学家还通过对昆虫免疫系统的研究，研制出新型的抗病毒药物。他们发现，昆虫的免疫系统与人类不同，在机体细胞受到侵害时能够迅速察觉并合成抵御入侵微生物的肽，从而达到抗击病毒的目的。科学家根据这个原理从昆虫体内提取了这种肽并制成药物，这种药物可以增强人体的抗病毒能力，尤其是对治疗丙型肝炎以及延缓肿瘤细胞繁殖具有很好的效果。俄罗斯科学家还发现了检验抗氧化剂效果的新方法，根据这种方法，他们得出了重要的结论，在目前广泛使用的抗氧化剂中，维生素C的效果最强。此外，他们还发现在苜蓿、三叶草等植物中的抗氧化成分效果更好，可以将它们提取并添加到各种抗氧化食品和化妆品中。这一发现不仅具有学术价值，还具有很高的商业价值。在其他药物的研制领域比较有代表性且实用性很高的创新成果主要是莫斯科大学化学系的研究人员研发出一种可以长期且稳定维持胰岛素功效的胶囊产品。在传统的糖尿病治疗过程中，糖尿病人需要通过注射的方式利用针剂来保持胰岛素的功效，这一方面不方便，另一方面也增加了病人肉体上的痛苦。俄罗斯科学家的这一研究成果不但起到了保持胰岛素功效的目的，而且简便易行，最重要的是减轻了病人的痛苦。俄罗斯研究人员的另一项研究成果更加贴近生活，那就是研制出一种专门毒杀蚊子幼虫的杀虫剂。过去人们普遍使用的灭蚊剂大都是含有氯和磷的化合物制剂，它们虽然能够杀死蚊虫，但是对有益的虫类、其他动物甚至人类都会产生危害，同时该类化合物对环境的破坏也很大。俄罗斯的这项研究成果能够有效针对蚊子幼虫，且对其他动物和人类无害，是非常值得推广且实用性强的杀虫剂。在医疗仪器的研发方面，俄罗斯科学家研制出一种利用血压自动测量血糖的仪器。糖尿病是一种很难治愈的顽疾，且血糖含量直接影响糖尿病的发展状况，因此糖尿病患者需要随时监测血糖含量。用传统的血糖检测仪器检测，都需要从人体取血，这不仅增加了病人的痛苦，还增加了感染和血液病传染的风险。俄罗斯科学家研制的新仪器无须取血，在降低以上风险的同时也方便随时跟踪监测血糖含量。

除了在应用科学领域所取得的卓越的技术创新成就外，俄罗斯在基础科学领域也取得了丰硕的技术创新成果。在数学研究领域最瞩目的成就是俄罗斯数学家佩雷尔曼于2006年获得了国际数学界最高荣誉"菲尔茨奖"，以表彰其在破解"庞加莱猜想"过程中所起的决定性作用。但是淡泊名利的佩雷尔曼却拒绝了该奖项。虽然如此，但是他的成就是不可磨灭的，也说明了俄罗斯在数学基础科学领域较高的学术和创新水平。在物理科学研究领域，由俄罗斯科学家参与的多国科学家组成的研究小组发现了超绝缘现象，起初人类只是发现了超导现象，并没有发现超绝缘现象。据该小组研究，在超低温和强磁场的情况下是可以存在超绝缘现象的，同时他们还发现，这种超绝缘现象是由超导现象引起的，这说明了超导现象和超绝缘现象并不是互相独立、非此即彼的，而是具有密切的相互联系的。在化学研究领域，俄罗斯科学家与美国科学家联合制造出了一种新型元素，且该元素是迄今为止最重的元素，虽然该元素存在的时间极短，只有一毫秒，却将人类化学元素的研究又向前推进了一步。此外，俄罗斯科学家还通过研究推进了气相、等离子化学和光化学团簇反应等相关领域的技术水平。在应用化学领域，圣彼得堡应用化学科学中心的研究人员研制出一种程序，该程序可以在化工生产中预防热爆炸。热爆炸是化工生产领域一直未能解决的风险，会造成重大的安全事故和资金损失。该程序不仅可以对热爆炸进行预报，同时还可以降低化工生产过程中发生热爆炸的概率，进一步提高化工生产的安全性。在地理科学研究领域，俄罗斯科学家通过对不同的陨石、地球岩石和土壤进行分析，精确测算出了地球的年龄，约为 45.67 亿年，并且还测算出月球的年龄约比地球长 700 万年，这些研究成果在地理基础科学领域是非常有意义的。因为各国科学家一直想搞清楚地球上矿物资源分布不均匀的原因，对于该原因，学界一直有分歧，有的学者认为地球矿物资源分布不均的现象早在地球形成初期就已发生，有的则认为是在地球形成的过程中逐渐产生的。俄罗斯科学家的这一研究成果可以成为人们分析地球矿物资源分布不均原因的重要理论基础。此外，俄罗斯科学院航空宇宙监测科学中心的研究人员研究出了预测地震的新方法，该方法的原理是通过监测大气电离层电子浓度的变化来预测地震，该方法提高了地震预测的准确率，会大大降低地震所带来的人员伤亡和经济损失。

从俄罗斯技术创新的成果来看，一方面俄罗斯具有深厚的科研基础和较高的创新技术水平；另一方面，也可以看出俄罗斯技术发展和创新始终紧跟世界技术发展的方向和趋势，有些成果甚至处于世界一流水平，从而起到了引领世界技术发展方向的作用。这些成就的实现与俄罗斯原有的雄厚科学基础及储备是分不开的，同时也反映出俄罗斯政府为推动技术创新发展所做出的努力。除此之外，俄罗斯政府颁布实施的多项创新政策也同样揭示了俄罗斯对发展创新经济的重视程度和决心。

第三节　中俄技术创新发展路径比较

从前面的叙述中可以看出，中国和俄罗斯在技术创新发展的路径上是不尽相同的，这主要体现在发展背景、发展模式以及实现途径这几个方面。尽管两国之间在技术创新发展的路径上有着许多的不同，但是最终的目标都是希望通过大力发展技术创新，推动经济持续稳定的增长，从而实现经济与社会结构的成功转型。

一　中俄在技术创新发展背景上的比较

中国的技术创新发展之路是伴随着改革开放 40 多年行进的，改革开放为中国经济的发展和社会的变革注入了强大的动力，为"中国奇迹"的发生创造了条件，同时也奠定了经济、制度环境等各方面的有利基础。在这个过程中，中国政府逐渐认识到仅仅凭借资源的初始禀赋无法实现经济的飞速发展，也无法支撑经济的持续增长，需要利用技术创新提高经济增长绩效，因此对技术创新的发展愈加重视。可以说，中国技术创新发展的背景与中国推行改革开放的背景是统一的。

中国技术创新发展背景的起始点可以看作1978年，它是中国改革开放开始实施的时点，而中国技术创新也大致是在这一年大力实施的。这一时期中国经济和世界经济环境的特点主要体现在以下几方面：第一，当时中国经济还是建立在计划经济基础上的，经济主体单一，主要依靠国有和集体企业。企业在经营的各个环节都没有自主权，完全依照国家的计划开展经营活动。不仅如此，政府对不同性质的企业在产业中的准入是进行严格控制的，严禁具有私人性质的企业进入，此时的经济结构中不存在除国有和集体以外的经济成分。同样，此时的技术创新也是由政府统一规划和安排的，企业没有自行决定开展技术创新活动的权利，作为企业对于创新经济发展做出主要贡献的自主创新更是无从谈起。第二，市场作为合理配置资源的有效工具并没有发挥其应有的作用。造成这种局面的原因依然是中国政府实施的计划经济体制，在该体制中资源的配置由国家主导，这大大降低了资源配置效率，同时也严重阻碍了中国市场的健康发展。由于资源配置效率低下以及缺乏合理性，科学技术和技术创新的发展也受到了制约，导致中国在很长时期内在技术创新领域与世界发达国家的差距加大。同时，由于改革开放前中国还处在"闭关锁国"的经济和社会状况下，这也阻碍了对国外先进技术的引进、吸收和再创新。第三，第二次世界大战以后，世界经济得到了长足的发展，国际经济环境逐步改善，在主要的发达国家中已经形成了比较成熟的生产技术体系，并且逐渐向生产技术标准化和生产规模化发展，同时日趋广泛的国际经济联系使标准化的生产技术以及其他成熟的科学技术进行国际转移成为可能。在这样的国际大环境下，加之中国政府对改革开放的日趋重视，有利于国际先进技术向中国的转移，为中国的技术创新和自主创新奠定了良好的基础。从1978年至今，中国技术创新发展的经济和社会背景有了很大的变化，这种变化的发生大致可以分为三个阶段：1978—1991年，1992—2000年，2001年至今。1978年党的十一届三中全会的召开是这种变化开始发生的标志，此次会议明确了党的工作重心，即由阶级斗争转移到现代化建设上来，由此，中国的改革开放全面起航。在这一阶段，中国经济社会最鲜明的变化发生在农村，即家庭联产承包责任制的实施和逐步普及。家庭联产承包责任制大大提高了农民的积极性，提升了农村劳动效率，从而解放了大量的农村劳动力，这为后来工业化、私营企业的大量涌现进而以企业为主体的技术创新活动的开展提供了最基本的条件。这一阶段，除了发生在农村的改革外，另一个重要的变化就是我国政府启动的对外开放。不过，这一阶段实行的对外开放主要集中在个别城市和国有企业中，在技术创新的开展方面也主要是以引进技术或者与国外企业合作以达到技术的转移等方式为主。虽然这一阶段的对外开放还处于试验阶段，但是此时的中国政府已经深刻地认识到中国的技术创新水平与国外先进水平的巨大差距，从而开始了通过向发达国家学习以及利用发达国家成熟的工业技术的转移来实现提高自身技术创新水平和实力的努力。这些都为后来中国技术创新的发展提供了良好的条件和环境支撑，但是此阶段的技术创新发展模式还不成熟，虽然已经出现了技术引进和技术扩张、转移等模式，但主要还是依靠短期经济刺激和初期消费市场扩张所带来的国有企业向乡镇和民营企业的技术或设备转移，不过，这些大都是落后技术或者国有企业淘汰的技术设备。尽管如此，很多民营企业利用这次机遇发展起来，自身的技术水平也有了大幅度提高，这为中国发展以企业为主体的技术创新活动创造了良好的条件。从1992年到2000年这一阶段，中国继续贯彻改革开放政策，这一阶段经济发展的突出特点是民营企业得到迅速发展，国有企业改革开始稳步推进以及国外直接投资的引进规模扩大。其中，民营企业迅速发展是这一阶段的最大成就，起初，民营企业还是作为中国经济体制的有益补充，随着民营企业对于中国经济的贡献力度逐步加大，政府对其也逐步重视起来，将其作为社会主义市场经济的重要组成部分。可见这一阶段民营企业的发展规模之大，速度之快。作为技术创新的主体，民营企业是其中最为活跃的部分，由于完全的自负盈亏、自主经营，民营企业更能体会技术创新为企业带来的利益，对技术的引进、吸收甚至自主创新的要求也更加迫切。对于国有企业来说，这一阶段主要进行的是国有企业改革，中国政府通过采取行政干预、政策调整、制度创新等手段，通过兼并等方式，一方面使中小国有企业退出了国有经济体系，另一方面使国有大中型企业在整个国民经济中的地位更加稳固。对于技术创新，虽然在灵活性和积极性方面与民营企业尚有差距，但是大中型国有企业在技术创新中也有着自身不可忽视的优势，如技术创新资金雄厚、技术基础深厚、设备优良、技术创新人才队伍完备等，这些因素在技术创新中起到了非常重要的作用。此外，这一阶段逐渐增多的国外直接投资的资金数额，为中国进行技术创新活动提供了有力的资金支持，同时外商独资或合资企业的逐渐增多也为中国实现技术的引进、吸收和技术水平的提高创造了条件。总之，这一阶段经济和社会结构发展的特点决定了中国技术创新活动和水平的大幅提升，是中国技术创新发展中非常重要的阶段。2001年之后，对中国经济和社会影响最大的事件之一就是中国加入WTO，加入WTO成为中国全面实现对外开放的重要标志，随着中国经济和社会环境的不断改善，国外直接投资额大幅度提升，一方面促进了中国企业更快地融入国际经济环境，提升竞争力，促进国民经济的增长，另一方面通过与国外企业不同方式的合作，加快了中国企业与国外企业在技术创新方面的交流，同时使对先进技术的引进、吸收、再创新进而自主创新的绩效得以提高，为中国技术创新的进一步发展起到了重要的巩固作用。

此外，中国行政性管制的放松以及投资环境的优化使国内生产性企业的数量大幅增加，而生产性企业是技术创新活动中的重要生力军，有着较高的技术创新诉求和积极性。首先，行政性管制的放松主要体现在中国政府在经济体制改革中实行的分权改革和产权改革上，其中产权改革是最为鲜明且影响深远的改革。分权改革创造了一种改革支持机制，这种支持主要源自地方政府。分权改革使地方政府有了一定的独立的经济利益分配权，这样一来，在经济利益的驱动下地方政府进行了积极的制度创新，优化了企业尤其是作为企业重要组成部分的生产性企业成长的制度环境，这其中也包括促进企业技术创新所采取的制度措施，从而有利于技术创新在生产性企业中更广泛地开展。对企业发展影响更为深刻的是产权制度改革，这是中央政府放松行政性管制过程中的重要一步，它使中国经济从传统计划经济体制下的国有经济占有的排他性权利制度发展成国有经济、非国有经济体制下明晰的产权制度，进一步推动了企业尤其是非国有企业的发展。在这个过程中技术创新得以发展也是顺理成章的。在行政性管制放松的条件下，市场竞争和资源配置方式更加合理，在促使生产性企业健康成长、企业中技术创新广泛开展的同时，也进一步优化了技术创新成果市场和技术创新资源配置。除了中国政府行政性管制的放松外，此时的宏观经济环境也为生产性企业的大量增加和迅速发展创造了条件，比如在由计划经济向市场经济转型的过程中，在短缺经济条件下消费市场的需求逐步扩张是生产性企业增加和发展的前提条件；计划经济体制下大量的资源配置缺乏合理性甚至被闲置，在逐步向市场经济过渡的过程中由于资源配置趋于合理化以及对闲置资源的充分利用也进一步推动了生产性企业在数量和规模上的扩张；在国际环境方面，发达国家经济成功转型，同时伴随着经济全球化，使标准化的成熟生产技术向发展中国家转移成为可能，这有利于中国生产性企业技术水平的提高，从而促进其在规模增加和生产效率方面的提高。除了在放松行政性管制方面的努力外，中国政府还重视对投资环境的优化。这一时期优化国内投资环境主要采取的措施是为推动新企业尤其是外资企业的进入而实施的相关的优惠政策，主要包括税收优惠和较低的土地租金优惠等。中国政府采取的放松行政性管制和优化投资环境的政策促进了新生产性企业的行业进入，但是由于此时相关的政策措施过于简单，缺乏系统化和统一性，因而只是达到了增加生产性企业数量的目的，而创新型企业的数量仍较少。尽管如此，作为技术创新主体的企业数量的增加为中国技术创新发展提供了有利基础，也为后来创新型企业的大量涌现提供了条件。

俄罗斯技术创新发展较中国来说起步较晚，但作为同样处于经济转型中的发展中国家，俄罗斯在发展技术创新和创新经济过程中相对于中国有很多优势，同时也存在很多劣势阻碍其创新经济的发展和技术创新活动的开展。其优势主要包括资源禀赋丰富、技术基础雄厚、科研成果丰硕等;其劣势主要有相对落后的经济现状、对资源依赖过重、经济和转轨危机所带来的不利影响,等等。

从资源拥有量上看,无论是在资源的数量还是质量上俄罗斯都是非常受大自然眷顾的国家。同样是自然资源较为丰富的美国、中国等国家在俄罗斯面前也是相形见绌的,俄罗斯作为资源大国的地位绝对是无可撼动的,自然地租带给俄罗斯巨额的经济财富。1999年到2008年这十年是俄罗斯经济持续高速增长的十年,俄罗斯GDP的年平均增长速度几乎达到7%,超过了当时4.7%的世界平均水平,累计增速达到了80%,这一数字也超过了同期47%的世界平均水平,并且俄罗斯联邦预算连年保持盈余状态,国际储备逐年增加。据俄罗斯国家统计年鉴的统计数据,截止到2011年底,俄罗斯包括黄金在内的国际储备已经达到了4986亿美元。这些财富为俄罗斯应对经济危机中经济和社会方面产生的诸多问题提供了有利条件,也起到了一定的缓冲作用。除了丰富的资金储备外,2006—2007年度,俄罗斯还提前偿还了巴黎俱乐部和国际货币基金组织的债务,没有了长期困扰俄罗斯的债务压力,俄罗斯经济和社会发展更加从容,同时丰富的资金储备为俄罗斯发展创新经济和开展技术创新活动提供了雄厚的物质支持,在一定程度上推动了技术创新活动的有效开展。但以上诸多有利条件完全得益于俄罗斯经济的资源发展模式以及高企的国际能源价格。这种依靠出口能源等初级产品来维持本国经济增长走势的情况给俄罗斯经济和社会带来了很多弊病,如产业结构缺乏合理性使整个经济结构缺乏合理性的情况日趋严重,对资源出口的过度依赖导致本国经济对国际能源价格的依存度越来越高,从而严重威胁到俄罗斯的经济安全,这也是2008年经济危机中俄罗斯经济和社会受到重创的主要原因,比较优势成为比较劣势。俄罗斯在转轨之后,在计划经济模式被市场经济取代的同时,其资源依赖型经济发展方式并没有因此改变。相反,经济发展原料化、出口原料化、投资原料化的"三化"

问题日益突出。① 俄罗斯经济陷入"资源陷阱",严重阻碍其发展创新经济,并且产业结构的不合理也使国家和企业的技术创新活动无法顺利开展,或者创新技术无法与国际创新技术的发展趋势接轨。俄罗斯资源经济的发展模式在短期内为其带来了丰厚的外汇和经济繁荣,但是长期来看却潜伏着巨大的不确定性和危机,这也是俄罗斯经济转轨在进行一段时期后创新经济发展绩效仍然不甚理想的重要原因。俄罗斯要想扭转这种依靠数量的外延型经济发展模式并进入以注重提高经济发展质量为核心的创新型经济中来,就必须尽快改变这种短视的经济发展方式。俄罗斯技术创新发展除了要面对本国对资源经济过度依赖这一背景外,还有就是要改变俄罗斯经济发展高速但低质这一状况,其实,究其根源这仍然与资源依赖有关。虽然俄罗斯经济保持了十年的高速发展,但是分析这十年的经济数据可以得知,资源性产业所占比重很大,占到了俄罗斯投资总额的3/4,依靠这些产业,俄罗斯完成了工业总产值的30%、联邦预算收入的32%、出口额的54%以及外汇收入的45%。② 可见,俄罗斯国内资源性的经济发展模式依然是主流,需要加以进一步改造和完善。若非如此,一旦国际能源价格出现波动,不但俄罗斯本国经济将要受到重创,连刚刚起步的创新经济的发展以及本国技术创新活动的开展都要受到严重阻碍。俄罗斯原有的经济发展模式由于多种因素导致其缺乏可持续性,如容易受到国际能源价格的影响而存在不确定性;资源经济的快速发展会导致具有技术创新潜力或者技术含量较高的产业被"挤出",从而使俄罗斯经济无法实现从低质的二元经济模式向多元经济模式转变的目标;由于能源贸易带来的巨额外汇收入导致卢布升值快速,使"荷兰病"产生并进一步加剧;巨额的资源贸易收入使人们生活在"经济繁荣"的幻象中,固守不合理的经济发展模式阻碍了具有创造性和技术创新性产业的建立和良性发展;加之俄罗斯资源的不可再生性也使俄罗斯经济的发展成为"无源之水"。普罗维什·辛格提到:一国拥有丰裕

---

① 林治华、赵小妹:《俄罗斯经济安全状况的动态分析》,《东北亚论坛》2010年第1期,第100页。

② *Основные порметры прогноза соционально - экономического развития российской федераций на период до 2020 - 2023 годов*, http//www.econmy.gov.ru/minec/press/.

的自然资源反而不利于经济的发展。俄罗斯的经济状况验证了这种说法。以上这些经济和社会背景严重阻碍了俄罗斯发展创新经济,在经济安全和经济合理化方面都没有给技术创新活动的开展创造必要且良好的环境。总之,丰富的自然资源一方面给俄罗斯发展创新经济和高技术含量的产业提供了必要的物质和能源基础,另一方面俄罗斯对资源的过度依赖导致其经济结构不合理也严重阻碍了创新经济的发展。因此,在这种背景下,俄罗斯政府应该在利用丰富资源这一利好的条件下大力发展创新经济和提升技术水平,努力改变对资源的过度依赖,逐步完善经济结构,使经济从单一化的资源型向多元的创新型转变。

在俄罗斯发展创新经济的背景中还有一些重要的优势,那就是俄罗斯丰富的科研成果、雄厚的科技基础以及较高的教育水平,俄罗斯经济的重新崛起以及创新经济的顺利发展都要倚靠这一重要优势。一国的经济要想实现合理、健康的发展,整体科技实力和科技基础是必需条件,而俄罗斯在这方面有着其他发展中国家无可比拟的优势。俄罗斯目前拥有五个国家级的科学院,用以从事和开展基础学科以及新兴学科等相关领域的研究,如俄罗斯技术水平较高的航空、航天、军工等传统优势领域,生物技术、电子信息技术等新兴学科领域。在这些科研院所当中最为重要的是俄罗斯科学院,它是俄罗斯重要的基础科学的研究中心并且主导着俄罗斯国内技术创新发展方向。起初,该院受到来自政府的管制比较严重,从而大大降低了该院的科研灵活性以及研究人员的科研积极性,2003 年,俄罗斯政府着手对以俄罗斯科学院为首的各科研院所进行体制改革,使之更具系统性,同时,给予更多的科研和管理自主权。2009 年,俄罗斯政府颁布实施《俄罗斯联邦预算内科研教育机构开办智力成果转化经济体的专门法律修正案》,有效解决了俄罗斯科研成果与实际应用脱节的现象,使越来越多的技术创新成果为提升产业技术水平服务。美国高盛公司曾提出"俄罗斯重新崛起"的观点,这就是基于俄罗斯原有的雄厚科技基础以及在某些技术创新领域拥有的令人瞩目的成果而得出的结论。印度学者莫汉曾指出,俄罗斯现有的技术资源"对于中国和印度来说,最好的选择是充分发掘自身经济潜力并抓住俄罗斯的技术,否则西方将会找到打败我们的途径"。这个观点从侧面反映出俄罗斯雄厚的技术基础以及巨大的技术创新发展潜力,俄罗斯不仅在传统领域具有技术优势,在新兴领域如生物工程、医药、软件开发等方面都有着不可忽视的成果。除了在科技基础和技术创新发展潜力上俄罗斯有着有利于创新经济发展的优势之外,还拥有丰富的人力资本。但是,在俄罗斯实行经济转型政策初期,由于国内经济状况恶化以及对人力资本激励制度缺乏合理安排,俄罗斯大量科技人才流失海外,这对于力求发展创新经济的俄罗斯来说是一个重大的损失。在这些流失海外的人力资本中,很多都是某一科研领域的骨干并且都是具有创造力和年富力强的中青年人才。据不完全统计,在美国,有一半的数学家来自俄罗斯;在物理学领域,俄罗斯籍的科学家也占到了总数的2/3;微软公司中有30%的近期产品是由来自俄罗斯的技术人员主持或参与研发生产的。可见,俄罗斯拥有高质量的人力资源。但是,再高的人力资源质量,如果不为本国技术创新服务也没有任何意义,大量人力资源流失,在削弱本国技术力量的同时却增强了他国的科研能力。为了解决这一问题,从2005年开始,俄罗斯政府采取诸如增加教育和科研投入、改善科技人才福利制度、健全产权制度等多项措施以遏制人才流失进而吸引国外的优秀科技人才。这些举措为俄罗斯创新经济的发展奠定了良好的基础,同时也为技术创新活动的开展提供了人力资源保障。物质基础对于创新来说是至关重要的,只有保证必要的科技投入,才能取得创新经济发展的预期效果。虽然俄罗斯拥有雄厚的科技基础和优秀的科技人才,但是在科技方面的投入与发达国家甚至是部分发展中国家相比都是相对滞后的。俄罗斯政府对于科研和技术创新方面的资金投入在其国民生产总值中所占比重一直在1%上下徘徊,而发达国家如美国、日本、西欧等的创新投入占国民生产总值的比重一直保持在2%以上。对技术创新资金投入的滞后所导致的直接后果就是创新成果数量少和质量低,这与发展创新经济的理念和预期是相悖的。要想保障对于科技的必要投入,就需要经济作为后盾,在俄罗斯的经济转型过程中,资源经济的潜力已经被挖掘殆尽,实现经济的持续、稳定增长只能依靠发展创新经济来完成。

就创新经济发展及技术创新活动开展的背景来看,中国与俄罗斯有着许多相似的地方，同样也有着许多不同。相同之处是两国都是发展中国家，都处于经济的转型期，相对于发达国家来说，无论是在经济实力还是创新体系的建设方面都有着不小的差距，都需要通过发展创新经济来推动本国经济持续、健康的发展。不同之处是中国通过40多年的改革开放走出了一条成功的经济转型之路，经济结构和产业结构更加合理化，为本国经济的持续、稳定增长打下了重要的基础，经济实力的增强为中国发展创新经济和开展技术创新活动提供了有力保障，而发展创新经济所带来的产业结构的改善和升级又进一步促进了经济的增长，从而形成一个良性循环。相对于中国来说，由于转型初期的失败经验加之资源经济在经济危机中所遭受的重创，俄罗斯的经济基础较弱，经济和产业结构还有待改善。此外，俄罗斯创新经济的发展起步较晚，与经济增长互为动力和支撑的作用发挥必然较弱，绩效较低。但是，俄罗斯丰富的自然资源和雄厚的科技基础是绝对在中国之上的，俄罗斯如果可以在克服对资源过度依赖所带来的种种弊端的前提下对其加以充分利用，就能够取得瞩目的技术创新发展成果。

大量事实表明，哪个产业的技术创新活动活跃，对创新成果的吸收和融合能力越强，创造能力越强，创新成果的商业化、产业化速度越快，适应市场需求的能力越强，这个产业的发展速度就快，规模就大，影响就广泛。[1] 产业的健康和迅速发展可以带动自我升级及其他产业的更新与完善，从而形成合理的产业结构，而合理的产业结构是推动一国经济健康、持续发展的重要力量。因此，发展创新经济是经济持续增长的保障，也是转型国家的必然选择，其关键是通过什么模式来发展以及通过什么途径来实现。

二 中俄在技术创新发展模式上的比较

在发展中国家里，中国属于地大物博的国家，自然资源丰富，因此，丰富的自然资源加之较弱的技术基础，使中国经济发展依赖的是

---

[1] 戚文海：《从资源型经济走向创新型经济：俄罗斯未来经济发展模式的必然选择》，《俄罗斯研究》2008年第3期，第56页。

制造业。纵观中国改革开放 40 多年所取得的经济上的丰硕成果，可以看出，为经济增长做出贡献的绝大多数还是生产型企业，而非发达国家主导经济增长的创新型企业。生产型企业的特点就是依赖资源消耗、廉价劳动力和廉价土地，在"三依赖"模式下取得的经济增长成就，缺乏持续性和后续力，这与中国实现经济持续、稳定增长的目标是相悖的。因此，中国在技术创新和创新经济上的发展模式就是由制造经济向创新经济发展，或者说由要素发展模式向创新发展模式演变。要素发展模式就是一国经济增长或者企业的利润主要通过利用能源、廉价劳动力、廉价土地来完成，这不但无法获得持续、稳定的发展，还存在着经济风险，同时伴随着对生态环境的严重破坏。最近热议的 $PM_{2.5}$ 危害身体健康就是经济发展过程中以付出生态环境和人类身体健康为代价的典型案例。随着国际经济的发展，某些发展中国家的劳动力成本优势超越了中国，加之土地成本日益升高、资源的日益减少以及对环境的破坏日益严重，中国利用要素租金发展经济模式的不合理性日益显现。中国 40 多年的经济高速发展，除了利用本国的要素租金外，还借助了国际和国内消费市场的扩张以及国外成熟生产技术向中国的转移，但是无论后两项的条件如何优越，如何推动中国制造产业和经济的发展，都是建立在要素租金这一基础上的，难以实现经济的持续、稳定发展。在经济增长方式上，中国存在着高投入、高消耗、高排放、不协调、难循环和低效率等突出问题，存在着严重的隐患。[1] 也就是说，中国经济在高速发展的同时还带来了高风险。除此之外，中国的经济发展模式不合理还体现在不协调的经济结构上，如工农业结构不协调。依赖高能耗的要素租金的经济发展模式，使中国的制造业尤其是工业迅速发展，而关系到一国的粮食安全及战略发展的农业基础仍很薄弱，"三农"问题仍是摆在中国政府面前亟待解决的问题，这些问题不解决，中国经济就会受到严重的需求制约；服务业尤其是现代服务业发展步伐缓慢。虽然在改革开放政策的带动下，中国的服务业有了一定的发展，但是相对于制造业，服务业的发展还很落后，尤其是现代服务业，与发达国家相比仍有很大的差

---

[1] 徐友龙：《马凯谈科学发展》，《观察与思考》2004 年第 15 期，第 18 页。

距;"中国制造"仍主要停留在技术含量和附加价值较低的OEM环节。在中国实行改革开放以来,"中国制造"成为世界经济中不可或缺的重要部分,也为中国的经济增长起到了重要的推动作用,但是值得注意的是,"中国制造"的特点仍然是低端的代工生产,技术含量低,因而造成附加值低,"中国制造"赚取的仍然是总体利润里极小的一部分,这不但影响中国经济的发展,同时也制约了中国产品在国际市场上竞争力的提升;居民收入分配差距加大。经济结构发展的不合理,直接造成了居民收入分配差距的加大,而且有进一步加剧的风险。据世界银行的统计数据,中国的基尼系数仍然位于0.4的警戒线以上,这不但影响着居民收入结构的合理化发展,也会带来一些社会问题。

总体来说,中国现行的经济发展模式过分强调比较优势和要素租金在经济增长中所起的作用,而这些比较优势仍然是低廉的劳动力价格及土地租金和相对丰富的资源,这些优势的持续性低并且容易受到国际经济环境变化的影响而沦为比较弱势;在技术发展方面,主要依靠对国外先进技术的引进,对技术创新尤其是自主创新的重视程度还不够,这带来的后果就是片面达到了经济数据或规模的增长或扩张,而欠缺经济内涵的增长或经济质量的提高;由于过分强调资金、资源投入及资源消耗所带来的经济增长效果,中国现行经济增长模式是粗放型而非集约型的,过分依赖投资和外资对经济的拉动作用会弱化对创新经济发展的重视程度,同时也不利于创新经济发展环境的改善;在经济增长中除了以投资为导向外,中国还采取了以出口为导向的经济发展模式,但是出口产品并不是技术含量较高的创新产品,而是低附加值的劳动密集型产品,这类产品的出口利润占产品总利润的比例极小且在国际市场上无法起到提升中国产品国际竞争力的作用;中央及地方政府由于过分强调经济增长,以经济增长数据作为经济发展绩效标准,因此过分重视改善投资环境以吸引外资或对民间资本放松管制来达到利用投资实现经济增长的目的,还未将重点转移到改善创新环境和采取措施推动技术创新发展上来。中国在经历了40多年的改革开放和经济发展的同时,国内和国际经济环境也有了巨大的变化,中国现有的发展模式已经不能适应国内、国际环境的新变化,这样的发展模式对于中国经济来说有着明显的局限性,如中国国内资源的消耗导致了资源短缺现象出现并有愈加严重的趋势,最明显的表现就是从过去钢铁、石油的出口国发展成为对于钢铁、石油等重要资源的进口依赖越来越严重,并且随着这些资源进口价格的不断攀升致使中国资源短缺情况突出且依赖要素租金的生产模式的优势越来越小。此外,国内劳动力成本的上升以及某些发展中国家劳动力成本的相对下降也降低了要素租金模式的优势。同时,依赖消耗资源的制造经济发展模式给中国的生态环境带来了巨大的压力;"中国制造"之所以给中国经济增长贡献了重要力量,主要是因为中国廉价的劳动力以及巨大的国际市场需求,"中国制造"以及中国以劳动密集型产品为出口导向的方式充分利用了这些因素。但是,随着国际市场需求的萎缩和其他发展中国家劳动力成本优势的显现,"中国制造"受到了严重的挤压。以前,中国是依靠国外成熟的标准化生产技术的扩散和转移来完成本国生产技术的改造或改进的,但是,这些都是建立在中国与国外发达国家技术差距基础上的,当这个差距越来越小甚至持平时,这种扩散将不会发生。此时依靠的是本国科技研发水平的真正提升以及关系到一国产品的国际竞争力的核心技术,该状况也使中国的制造经济发展模式的局限性突现出来。

面对现有发展模式的局限性以及对经济持续、稳定增长的制约,中国政府需要改变现有的经济发展模式,探索新的发展模式,即从制造经济向创新经济转变的发展模式。从制造经济向创新经济转变的发展模式是中国政府选择的发展创新经济和推动技术创新从而实现经济持续、稳定增长的技术创新发展模式,该模式的特点主要体现在以下几个方面:要实现从制造经济向创新经济转变的创新发展模式,就要使经济增长方式由粗放型向集约型转变。集约型增长方式强调的并不是简单地扩张外延而是提升内涵,即不是简单地追求生产规模的扩张,而是通过技术创新提升技术水平,增加产品技术附加值,从而提升产品在国际市场上的竞争力。这里所说的技术创新和提升技术水平不仅需要对国外先进技术的引进、吸收和改造,而且需要发挥自主创新在技术创新发展中的重要作用。除了技术层面外,在组织和管理方面也需要创新,即创新组织形式和管理方式,探索适合中国国情和经济发展现状的创新型的组织和管理模式，从而使技术创新活动顺利开展，实现从内部机制到外部环境的互相促进、协调发展；从简单的消耗资源向有效利用资源转变。在资源利用方面，不仅要节约利用资源，还要重视综合利用、循环利用资源，在节约资源的同时达到提高资源利用效率的目的。此外，对资源的循环利用还体现在对生态环境的保护方面，要在充分利用资源的同时维持生态环境的平衡和有机发展，也就是发展循环经济，这就要求政府不但要加强对资源利用的管理，还要加大力度保护生态环境；在技术上从简单引进、模仿向自主创新转变。过去，中国制造业在技术层面的发展，主要依靠对国外先进技术的引进和模仿，这对短时间内需要提升产品技术含量来迎合国际市场的"中国制造"来说确实起到了一定的推动作用，同时，国外成熟的生产技术的转移也为这种模式提供了条件。但是，这也造就了"中国制造"较低端，国际竞争力弱的结果。随着国外成熟技术转移的逐步完成，对技术的这种简单引进和模仿所带来的优势越来越小，而不良结果却逐渐显现，尤其是关系到一国产品竞争力的核心技术是无法依靠引进来获得的，并且难以模仿，中国需要从技术引进、模仿向技术创新、自主创新转变，通过知识积累和研发，形成自己的核心技术，这才是提升本国产品竞争力的关键；从外向型经济向内向型经济转变。分析中国经济发展路径可以看出，改革开放 40 多年来，中国采取的是外向型经济发展路径，也就是相对于内需，中国主要依靠出口来推动经济的增长，这虽然使中国取得了巨大的利润收益，储备了巨额外汇，但是也应看到这种发展路径的弊端，那就是国际形势的风云变幻会严重威胁自身的经济安全。真正切实可靠的经济发展路径应该是以内向型为主，从依靠出口推动向内需拉动转变，这样不仅可以保证本国经济的安全性，还有利于本国社会福利水平的提高；从资本引进向资本输出转变。比较发达国家和发展中国家的经济发展水平和发展绩效，它们有着很多不同之处，其中一个就是资本走向。相较于发展中国家，发达国家的资本走向多是以资本输出为主，而发展中国家主要依赖的是资本引进。资本输出是一国经济发展的最终目标，之所以无法实现，仍然是因为技术水平和技术创新能力的欠缺。高效的资本输出不能依靠资源和要素资金这些相对优势，而应依靠创新技术这些绝对优势。资本输出是中国经济发展的最终目标，因此更应注重技术创新的开展，核心技术能进一步推动资本输出，而通过资本输出获取的收益也能进一步为推动本国技术创新的发展提供必要的资金支持。

由制造经济向创新经济转变，不仅是技术创新模式的转变，而且是经济转型的重要组成部分。改革开放40多年来，中国经济发展所取得的成就令举世瞩目，但是原有的发展模式已不能适应日益变化的国际和国内环境。中国要想保持经济的持续、稳定发展，继续创造"中国奇迹"，就要果断地改变经济发展模式和技术发展模式。中国政府制定的由制造经济向创新经济转变的技术创新发展路径是符合中国国情的。这种模式仍然处在实施的初期，需要不断积累经验和改进，但是，这种模式的效果已经显现，很多制造型企业开始重视技术水平的提升和自主创新，而越来越多的创新型企业逐步涌现且在中国经济中的地位不断攀升，技术创新活动的开展日益活跃，这是中国经济转型和发展的重要保障。

相对于中国，俄罗斯有其自身的特点，不同的经济发展背景和不同的经济转型效果决定了俄罗斯发展技术创新的模式与中国是不同的，它体现了与国情密切联系的特点。与中国由制造经济向创新经济转变的技术创新发展模式不同，俄罗斯依靠的是资源经济与创新经济共同作用来促进本国经济发展的。依赖资源的经济发展模式在俄罗斯是具有历史性的，早在苏联时期就是依靠资源来维持本国经济运转的，虽然这种经济发展模式效率低下，并且会带来很多社会问题以及存在重大的经济安全隐患，但是该模式一直沿用到现在，这与俄罗斯的国情是密不可分的。众所周知，俄罗斯是一个自然资源非常丰富的国家，在世界上已经探明的资源总储藏量中，俄罗斯的资源占到了21%，丰富的自然资源为其发展资源经济创造了先天条件。早在苏联时期，资源经济就是其主要依赖的经济发展模式。苏联解体以后，俄罗斯继承了苏联近80%的设备和基础设施，这也使俄罗斯无法在短期内摆脱对资源经济的依赖性。虽然在俄罗斯独立初期，俄罗斯政府就开始了大刀阔斧的经济转型改革，但是由于采取的是不适应俄罗斯国情的"休克疗法"的改革模式，使俄罗斯经济出现大幅度下滑甚至面临崩溃的危险，在众多受到重创的产业中，俄罗斯的资源产品产业却没有受到影响，反而成为这一时期支撑俄罗斯经济的支柱产业，这也制约了俄罗斯的产业结构调整。此外，俄罗斯居民对俄罗斯长久的效率低下的计划经济以及传统的资源经济习以为常，并且乐于享受资源出口为他们所带来的较高的社会福利，从而缺乏改变现有落后的经济发展模式和发展创新经济的决心和动力。凡此种种，都导致俄罗斯无法在短期内脱离资源经济的束缚而走向技术创新经济的发展之路。除了以上俄罗斯自身存在的问题及条件制约以外，一些外部因素也同样影响着俄罗斯从资源经济向创新经济的转型。从 20 世纪末开始，以中国、巴西、印度等发展中国家为代表的新兴经济体的经济得以快速发展，快速发展的经济致使对资源的消耗量增加，从而直接带动了资源价格的上涨。在这种背景下，俄罗斯利用其丰富的资源获得丰厚的收益从而支撑着本国的经济发展和社会建设。俄罗斯绝大部分的工业设备继承于苏联，相对陈旧老化，因此，生产的产品在质量和技术含量方面都缺乏竞争力。面对疲软的制造业，俄罗斯唯有依靠资源经济，从而导致资源经济的进一步壮大而"挤出"了其他产业，这使俄罗斯的产业结构更加不均衡，尤其是与发展技术创新关系密切的知识密集型产业更是发展缓慢。俄罗斯知识密集型产品对经济增长的贡献率一直在 1% 左右徘徊，根据国际通行的标准，这一数值只有达到 15% 才能称得上是创新经济国家，例如美国的 36%，德国的 17% 等。俄罗斯国内知识密集型产业的发展与发达国家相比，差距可以说是非常大的。逐渐高企的石油价格使俄罗斯无法割舍资源经济所带来的巨额利润，出口能源所获取的收益为支持国家财政支出、购买生产设备和技术、进口所需消费品、稳定物价、提升居民福利水平等都提供了必要的资金保障。鉴于以上因素，俄罗斯无法在短期内完全摆脱资源经济而走向创新经济发展之路。由此看来，俄罗斯发展资源经济实属无奈，但是，在短时期内要改变这一现状也是不现实的，因为资源经济在给俄罗斯带来很多弊端和问题的同时，也在资金支持和原材料供应等方面对创新经济的发展起到了一定的正向作用。

资源经济对于俄罗斯发展技术创新和推动其向创新经济转型所起到的积极作用主要是为技术创新的发展实现了原始积累。资源经济在俄罗斯具有不可撼动的地位以及它的超常发展对其他产业有"挤出"作用，导致其他产业尤其是与技术创新密切相关的知识密集型产业的发展严重滞后，但是对于短期内在技术发展方面只能采取追赶策略的俄罗斯来说，发展资源经济所带来的巨额收益无疑为其购买和引进国外先进的技术成果提供了重要的物质保障，从另一个侧面推动了俄罗斯现阶段技术创新的快速进步。俄罗斯国家统计年鉴数据显示，2007年，俄罗斯政府对于科学研发相关领域的资金投入达到3700多亿卢布，即便是在遭受了金融危机重创之后的2009年，这一数字也达到了4800多亿卢布，而到了2011年，这一数字增加到了6100多亿卢布，对于科技研发领域的这些巨额投入绝大多数都来源于资源经济所获取的高额利润。近年来，随着国际能源价格的高涨，俄罗斯从资源经济中所获取的收益逐渐增多，这也使俄罗斯政府对于提高本国创新经济绩效的信心逐渐提升。2009年，时任俄罗斯总统的梅德韦杰夫曾明确指出，俄罗斯应努力改变创新能力薄弱和产品竞争力低的现状，因此要加大对于科学研发和创新等领域的资金投入，力争2020年俄罗斯创新产品的产值占国民生产总值的比例能够达到25%—35%，科技投入占国民生产总值的比例能够由1%增加到3%。增加的资金从哪里来？无疑仍旧需要依靠资源经济所带来的高收益。无论对哪个国家来说，没有雄厚的经济基础，科技水平的提升和技术创新的开展就无从谈起，对于底子还很薄弱的俄罗斯来说，资源经济的发展模式在短期内是无法也不能摒弃的。对于资源经济已经根深蒂固的俄罗斯来说，经济转型如果在短时期内完全摒弃资源经济的发展模式，不但不会实现经济的成功转型和创新经济的发展，还有可能出现动摇经济根基的可怕后果。

  鉴于以上原因，俄罗斯在短期内无法也不能脱离资源经济发展模式，但是推动技术创新活动和发展创新经济也是实现经济持续增长的必经之路，因此，俄罗斯发展创新经济的模式应是资源经济和创新经济共同推动本国经济的增长和繁荣，并且这种模式也确实在俄罗斯发展技术创新方面起到了成效。发展资源经济为俄罗斯带来的巨额外汇收入为技术创新提供了坚实的资金和物质保障，使俄罗斯政府的一些技术创新计划得以顺利实施。近几年来，俄罗斯政府不断增加对技术创新尤其是高新技术领域的投入，使俄罗斯科研和技术水平有了飞跃性的提升，尤其是在高新技术领域取得了长足的进步。如俄罗斯在核能利用相关领域的某些技术已经跃居世界领先地位，并有望成为俄罗斯的支柱产业，为俄罗斯开辟新的利润增长点；在航空航天领域，俄罗斯本来就具有雄厚的科技基础，一度是世界上唯一可以与美国抗衡的国家。目前，在充分利用雄厚的航天航空技术的基础上，俄罗斯跟随航天技术发展趋势，着力进行导航系统的研制和开发，该项目的推广和应用同样为俄罗斯带来了丰厚的利润；在信息技术领域，俄罗斯起步较晚，但由于俄罗斯政府近几年来对该领域的重视程度逐渐提升以及大量的资金投入，信息技术发展迅速，成为目前俄罗斯较为活跃的几个产业之一。俄罗斯研制的超级计算机使其成为世界上为数不多的几个拥有该技术的国家之一，同时，在民用领域，俄罗斯也着力打造通信网络尤其是 4G 网络的研发和应用。由此可见，资源经济和创新经济共同发展的模式为俄罗斯技术创新的发展提供了资金支持，同时，发展起来的新兴技术产业又会为俄罗斯带来高收益，从而形成了良性循环。因此，该模式符合俄罗斯国情，是适合俄罗斯的技术创新发展模式。

无论是中国所选择的由制造经济向创新经济过渡的技术创新发展模式还是俄罗斯选择的资源经济与创新经济相互促进的技术创新发展模式，都是根据本国的国情以及经济、社会发展现状所做的最优选择，是在保证技术创新迅速发展的前提下实现经济持续、稳定增长的有效模式。

三 中俄技术创新发展的实现路径比较

中国从制造经济向创新经济转变的经济发展模式在短时期内是无法实现的，它需要一个长期的过程，需要技术创新活动在整个社会的广泛开展并逐渐占据社会生产活动中的主导地位。众所周知，中国改革开放 40 多年所取得的巨大经济成就主要取决于制造业的建立及蓬勃发展，作为"世界工厂"，中国的制造产品由于其具有明显的价格优势而一度成为国际贸易中不可或缺的部分，因此，制造业在短期内仍然占据着中国社会生产活动的主导位置。同时，中国有着具有自身特点的产业结构特征，那就是"三元结构"的产业构成格局。"三元结构"是根据不同的产业主导主体来划分的，即内资主导中国的劳动密集型产业及资源消耗型产业，外资主导知识密集型产业，而一些新兴产业主要依赖企业的自主创新作为主导。"三元结构"是中国特有的产业结构格局，因此，特殊的产业结构决定着中国开展技术创新活动和发展创新经济的路径也与发达国家以及同为发展中国家的俄罗斯不同。

  前面已经提到，中国由制造经济向创新经济发展需要经历四个方面的转变：由依赖要素租金向依赖技术创新转变，由生产型企业向创新型企业转变，由制造型的生产网络向创新型的创新网络转变，由简单地放宽行政性管制和改善投资环境向建立全方位推动技术创新活动开展的社会环境转变。其中，逐渐摆脱依赖要素租金的生产方式，就是要使中国经济的增长不再依靠廉价的劳动力、较低的土地租金和资源消耗，而是要依靠技术创新和自主创新并推动创新产品的产业化、商业化，通过提升内涵来提高中国产品的国际竞争力，从而开拓更大的利润空间进而促进经济的增长；生产型企业向创新型企业转变，一方面要使已存在的企业不再只专注于制造和生产，而是更加注重技术、工艺和产品的创新，并使技术创新成为主导企业生产活动的主要因素；另一方面是鼓励更多的创新企业的建立，由此才能更大限度地发挥企业这个创新主体在技术创新中的作用；单个企业的创新活动只能是偶发性的、小范围的，不能组成创新体系，只有形成企业与企业间的、企业与市场间的创新网络，才能真正实现技术创新的广泛开展，通过技术转移和技术应用推动技术创新的全面发展；技术创新的开展和创新经济的发展不可能脱离社会环境和制度环境单独进行，需要中国政府在制度设计中主动进行政策、制度的改革以协调和促进技术创新的开展，而过去单纯地放松行政性管制以及改善投资环境已经远远不够，而是应从建立国家创新体系的宏观角度出发，完善政策制度体系，营造有利于技术创新开展的大环境。因而，由制造经济向创新经济的发展模式转变需要针对以上四个方面形成有效的发展路径，也就是说，中国由制造经济向创新经济转变的技术创新发展模式应该围绕由依赖要素租金向依赖创新的生产方式转变、由生产型向创新型转变、由制造型网络向创新型网络转变、由单纯放松行政性管制和改善投资环境向优化和构建创新环境转变这一路径展开。

近几年来，俄罗斯对于开展技术创新和发展创新经济逐渐重视起来，在确定资源经济与创新经济共同推动经济增长的模式之后，俄罗斯政府不断加大对技术创新领域的资金投入力度，制定实施了相关制度、政策以推动技术创新的顺利进行，并且建立了若干个高新技术园区以带动俄罗斯创新技术的全面发展，其中最有代表性的就是被称为"俄罗斯硅谷"的斯科尔科沃创新中心。发展技术创新和创新经济对于俄罗斯来说意义重大，它可以有效解决苏联时期的计划经济以及俄罗斯经济转型时期"休克疗法"所造成的经济结构的严重失衡问题，建立合理的经济结构才是俄罗斯转变现有经济颓势并实现经济持续增长的根本。因此，根据俄罗斯国情，在确立了资源经济与创新经济共同作用以推动经济增长的经济发展模式以后，需要考虑的就是实现这一发展模式的路径问题，这些主要在俄罗斯政府为实现创新经济而制定的战略规划中得以体现。

在技术领域的模仿、追赶、创新方面，俄罗斯政府采取了"取长补长"的战略。"取长补长"就是在保持和充分利用苏联解体后保留下来的优秀的技术成果和生产工艺的前提下，吸收国外先进的技术和经验，从而增加本国产品的附加值及竞争力。除了"取长补长"战略外，俄罗斯政府还采取了"转移增值"战略，该战略的核心思想就是先通过购买国外先进技术和生产工艺实现技术"转移"，再在这些新技术和新工艺的基础上研发出更具附加值的新产品并占领国际市场，从而实现"增值"。俄罗斯政府在其制定的2030年前俄罗斯联邦创新发展战略草案中，也提出了俄罗斯发展创新经济的三个阶段：首先是在保持原有高水平教育和科研的同时，进一步提升教育质量和水平，加快科研成果的生产，并在这个过程中明确技术创新的优先发展方向。其次是实现创新成果从理论向实际应用的转化。最后是实现创新成果的产业化和商业化。这三个阶段实际上也是俄罗斯推动技术创新发展以及向创新经济转型的实现路径。在发展技术创新和创新经济的基础方面，俄罗斯现阶段的条件并不完全有利于技术创新的发展，甚至有些条件还会阻碍其发展。虽然俄罗斯有着雄厚的科研基础，但是在现有科技部门的结构、人才培养、成果转化等方面还存在着很多问题。世界银行统计数据显示，2011年俄罗斯高科技产品出口占制成品出口的百分比为8%，而发达国家如美国、日本、德国这一数字分别达到了18%、17%和15%，而同样作为发展中国家的中国这一数字高达26%，俄罗斯的这种现状与其雄厚的科技基础和技术创新潜力是极不相称的，也从一个侧面反映出俄罗斯现行的技术创新环境存在着一定的缺陷。因此，俄罗斯政府计划从以下几个方面完善创新基础和改善技术创新环境。改革原有的科研机构，使其从完全依靠政府资金投入向投资型转变，即加强科研机构实用性创新技术的研发，同时完善创新成果产业化和商业化渠道，解决技术创新与实际应用脱节的问题；建立科技园区从而使创新成果成为生产力并真正为经济增长服务；加大人才培养力度和提高人力资本的储备；国家建立基金以应对在技术创新中出现的风险问题；优先推动信息技术的发展及该领域的技术创新，并使其为技术引进、转移、交流等服务，同时为技术创新的发展提供条件。

在确定了技术创新发展模式之后，接下来的实现途径就至关重要了，由于中国和俄罗斯在发展技术创新的背景和国情等方面的不同，它们发展技术创新的模式具有一定的区别，从而实现途径也不尽相同。但无论采取何种实现途径，目的都是相同的，那就是高效实施技术创新发展模式，尽快实现向创新经济的转变进而为本国经济发展贡献力量。

第五章　中俄创新政策比较

技术创新是促进一国经济增长和保持经济持续发展的重要途径，目前，越来越多的国家认识到技术创新的重要性，并采取各种手段和措施促进本国技术创新的发展和技术水平的提高，从而增强本国在国际上的竞争力。技术创新既然如此重要，如何保证技术创新的顺利开展和提高技术创新绩效也是世界各国一直以来努力的方向。就目前的发展趋势来看，利用创新政策为技术创新发展构建良好的环境，是最有效且可行的方式。技术创新政策是技术创新的有力保障，也是创新经济发展的有效调节工具。中国和俄罗斯的创新政策有着各自的特点，有些具有良好的效果且值得他国借鉴，有些效果不明显甚至起到了相反的作用，需要在借鉴别国先进经验的基础上改进和完善。无论制定和实施何种创新政策，目的都只有一个，那就是为本国技术创新的发展营造良好的环境。对中国和俄罗斯的创新政策进行比较，大致可以在创新政策的演进、创新政策的推进方法和推进成果评价这几个方面进行。

第一节　中国和俄罗斯在创新政策演进方面的比较

一　中国创新政策的演进

创新政策在中国的演进经历了一个从无到有，从简单到逐渐成熟的过程，它对中国技术创新的发展和技术进步具有重要的意义。中国创新政策的发展和演化在时间上可以从四个节点上划分阶段，这四个节点分别为1978年、1985年、1995年和2006年。中国技术创新政策的出现最早可以追溯到1978年,虽然此时并不是以技术创新政策的形式出现,但其内容和作用已经属于创新政策的范畴。在这一年召开的全国科学大会上,邓小平同志提出了"科学技术是生产力""科学技术人员是工人阶级一部分"的观点,这一思想和论述确立了科学技术在中国的重要位置和作用,同时提高了科学技术从业人员的工作积极性和创新热情,为中国技术进步和发展营造了良好的氛围。在随后的1982年,中国政府将"经济建设必须依靠科学技术,科学技术工作必须面向经济建设"作为国家经济发展的战略思想,同时也成为中国经济建设的主要指导方针之一。在这一方针的指导下,中国技术创新和技术研发的地位得到进一步巩固和提升。1984年,中国开展了旨在发挥和提升团队研究能力的试点改革,这一时期的重点就是对研究机构进行体制性改革,引导研究机构从公共性科研机构和实体向企业性质转变。这样,一方面避免了研究机构的研究成果与生产和市场脱节的问题,另一方面,由于减少了政府过多的行政干预,也使研究机构的管理水平和研发效率得以提高。这一年,政府认识到加强科研机构与产业之间交流和联系的重要性,因此,在改革开放所带来的经济发展的大环境下,中国政府积极制定政策建立研究机构与企业生产间交流的平台。但是,这些想法和政策仍处于起步阶段,有些和研发及技术创新有关的政策仍然没有从根本上得以改变,人们对这次试点改革停留在探索和分析上。这一阶段只能算是改革的试验阶段,还未完全进入实质性阶段。1985年到1995年才是中国科技体制改革的实质性阶段。1985年,中国正式出台并实施了《关于科学技术体制改革的决定》,这一决定详细规划了科技管理和组织机制、研发经费分配、重点项目的组织与管理、科研机构的人事制度等方面的改革。这一阶段解决的主要问题是研发与生产的脱节,针对这一问题,国家采取了相应的政策措施,如制定了公共研发经费的分配机制,通过该机制并根据我国经济和产业发展的重点引导技术研发方向;将与企业生产密切相关的应用性研究机构转型为企业或直接将其并入大型企业,使应用性研究机构的研究成果更有针对性,同时也便于研究机构与企业间的信息反馈和交流;创建技术市场,使之成为便于研究机构与企业、企业与企业间进行技术交流和良性竞争的平台。在这一时期，中国确立了科技以经济和市场为导向的思想，通过将竞争和市场机制引入科技研发和技术创新领域，逐渐明确了中国科技发展的方向。在此期间，国家设立了多项与产业相关的重大科研项目，建立了技术市场，同时公共研发机构的资金来源更多地依赖于非政府性组织或企业，企业成为科技研发的主要资助者，在使研发活动更有针对性的同时也保证了研究成果的数量和质量。1992年，国家颁布了《国家中长期科学技术发展纲领》，进一步明确了科技研发和创新要以服务国民经济为最终目标，在技术创新方面注重对国外先进技术的引进和吸收，加快国民经济各领域的技术改造，以技术创新为导向，通过逐步提高中国的科学技术水平提升综合国力。1995年，中国政府推出了"科教兴国战略"，该战略是在全球知识经济迅速发展，同时中国加入WTO后面临缩小与先进国家技术差距及进行广泛技术交流的大背景下产生的，这也标志着中国的技术创新发展和创新政策改革进入了一个新阶段。在这一年，中央做出了《关于加速科技进步的决定》，这一决定以及随后召开的全国科技大会，进一步表明了中国加快推动科技进步，努力发展技术创新的决心。为了加快实现中国科教兴国的目标，在接下来的10年间，中国的创新政策重点也有了明显的改变；推进中国创新体系的建设，在创新体系的构建过程中，将技术创新主体由科研机构转变为企业，企业作为创新主体可以进一步推进科技产业化，同时提升自身的技术创新水平。这一阶段中国非常重视从OECD国家借鉴先进的创新政策理念，在学习国际先进经验的同时，不断探索和总结出适合中国技术创新发展的创新政策。这一时期是中国技术创新发展和创新政策改革的关键时期，为日后中国科技水平的提高及科技成果产业化的迅速发展奠定了基础，但是同样存在着亟待解决的问题，那就是要在以市场为导向的技术创新活动和国家资助的关乎国家经济、政治利益与安全的大型科技项目间寻求平衡点，这不仅在中国，在许多科技发达国家同样也存在此类问题。2006年，中国召开了国家科学与创新会议并颁布了《国家中长期科学和技术发展规划纲要（2006—2020）》。该纲要体现了我国以技术创新推动经济增长的战略目标，也是为提升中国自主创新能力和维护经济的可持续发展做出的政策性努力。这一时期迫切需要解决的问题是将原先较为零散的技术创新政策加以整合，使之系统化并能够相互协调，而不是"各自为政"甚至是相互阻碍，在注重建立宏观政策体系的同时，注重技术创新政策的微观针对性，这样可以使创新政策更加完善和更具可行性。

从以上创新政策的演化来看，中国创新政策呈现出阶段性特点。第一阶段是 20 世纪 80 年代。在这一时期，中国提出的"科学技术是第一生产力""科技创新"等国家发展的战略方针起到了预期的效果，与科技研发和技术创新相关的创新政策逐年增加，同时技术创新的理念也深入人心，使技术创新在全社会层面上的重视程度得以提升。进入 20 世纪 80 年代以来，虽然中国已经开始了改革开放，但是国民经济中的绝大部分还未完全摆脱计划经济体制的控制，因此，在这一阶段政府成为科技创新政策制定和实施的主要推动者，并且，此时政府将技术发展的重点放在了技术引进和技术改造方面，这和中国当时的经济状况有关。当时的企业多以工业制造业为主，且较为成熟的工业企业中大多存在着设备老化、技术落后、产品更新不足等问题，能够在短期内解决这些问题的方法就是进行设备和技术的改造，而技术引进成为设备改造和技术改造的有效途径。这一时期政府还颁布了《关于对现有企业有重点、有步骤地进行技术改造的决定》以推动企业的技术改造。由于处于计划经济时期，企业的技术改造大多是在政府的推动下完成的，此时，企业无论是生产设备和技术的引进与改造，还是生产计划的制定和实施都是在政府计划下进行的，因此，在这一阶段企业对于自身的技术改造的积极性并不高。加之计划经济体制下中国市场还缺乏竞争性，也导致了企业通过技术创新和改造提高自身竞争力的动力不足。不过，随着改革开放的逐步推进，在技术领域的改革也同时进行着。中国政府在其颁布的《中共中央关于科学技术体制改革的决定》中提出"经济建设必须依靠科学技术，科学技术工作必须面向经济建设"的战略方针。这一方针的主要作用是推动科学技术与经济的更有效结合，使科技研发和技术创新更加有针对性，能够对中国的经济增长起到重要的推动作用。在这一时期，对于我国的技术创新发展具有深远影响作用的技术市场形成了，虽然中国仍处于以公有制为基础的计划经济时期，但是通过颁布《中共中央关于经济体制改革的决定》，允许企业和个人之间进行技术转让，这加速了中国科学技术的扩散和交流，也大大提高了企业和个人的创新积极性。随后颁布的《中华人民共和国技术合同法》为技术的自由转让和交流提供了有力的法律保障。同时，一些对技术创新发展有重要影响的理念逐渐进入人们的视野，如专利制度、风险投资等，这也预示着中国技术创新发展新时期的到来。

第二阶段是20世纪90年代早期。之所以将该时间节点作为划分界限，是因为在这一时期之前中国的技术创新政策虽然每年都有所增加但区别并不明显。而到了20世纪90年代早期，中国创新政策的数量呈明显递增趋势。这一时期是科技体制改革进一步深化的时期，经济体制改革的目标在党的十四大上被确定为建立社会主义市场经济体制，科技体制改革的目标也随之进行了调整，那就是适应社会主义市场经济的发展，同时进一步使科学技术与经济密切融合，从而促进科技进步和技术创新，并推动经济的增长。国家鼓励兴办科技企业，并引导大型企业兼并中小型企业以提升自身的科技水平和科技生产力，一些高新技术创业服务中心等技术创新组织也相继建立。在此时期，国家更加重视科学技术向生产力的转化，采取各种政策措施鼓励和引导理论性技术创新成果向应用性创新产品转化，从而减少了技术创新成果与产业脱节所造成的不利影响。这一时期国家颁布了若干与科技成果转化和推广相关的法律法规，包括《科技进步法》《农业科技成果推广法》《促进科技成果转化法》等，为技术创新和科技成果转化及推广构建了良好的政策制度环境。鼓励企业和科研机构开展技术创新并使之最大限度地得以推广和产业化固然重要，但是与之相关的创新服务体系也是保障创新活动开展和创新成果转化的重要因素，中国在这一时期也逐步重视对创新服务体系的建设，出台了若干促进科学技术成果交流的政策，并鼓励建设高新技术产业园区和孵化基地，这一方面加速了创新成果的转化，另一方面也有利于培养具有创新理念和创新技术的企业和企业家。

第三阶段是1995年到2006年。在这一时期，中国实现经济"软着陆"和遏制通胀的举措使经济得到了较快的发展，但是经济增长主要采取的仍是资源和劳动力消耗较大的粗放型方式，而在以依靠技术创新为主的集约型方式的产业中投入较少。到了 1996 年，国家逐渐意识到依靠粗放型经济是无法实现经济可持续发展的，因此重视由粗放型向集约型的转化，这也就是 1995 年与技术创新相关的创新政策出台较少，而到 1996 年之后创新政策数量猛增的原因。特别是 1999 年，国家出台的创新政策达到了 29 项之多。这一时期技术创新的理念逐渐深入人心，对于技术创新的相关研究也开始进行，1995 年中国出台的《关于加速科学技术进步的决定》，标志着中国技术创新活动和相关领域的研究全面展开；1999 年出台的《关于加强技术创新、发展高科技、实现产业化的决定》更加明确了中国发展技术创新的思路。1998 年，国家开展了创新试点的建设工作，同年还加快了关于技术创新交流和交易的中介服务平台的建设。创新试点为中国发展技术创新和创新经济提供了可靠的研究依据并且有利于中国对于技术创新开展的经验总结，而完善的技术创新交流和交易平台的建立为中国技术创新成果的推广和产业化构建了良好的运作环境。1999 年，国家还加强了对中小企业技术创新的推动和鼓励工作，设立了科技型中小企业技术创新基金。这一时期中国技术创新政策最突出的特点是进一步明确了企业在技术创新中的主体作用，从技术创新的研发到创新产品的生产及市场推广，从对技术创新的投入到分享创新收益及承担创新风险，这些环节的主导者都是企业，而政府的作用是适时地予以调整和引导。在此期间，中国还加强了对企业技术创新机制的建设。另一个突出特点是将科研院所企业化作为中国发展技术创新的工作重点，将科研院所企业化就是让科研院所独立出来，可以自主决定研发方向，这有效解决了科研院所的科研成果与企业生产以及市场需求相脱节的问题。在此基础上，国家还鼓励科研人员创业，并制定政策措施保障科研人员对科研成果的知识产权，并保证科研人员应有的创新利益。1999 年国家在《关于促进科技成果转化的若干规定》中就明确指出：科研机构、高等学校转化科技成果，应当依法对研究开发该项科技成果的科技成果完成人和为成果转化做出重要贡献的其他人员给予奖励。其中，以技术转让方式将科研成果提供给他人实施的，应当从技术转让所取得的净收入中提取不低于 20% 的比例用于一次性奖励；自行实施转化或与他人合作实施转化的，科研机构或高等学校应在项目成功投产后，用3—5年时间，从实施该科技成果的年净收入中提取不低于5%的比例用于奖励，或者参照此比例，给予一次性奖励；采用股份形式的企业实施转化的，也可以用不低于科技成果入股时作价金额20%的股份给予奖励，该持股人依据其所持股份分享收益。在科技开发和成果转让中做出主要贡献的人员，所得奖励份额应不低于奖励总额的50%。这些政策大大激发了创新人员的技术创新热情，进一步提升了中国技术创新研发和成果转化的数量和效率。

第四阶段是从2006年至今。这一阶段技术创新政策工作开展的重点是贯彻和实施国家科技发展的中长期目标，包括通过培养企业的自主创新能力和提升技术创新水平来构建国家创新体系；继续引导和推动以企业为主体的技术创新活动，并建设和完善企业创新体系与创新产业集群；在基础研究项目上取得重大突破和成果。针对以上的战略目标，国务院在2006年相继出台了多项政策措施，比如政府加大对科技研发的公共投入，保障研发绩效和创新技术的引进和吸收，同时在更大范围内实施税收减免政策，鼓励企业的技术创新活动并降低企业的创新风险。进一步改善中国技术创新的基础条件，如进一步健全产权保护制度，制定与国际接轨的技术标准体系，完善政府采购政策并灵活运用政府采购政策对技术创新加以调节，加强科研基地、高新产业园区及科技产业孵化器的推广和建设。重视对中国本土科研人员的培养以及对国际先进人才的引进，改革教育体制，为中国技术创新发展输送更多的优秀人才。

二 俄罗斯创新政策的演进

发展技术创新能够促进经济增长和社会进步已经成为不争的事实，各国越来越重视创新经济的发展，并且将发展创新经济作为国家的战略目标加以实施。俄罗斯是一个传统的资源型国家，虽然拥有雄厚的科技基础和科研人才力量，但是技术创新的整体发展速度不快，技术创新产品在国际市场上所占份额也不大，大概只有6%。在全球大力发展技术创新的大背景下，俄罗斯政府也愈加重视对技术创新的发展，加之对资源型经济的过分依赖所导致的国内经济增长趋缓，更坚定了俄罗斯由资源型经济向创新型经济转变的决心。推动技术创新和发展创新经济，除了具有雄厚的科技基础和科研力量外，良好的创新环境也是必不可少的，而良好的创新环境的建立需要有效的创新政策加以引导、调节和维护。技术创新和政策创新是在发展创新经济过程中不可或缺的两个重要因素，只有对这两方面因素都加以重视，才能真正促进创新经济的发展。

虽然相比于西方发达国家，俄罗斯在创新政策的制定和实施方面起步较晚且还未建立起完善、成熟的政策体系，但其创新政策却涵盖了技术创新的主要领域，具体包括以下几个方面：制定政策措施以推动科研体系创新机制的建立，同时注重科技优先的发展战略；加强对技术创新成果的知识产权保护等相关政策法规的建立和完善；促进技术创新领域风险投资的发展；加大对中小型创新企业的鼓励和引导；采取政策鼓励和推动高校以及科研机构等的创新活动的开展；优化技术创新的发展和投资环境，等等。

在发展创新经济的过程中，建立完善的国家创新体系一直是各国为之努力的目标，俄罗斯在这方面也采取了多种措施。2005年8月，俄罗斯政府颁布了《2010年前俄罗斯联邦发展创新体系政策的基本方向》，它是俄罗斯建立国家创新体系和发展创新经济的一个基础性政策，也是俄罗斯发展创新经济的一个中期规划。它包括三个重要的目标：建立有利于本国创新活动开展的良好的经济和政策环境；完善与创新活动相关的基础设施建设；采取政策措施以推动技术创新成果的产业化和商业化。《2010年前俄罗斯联邦发展创新体系政策的基本方向》也初步确定了实现以上三个目标所采取的措施和国家的支持鼓励性政策，并明确了俄罗斯发展创新经济的总体方向，那就是到2010年前，使技术创新产业成为推动俄罗斯经济增长的重要支柱性产业，并使技术创新产值成为俄罗斯GDP的重要组成部分。此外，在充分利用知识产权保护政策的基础上推动技术创新成果向产业化和商业化高效转化，并且随着各项政策措施的逐步完善以及良好创新环境的逐步建立，大幅度降低技术创新风险，从而鼓励和推动技术创新活动的开展，并由此发展创新经济以推动整个国民经济的增长和人民生活水平的提高，以保证社会稳定和国家安全。

在具体的创新政策方面，第一，俄罗斯采取了多项措施加强科研体系的创新机制建设。在苏联解体之后，为了在原有雄厚科研基础条件下进一步推动本国科学研究和技术创新的发展，俄罗斯开始了对科研体系的体制和机制改革，但是效果不甚理想。普京自其第二个总统任期以来，就一直致力于对俄罗斯科研体系的机制改革，改革的目标是进一步完善俄罗斯的科研体系，并使其向建立具有创新机制的科研体系的目标发展。2005年，俄罗斯科研体系的创新机制改革正式实施。对于俄罗斯来说，进行科研体系的机制改革是十分必要的，虽然俄罗斯具有雄厚的科研基础，但是同时也存在着许多不利于技术创新活动开展的问题。首先，俄罗斯科研队伍庞大，2012年俄罗斯国家统计年鉴显示，2011年，俄罗斯科研从业人员达到73.5万人，其中在政府科研机构工作的人员有25.5万人，在企业从事科研工作的人员有42万人。面对如此庞大的科研体系，俄罗斯却没有明确的政策、法律对其加以管理和组织，导致科研队伍人浮于事、人才过剩或者是人员集中性差，这造成科研投入的增加和不必要的浪费。同时，由于科研投入不足和分配不合理，导致许多重点科研项目的研发活动无法优先进行，科研资金也无法得到保障，这直接影响了科研活动效率和技术创新成果的水平。此外，对技术创新成果的定位和评审标准的缺乏也一直是俄罗斯科研体系中需要解决的问题。因此，面对这种情况，俄罗斯对一些效率较低的科研机构进行了合并、转型甚至是关停，对庞大且无序的科研队伍的组织和管理进行精简和优化。有些科研机构尤其是国有的科研机构工作效率低下主要是由于预算软约束和管理行政化造成的，因此俄罗斯加强了对这类机构的私有化或股份制改革，在缩减该类机构数量的同时实施多种所有制形式的改革。在科研资金方面，从"预算管理"向"成果管理"转变，制定专项资金使用方法，合理安排投入资金的分配比例，这样有利于加强科研活动和科研人员的资金保障，从而提高科研工作效率。在此基础上还要进一步加大对科学研究的资金投入；在对技术成果的管理方面，建立对技术创新成果的检测、评审和控制体系，对重点科研项目制定专项计划、专项指标和专项任务。总之，其目标是建立全方位的科研项目管理体系，并最终建立一个创新性的科研机制。

第二，俄罗斯在其创新经济发展规划中明确了重点发展的科技创新领域。2002年，在由俄罗斯总统普京主持并由国家安全委员会、国务委员会主席团和总统科技政策委员会参加的联合会议上，俄罗斯政府通过了《2010年前和未来俄罗斯科技发展基本政策》。该基本政策是俄罗斯进入21世纪以后所颁布实施的最重要的创新政策，它明确了21世纪俄罗斯重点发展的创新技术，并且这些技术领域是各国都在大力推动创新且具有前瞻性意义的高科技领域。这些领域包括信息技术、航空、航天技术、新材料技术、生命科学技术、化学工艺与制造技术、武器和军用技术、生态和资源利用技术，等等。这些领域都是未来俄罗斯重点发展的科技创新领域，且该基本政策还对不同领域分别制定了重点发展的技术清单。俄罗斯学者认为，创新要想取得预期的结果，需要具备两个必不可少的因素：一个是要有雄厚的科学基础，在该基础上进行技术的改进、突破，这样创新才是"有源之水"；另一个是要在自身擅长的领域进行技术创新。只有两个因素同时作用，才能真正实现自主创新。俄罗斯政府在《2010年前和未来俄罗斯科技发展基本政策》中对未来本国技术创新发展所设定的重点和优先领域就是在以上两个因素的基础上进行的，这充分发挥了俄罗斯科学技术的长处。为了加强和巩固这些重点发展技术的优先地位，俄罗斯又颁布了若干相关政策，如《2006—2015年航天发展计划》《发展信息通信技术的国家基础设施》专项计划、《俄罗斯信息技术园建设纲要》、"俄罗斯关于2001—2006年发展电子技术"的联邦目录纲要的草案、《2002—2010年电子俄罗斯》专项计划、《2006—2015年俄罗斯生物技术发展计划》，等等。此外，俄罗斯还制定了如俄罗斯航空工业发展战略、汽车工业发展战略、新材料发展战略等更加详细的技术领域或部门发展规划。这些政策的推出，进一步加强和巩固了要优先发展的技术领域在俄罗斯创新经济中的地位，并为这些技术能够顺利实现优先发展和进行创新提供了良好的政策支持。

第三，重视利用知识产权的相关法律和政策加强对技术创新成果的保护。知识产权保护政策是维护创新成果持有人或发明专利所有人应有权利的有力保障，在保证创新主体利益的同时还有利于技术创新成果的应用。在苏联时期，在知识产权保护方面做得不够，一切的发明和创新成果都归国家所有，发明和创新成果是一种属于国家或集体的公有财富，国家和集体是对这些发明专利拥有所有权的唯一法人，创新主体除了象征性地得到"发明证书"以外，无法获得任何利益，创新主体无论是在物质上还是在精神上都享受不到应有的权利。这种情况严重影响了创新主体的创新热情，挫败了科研人员的创新积极性，不利于技术创新的开展和创新成果的形成。除此之外，由于创新成果归国家和集体所有，导致在创新成果的应用方面缺乏有效竞争，从而使创新成果的应用和推广效率低下，应用和推广周期很长。有关资料显示，美国的创新成果从申请专利到第一次实际应用大概需要一年的时间，而在苏联却需要四年。在苏联解体后的几年里，这种情况并没有得到明显的改善，这严重影响了俄罗斯技术创新活动的开展和创新经济的发展。自俄罗斯进入经济和社会转型时期以来，俄罗斯政府对创新成果的知识产权保护问题逐渐重视，相继出台了一些知识产权保护领域的法律、法规和政策。从1992年到2003年这一时期，是俄罗斯政府出台知识产权保护相关法规政策最频繁的时期，政府出台了一系列的法规、政策和条例，这一系列法规、政策和条例除了保障创新主体的权利之外，还协调了创新成果从申请、登记到保护等各个关节的相互关系，有利于技术创新活动的顺利开展。在这些法规、政策和条例中，影响比较大的如2003年2月颁布的《专利法》。《专利法》明确规定，按照国家合同执行的技术创新项目，创新成果的专利权属国家所有，创新主体或发明人可以在规定的时间内对创新成果申请专利，以及创新成果相关的数据、模型、样品等都受到法律的保护；对于研发经费属于其他资助形式的科研项目和创新成果，政府是无权对其进行调整的，专利权归属创新主体或发明人。在这部《专利法》中，还明确了创新成果或专利权所得收益的分配方法，分配方法大致分为两种：一种是由科研经费资助方确定收益的分配比例；另一种是事先确定好一个分配比例，届时根据实际情况并参照该比例对创新或专利收益进行分配。俄罗斯政府颁布的这些保护知识产权的法律、法规和政策，保护了创新主体或发明人的合法权利和利益，明确了创新和专利收益的分配方式和方法，有利于调动创新主体的创新积极性，同时还有利于技术创新成果的产业化和商业化，对推动技术创新的发展有着重要的作用。

第四，鼓励创新领域风险投资业的发展。早在1994年，俄罗斯的风险投资业就有了一定的规模，在俄罗斯国内相继建立起40余家风险基金会，由其掌控的风险投资基金达到了30多亿美元。但是，其中用于高科技领域的风险投资基金的比例却很小，大概只有5%左右，在发达国家这一比例一般不会低于30%。由此可以看出，俄罗斯在风险投资方面虽然起步较早，但对于技术领域的风险投资还相当的欠缺和不成熟。造成这种局面的原因主要还是俄罗斯在技术创新领域的风险投资体系不完善、机制不健全，投资方和接受投资方对风险投资的机制不了解，从而降低了对风险投资这一政策调整工具的使用效率。因此，为了转变这种局面，俄罗斯政府决定通过制定政策法规主动引导和鼓励技术创新领域风险投资的发展。1999年，俄罗斯政府颁布了《2000—2005年俄罗斯科技风险投资发展基本方针》，该基本方针提出要通过三个步骤实现在技术创新领域风险投资体系的建设。第一步是在2000年，政府要明确自身在技术创新领域风险投资体系建设中所扮演的角色，那就是对风险投资活动进行有序的引导和协调以完善风险投资市场，同时制定多种政策来为技术创新领域风险投资体系的建设和风险投资市场的完善提供良好的政策环境，从而进一步推动风险投资的健康发展。与此同时，还要着手进行风险投资特别是熟悉技术创新领域风险投资的投资人的培养和人才队伍建设，为完善风险投资体系奠定基础。第二步是在2000—2003年，实现对技术创新领域风险投资业的有效组织和管理，比如建立地方性的技术创新风险基金会对政府以及非官方的技术创新领域的风险投资资金进行管理，并对与风险投资相关的事务进行组织和协调。除此之外，也可以指定一些法律法规来对风险投资活动进行管理使之更加规范化。同时鼓励民间资本参与到技术创新领域的风险投资活动中来，这有利于风险投资体制在民间的普及和发展。第三步是在2004—2005年基本建成技术创新领域的风险投资体系，并实现风险投资企业的证券在市场上的公开发售，从而拓宽技术创新领域风险投资活动的参与范围。2005年10月，俄罗斯政府宣布建立技术创新投资基金和经济发展投资基金，并且在基金的管理方面减少行政干预，实施资本化运营模式，使投资基金从来源到使用都更加透明和规范。除此之外，俄罗斯政府颁布的各项相关政策还明确了政府应在技术创新基础设施方面承担主要任务，从而为技术创新领域的风险投资活动的开展提供了良好的环境。政府对技术创新基础设施的建设主要包括高新技术园区的建立，创新技术的应用和推广，为技术创新产品提供专门的交易市场或商业中心，通过立法的形式规定技术成果的转让方式等。这些措施不仅推动了技术创新活动的有序开展，还规范了技术创新成果的转让和交易活动，从而为技术创新领域风险投资的顺利开展创造了条件。

第五，加强对中小企业创新活动的鼓励、引导和管理。鼓励和推动中小企业的技术创新一直是创新政策中的重要组成部分，因为市场尤其是创新产品市场具有多样性和多变性的特点，这就需要创新主体具有一定的灵活性来与之相适应，而中小型企业是较具活力和灵活性的创新主体，创新产品市场为它们提供了可以发挥自身特点的空间。但是，从事技术创新活动的中小型企业也有自身薄弱的地方，比如科研基础和资金基础薄弱，抗风险能力差，科研和创新信息交流不顺畅，技术创新成果的市场化和商业化推广能力弱，等等。这就需要政府采取政策对其加以扶持、鼓励、引导和管理。首先，面对中小型创新企业融资困难的情况，政府应成为中小型企业的主要资金来源，保障中小型企业的创新和科研资金。除此之外，政府还要指导中小型创新企业对已有资源的分配问题，中小型创新企业数量庞大，政府不可能对其资源分配问题进行面面俱到的管理和指导，只能从宏观上进行管理和组织。比如政府负责基础设施建设，引导中小型创新企业对科研和创新项目的选择，制定对创新活动的投资规划，同时建立相关部门对以上活动加以管理和调整，并对中小型企业的创新活动进行评价和监督，这些都是政府在推动和促进中小企业技术创新过程中应承担的主要任务。

第六，推动科研院所和高等院校创新活动的开展以及技术创新中心的建立。虽然企业是技术创新的主体，但科研院所也是技术创新活动的重要参与者，面对国际上技术竞争日益激烈的局面，俄罗斯也逐渐重视对科研院所进行调整和机制完善，使之成为推动俄罗斯技术创新活动的重要力量。对于科研院所的机构调整和机制完善，俄罗斯政府希望实现三个主要目标：首先，在科研院所内部注重提高科研人员的创新积极性，构造良好的创新环境，并且建立高效、合理的管理和组织机制，从而使科研院所自身形成具备适应技术创新发展趋势并且有利于本国创新经济发展的内部机制。其次，科研院所应选择优先发展的技术创新方向并确定重点科研项目，这些选择要具有针对性，这其中包括项目的选择要适应市场需求，项目在科研和产业化方面的延续性要强，不但能够使创新成果的技术水平进一步改造和升级，还可以不断增加创新产品的科技含量，同时可以在同行业中或同类产品中保持技术的领先水平。最后，要协调好国家重点研发项目与科研院所自身研究方向的关系，以及科研院所中知识产权的确立与信息数据建设之间的关系。与此同时，在处理好这些关系的基础上做好对科研人员的激励机制的制定，保证技术创新成果与创新产品市场化及商业化的理念相协调。这些工作需要科研院所设立专门的机构或部门来进行，并对以上的活动进行管理、组织和指导。除了完善基础设施建设和指导工作之外，这些专门机构或部门还应承担组织、管理和实施创新规划的任务，这其中最重要的是利用转让的方式尽快实现创新成果的商业化。这就需要挑选具有商业前景的创新产品，并且在产品生产过程中对其生产流程、质量、技术含量等加以调整和监督，确保把技术含量高且拥有较高商业价值的产品推向市场，并且逐步扩大创新产品市场，增加市场占有率，从而进入一个从研发、生产到市场流动的良性循环。这其中拥有技术转让和商品化推广专业知识和技能的人才是不可缺少的，因此政府还应通过政策来鼓励和推动该类专业型人才的培养和培训，由专门机构或科研院所建立的创新中心来对具体培训工作进行规划，对人员进行考核和管理。这些专门的创新中心在遵照国家颁布的各项法律、政策的前提下，对创新成果产业化和商业化的前景进行评估，对技术转让、产权保护等进行相应的调整。目前，俄罗斯正对国内各科研院所的所有制情况进行登记和整理，目的是推动国内科研院所的私有化改革，这对俄罗斯技术创新和创新经济的发展将会起到重要的影响作用。俄罗斯高等院校已不是单一功能的组织，而是集教育、科研、创新于一体的综合体，目的是使高校培养的人才能够适应技术创新发展的趋势，培养创新型人才，因此高等院校的主要任务除了传统的教学以外，还要承担科研、技术创新和成果推广等任务，这些与技术创新从知识积累到研发，再到成果商业化推广这一过程密切相关，因此也是俄罗斯政府重点关注的改革领域。目前俄罗斯正在努力推动高等院校技术创新中心的建立和普及。在高等院校建立技术创新中心的优势主要是能够充分利用各高校的内部和外部资源，在符合政策的前提下迅速使技术创新成果实现产业化和商业化。比如，在高等院校内部可以充分利用人才资源，从本科生、硕士到博士，人才队伍的结构比较合理，因此更有利于技术创新活动的开展和技术创新效率的提高，同时高等院校的环境较为单纯，在创新技术转让、知识产权界定、产权或成果交易等过程中所出现的矛盾或问题在高校中比较容易解决，从而避免由于协调不顺畅导致更加严重的问题出现，以免影响技术创新以及成果产业化、商业化等相关活动的开展。从外部资源来说，政府对高等院校的建设和发展都非常重视，会提供相对更多或更专业的资源，这也是在高等院校建立技术创新中心并开展各项创新活动的一个重要优势。在高等院校中建立技术创新中心不仅对技术创新的发展有着重要的推动作用，对于高校自身也有着巨大的益处。比如，在高校中开展创新活动，会为高校营造一个鼓励创新的良好环境，同时由于对技术创新成果产业化和商业化的要求，会使高校教学与实践结合得更加紧密，高校还可以有针对性地培养善于进行技术创新的技术人才或者善于对创新成果搞产业化或商业化推广的专业人才，在充分利用教学资源的同时，还可以大大提高就业率，也有利于增加技术创新成果的数量和质量。目前，在高等院校建立技术创新中心的难点问题仍然是如何解决高校的教学和科研活动从一般性研究向技术创新和成果推广的转化问题，因此俄罗斯在指导这些政策和规划实施的同时，仍要考虑如何集中资源，如何选择高新技术方向，如何进行市场定位等问题。2006年，俄罗斯核技术领域的20多家相关机构签署了协议，目的是组建俄罗斯核能创新大学。建立该大学的目的就是要体现俄罗斯政府在高等院校建立技术创新中心，充分发挥高等院校科技中心作用的政策。俄罗斯核能创新大学的建立，目的是培养核能技术领域的专业人才，并且以该大学为平台，整合教学、科研、创新等各方面的资源，从而为俄罗斯建立具有现代化水平的核能技术研发和应用体系发挥重要的作用，并协助俄罗斯原子能署完成俄罗斯政府在核能技术领域研发和应用的相关工作。俄罗斯核能创新大学的建立，除了对俄罗斯核能技术的发展和核能技术创新体系的建立具有重要的作用外，还对高校本身有着重要影响，它有利于保障在核技术领域的教学和培养质量，并且教学内容和计划紧贴俄罗斯核技术的应用和远景规划，无论是对该领域人才的就业、人才队伍的建设，还是对人才潜力的挖掘和技术水平的持续提高都起到了积极的作用。

第七，努力优化俄罗斯的创新环境。俄罗斯在 2005 年颁布了《经济特区法》，其中除了规划建立和发展工业生产领域的经济特区之外，还重点提出了对技术研发领域经济特区的建设，相对于其他地区，经济特区内有更加完善的技术创新基础设施，更加优惠的税收政策和更加高效的行政政策，从而吸引具有潜力的高新技术项目落户并进行持续性研发，这不但提升了俄罗斯本国的技术创新水平，增强了产品的国际竞争力，也有利于俄罗斯经济结构的调整和创新经济的发展。

三　小结

通过以上对于中国和俄罗斯在创新政策方面的分析，可以看出中国与俄罗斯的创新政策具有各自的特点以及不同的演进过程和趋势，也同样存在着许多亟待解决的问题。在创新政策的演进方面，起初无论是中国还是俄罗斯都是将创新政策的制定和实施具体针对创新体系中的某个方面，如制定鼓励和推动科学研发的政策，促进人才培养的政策，保障创新权益、降低创新风险的政策等。这些具体制度政策的制定和实施确实为中国和俄罗斯技术创新和创新经济的发展起到了有力的推动作用，但是，创新并不是单个因素的简单组合，它需要整个创新体系中各因素的相互协调、相互促进。而分散进行、缺乏协调性的创新政策在初期会起到一定的效果，但随着技术创新和创新经济的进一步发展，这样的政策制定方法和方式就会逐渐暴露出其弱点。中国和俄罗斯政府也逐渐认识到这个问题的存在，于是在接下来的政策制定方面，应更加注重各项创新政策之间的协调性，更加注重对整个创新环境的改善以推动整个创新体系的健康发展。这主要表现在两国政府都不再只针对某项政策法规，而是注重建立政策法律体系从而提升各创新政策间的协调性和系统性。此外，为了改善创新环境，还制定实施了诸如政府购买政策、税收优惠政策、高新技术扶植政策、创新成果的产业化及商业化政策、创新产品的出口促进政策、技术转移和扩散的相关促进政策，等等。这些都使创新政策的效果得以大幅度提升，改善了创新的大环境，使技术创新和创新经济能够得到系统性的协调发展。在创新政策的制定对象方面，两国都从注重理论研发向注重实际应用转变，从最初注重理论成果研究领域的创新政策的制定转向创新成果的产业化、商业化等相关领域的推动、扶植政策的制定。同时也更加重视在创新产品市场机制的调节下创新技术的转移和扩散。两国的企业作为创新主体在技术创新中所发挥的作用越来越大，这与两国政府注重制定鼓励企业的创新活动以及扶植创新企业发展的相关政策的关系密切。在这些创新政策的推动下，两国企业在技术创新活动中日趋活跃，这不仅表现在国有企业的技术创新中，同样也表现在私有企业中，这也是两国政府创新政策扶持对象的重心向私有企业倾斜的结果。

中国和俄罗斯在某些创新政策方面有着类似的演进趋势，都是向着更加合理化、更加有利于技术创新和创新经济发展的方向演进，这也是两国政府对于技术创新日益重视的表现。但两国在创新政策的制定和实施方面也有着各自亟待解决的问题。政府财政对于技术创新领域的研发资金投入的分配比例还缺乏合理性，在政府对于技术创新的研发投入中，有超过90%的部分用于基础性学科或军事领域的研发工作，而剩下的不到10%的比例才用于作为创新主体企业的技术创新研发，然而这部分也大多贡献给了国有大中型企业，用于私有企业的研发资金投入只占很小的一部分。可是，作为技术创新的主体，企业尤其是私有企业的技术创新活动是十分活跃的，是推动技术创新发展的不可或缺的部分。因此，政府应加大对这一部分企业的资金投入。目前，中国政府已经认识到这个问题并开始制定政策措施来解决该问题，使研发资金的投入分配更加合理。俄罗斯在这方面的问题更严重些，由于俄罗斯在某些基础性科学以及军事领域的传统优势，它不能在短时期内减少对这方面的资金投入甚至还有增加的可能，因此，企业尤其是私有企业技术创新缺乏资金支持的问题依然严重，并且需要较长时间才能解决。中国和俄罗斯发展创新技术的模式仍然是通过技术的转移和购买并在此基础上进行再创新，在这种模式下发展起来的创新技术只能是跟随技术而非领先技术，因此中国和俄罗斯在前沿性技术领域还是相对缺乏的。两国政府应制定和实施相应的创新制度政策来推动本国前沿性技术的研发和扩散。缺乏前沿性技术，究其根源，还是在引进、跟随与自主创新之间的取舍和选择问题。当然，相对于从国外直接引进或购买，自主创新要承担更大的风险，同时需要更多的资金投入。但是一味地依赖从国外引进和购买技术与管理经验会造成本国产品缺少竞争力，并且很容易受到先进技术拥有国的操纵和影响，缺乏经济和贸易自主性。此外，依赖引进和购买，在阻碍自主创新的同时还会进入引进、落后，再引进、再落后的恶性循环中。拿中国为例。目前中国是苹果手机的重要组装国，而在苹果手机的利润分配中所占比例极低。美国学者发布的一份名为《捕捉苹果全球供应网络利润》的报告显示，2010年苹果公司每卖出一部苹果手机，就可以独占其中58.5%的利润，而中国仅占到可怜的1.8%。这说明，"中国制造"处于全球产业价值链的低端，付出的劳动力和资源成本与所获利润极其失衡，根本原因就是缺乏前沿性技术。自主创新是保持本国产品国际竞争力的重要因素，是推动经济增长和提升本国技术水平的重要保障，缺乏自主创新已经成为中国经济发展中的"瓶颈"。中国政府已经开始了对于促进和鼓励自主创新的相关政策的制定和实施工作，但是仍然要在增加资金投入和优惠等政策措施方面加大力度。俄罗斯同样存在着这样的问题，甚至更加严重，目前，俄罗斯至少有一半的创新产品依靠的是模仿和引进，这就造成企业支出的大部分用于技术和设备的购买，而非进行自主创新研发活动。因此，两国都应进一步加大对自主创新的重视程度，出台创新政策来鼓励和支持企业的自主创新，从而推动前沿性技术的研发。此外，两国对技术研发方面的投入与产出不成比例。与其他发展中的新兴经济体相比，中国与俄罗斯在技术研发方面的资金投入是较大的，但是技术产品在市场上的占有率和贸易额却不高，技术创新绩效较低。造成这种局面的根本原因主要是科技研发与实际应用相脱节，创新产品的产业化、商业化应用效率低下。这是中国和俄罗斯两国技术创新领域都存在的问题，它严重阻碍了技术创新为经济增长和居民生活服务目标的达成，是技术创新效率低下的主要原因之一。中国政府针对这一问题提出了产、学、研相结合的技术创新发展理念，采取政策措施在研发机构与企业以及市场间建立一个相互协调的平台，避免理论研发与生产和市场脱节的情况发生。此外，大力推动科技园区的建设也是中国政府在解决这个问题方面所做出的努力。俄罗斯在该方面凸显出的问题更加严重，并且所采取的针对性的创新政策效果不理想，这可以从以下的数据对比中反映出来：在2000年主要国家高技术产品出口额占制成品出口额的比重这一数据中，美国、日本、中国和俄罗斯分别为33.8%、28.7%、18.9%和16.1%，而到了2010年这几个国家这一数据依次为20%、18%、27.5%和8.9%。可以看出，通过制定和实施相应的创新制度政策，中国在高技术产品出口额占总出口额上的比例，从与美国、日本等发达国家具有较大差距到最终超越。而俄罗斯不但没有把这个差距缩小，反而使这一比例逐年下降，2010年只有2000年的约一半。这说明俄罗斯在解决理论研发与市场脱节的问题上所采取的创新政策效果欠佳，需要结合自身国情，借鉴中国等发展中国家的经验进一步研究制定能够推动理论研究和创新产品产业化、商业化良好衔接的创新政策。

第二节 中国和俄罗斯在创新政策推进方法方面的比较

一 中国对于创新政策的推进方法

相对于其他发展中国家和新兴经济体，中国在创新政策方面起步相对较早，制定和实施了很多有利于技术创新发展的创新政策。虽然，这些创新政策对于中国技术创新活动的开展和创新经济的发展起到了重要的推动和引导作用，但是依然存在着诸如缺乏整体性、协调性和前瞻性的问题。与发达国家相比，中国的创新政策无论是在政策制定还是实施上都处于较低的水平，缺乏多样性和灵活性，导致创新政策效果与发达国家相比不甚理想。就中国目前创新政策的情况而言,主要存在两个问题:一个是创新政策推进方法种类较少,并且综合运用能力较差;另一个是创新政策推进方法的实施力度和监督措施不完备,导致创新政策推进方法的作用效果不明显。就创新政策推进方法而言,中国使用的主要是政府资金投入、税收优惠、政府购买、风险投资、中小企业优惠等创新推进方法。

政府资金投入是目前国际上主要的也是主流的创新政策推进方法,它通过政府将预算的一部分用于支持和推动技术创新开展的资金投入,来推动技术创新活动的开展和相关政策的运行。中国政府也非常重视在这方面的投入力度。前面已经提到,中国的创新政策分四个阶段逐渐进行了改进和完善,对于中国技术创新和创新经济的发展所起到的作用逐渐增强,针对性和绩效也逐渐提高,可以说,中国在创新政策制定和实施上有了长足的进步。但相对于发达国家,中国对于研发和技术创新领域的资金投入比例较小,并且资金分配方法仍缺乏合理性。研究与开发经费支出即 R&D 支出是推动一国技术创新和创新经济发展的重要动力,而政府资助和政府投入在 R&D 支出中起着重要的作用。随着中国经济发展和综合国力的增强,政府在这方面的投入也逐年增加。R&D 经费支出占国内生产总值的比重是衡量政府对技术创新投入和重视程度的一个重要指标,在 2002 年前,中国的这一指标不足 0.5%,处于相当低的水平,低于发展中国家 1% 的平均水平,只占到发达国家平均水平的 1/5。对于依靠技术创新崛起的新兴国家如日本,它的这一指标在 20 世纪 50 年代末就已达到了 0.63%,而另一个典型国家韩国在 70 年代末也达到了 0.6%。由此可见,中国政府在这一方面的投入还是远远不够的。在 20 世纪中期,各国的这项指标都增长迅速,而中国的这项指标却止步不前,甚至时有下降的情况发生。如 1984 年为 0.79%,1988—1992 年这一指标一直徘徊在 0.65% 左右,1993 年下滑到 0.57%,1994 年下降至 0.47%,后来缓慢回升,到 1997 年升至 0.49%。[①] 从 1996 年开始,中国政府对于技术创新和创新经济的发展逐步重视,在 R&D 经费方面的投入逐年增加,R&D 经费支出占国内生产总值的比重呈逐年递

---

① 彭纪生:《中国技术协同创新研究》,中国经济出版社 2000 年版,第 95 页。

增的趋势。从 1996 年到 2002 年这六年间，中国 R&D 经费支出的增速处于世界前列。R&D 经费支出占国内生产总值的比重见表 5.1 所示。从表 5.1 中可以看出，从 2007 年开始，中国 R&D 经费支出占国内生产总值的比重呈快速增加的态势。

表 5.1 我国 R&D 经费支出占国内生产总值的比重（1996—2011） （%）

年份	1996	1997	1998	1999	2000	2001	2002	2003	2004	2005	2006	2007	2008	2009	2010	2011
R&D 经费支出占 GDP 比重	0.60	0.68	0.70	0.83	1.00	1.09	1.23	1.13	1.23	1.32	1.39	1.40	1.47	1.70	1.76	1.84

从各国技术创新和创新经济发展情况来看，政府投入一直在 R&D 经费支出中占有重要比例，这一比例在美、英、德等发达国家保持在 30%—40%，而在印度、土耳其等发展中国家则超过了 70%。可见，在经济越不发达的国家，政府投入在 R&D 经费支出中所占的比例越大，所起的作用也越重要。中国在发展创新经济初期，由于处于经济转型的初期阶段，经济发展水平不高，政府投入在技术创新发展中担负着主要的责任。随着中国经济实力的逐步增强，这一比例逐渐下降，但是，对于中国仍处于经济转型初期的现实而言，政府投入对于创新经济的发展以及作为一种重要的创新政策推进方法，其作用都是十分关键的。

就目前中国 R&D 经费支出的组成情况来看，占最大比例的仍然是试验发展研究经费，基础研究和应用研究经费所占比例较小，尤其是基础研究。从中国统计年鉴的数据来看，虽然政府逐年增加对基础研究经费的投入力度，但是从其在 R&D 经费支出中所占比例可以看出，投入仍然不足。中国的基础性研究主要集中在高等院校和科研院所，近几年来，中央及各级地方财政加大了对高等院校及科研院所的科研经费投入，但是，由于作为技术创新和创新主体的企业科研能力尤其是基础性科研能力还较低，对基础性研究和应用研究的经费投入占总投入的比例仍然较小，且就中国目前技术创新的发展现状来看，要想在短时期内大幅度增加该比重还存在较大困难。除了 R&D 经费组成结构不合理之外，中国 R&D 经费的执行结构也缺乏合理性。作为技术创新的活动主体，中国企业大都把注意力集中在技术创新的下游环节，比如技术引进或技术的改造升级，且在这方面进行了较大的资金投入，但对于技术创新发展和提高自身自主创新能力起着至关重要作用的上游环节，如新技术的开发和新产品的设计、开发等的重视程度不够，资金投入较少。因此，针对中国目前 R&D 经费支出情况，应进一步利用好政府资助这一创新政策，继续加大对 R&D 经费支出中薄弱环节的投入力度，从而使 R&D 的组成结构进一步合理化。

税收优惠政策是另一项创新政策执行和推进的重要方法之一。为了促进中国技术创新和创新经济的发展，中国政府在近几年里实施了一系列针对企业的税收优惠政策。1996 年，中国财政部和国家税务总局联合发布了《关于促进企业技术进步的有关财务税收问题的通知》，进一步明确了利用税收激励政策推动企业开展技术创新和创新活动的规定。如企业的研发费用可以不受比例限制，计入管理费；研发费用年增长率超过 10% 的企业可以享受按实际发生额的 50% 来抵扣应税所得额；创新企业的中试设备的折旧年限在国家规定的基础上可以加速 30%—50%，等等。1998 年，在原有税收优惠政策的基础上，中国科技部会同财政部和国家税务总局共同制定了国家级的新产品调控管理规定，如对当年技术开发费用超过上一年 10% 以上的企业，按开发费用实际发生额的 15% 扣除所得税税金，仪器设备计入成本的限额从 5 万元提高到 10 万元。[①]

虽然中国政府采取了多项旨在推动企业技术创新活动开展的税收优惠政策，但是在税收优惠政策的制定和实施方面也存在很多问题。比如在政策的制定方面缺乏系统性、导向性和前瞻性，各具体政策之间协调性和同步性较差，甚至还会出现互相阻碍的现象；同时，导向性和前瞻性的缺乏使税收优惠政策缺乏延续性，进而降低了政策实施的效果和效率。此外，在政策的制定过程中注重结果而轻视过程也会

[①] 冯之浚主编：《国家创新系统的理论与政策》，经济科学出版社 1999 年版，第 165—166 页。

导致该项创新政策在实施过程中难以发挥预期作用。中国政府在制定和实施针对企业的税收优惠政策中出现的具体问题主要存在于增值税、企业所得税和个人所得税方面。在增值税政策方面，增值税转型以后新政策允许企业抵扣购买固定资产的进项税额，这缓解了企业的资金压力，降低了企业的运行成本，为企业的创新发展提供了强有力的动力，但是该项政策在针对创新企业时可操作性不足。随着企业在技术创新过程中的技术引进、技术改造、自主创新等活动的不断开展，企业运行成本的结构也发生了显著的变化，像研发费用、技术购买和转让费用、技术咨询费用等无形资产的花费在企业运行成本中所占的比例越来越大，而购买材料等传统的直接成本所占比例却逐渐缩小，而占比例较大的无形资产的购买所产生的间接成本目前还不属于增值税优惠政策的抵扣范围，从而导致创新企业在该优惠政策下的获益不明显，税收负担仍然较重。加之由于创新产品自身新颖、科技含量高等特点，需要大量的前期推广和宣传费用，这些费用也不包括在增值税优惠政策的抵扣范围内。因此，中国现行的增值税优惠政策在推动企业从技术引进、研发到产品推广的整个环节中所起的作用并不显著，需要政府结合企业目前创新活动的特点制定出有针对性的税收优惠政策。在企业所得税优惠方面，中国目前采取的优惠政策过于注重技术创新的结果，而忽视了技术创新过程。企业所得税大都倾向于能够获取创新收益的科研和技术创新成果，但是众所周知，技术创新是一个复杂的过程，在获得最终的创新成果之前，需要经历技术引进、改造、升级等多个环节，这些环节对于企业最后技术创新能否成功起着至关重要的作用。但中国现行的企业所得税的优惠政策针对这些方面的具体措施还较少，且针对性较差，这在某种程度上无法满足对企业技术创新活动尤其是周期较长、科技含量较高的技术创新活动的激励要求。中国企业所得税优惠政策的调节方式还比较单一，主要是税率优惠和税额定期减免两种方式。而在国外，除了以上两种税收调节方式外，加速折旧、投资抵免和技术开发基金也是普遍使用的企业所得税调节方式。在中国，以上几种方式还未实施或实施范围较窄，限制较多。比如，中国现行的企业所得税优惠政策规定企业可以申请加速折旧，但是该政策并非针对技术创新和技术进步方面的设备。因此，这种政策对于处于创新初期还未取得利润或利润较少企业的激励效果并不明显。此外，中国实施的企业所得税优惠政策对于创新企业的具体困难考虑得并不周到。比如，对于那些从事技术含量较高、创新周期较长的创新活动的企业来说，研发和投产之初的利润较少，对于该类企业采取的投产年度开始两年内免征所得税的优惠措施的作用效果较差。因此，中国目前实施的企业所得税优惠政策与推动企业技术创新的目标是不相协调甚至是相悖的。在个人所得税方面，一方面对于高水平的技术创新人员及高技术的科研人员的个人所得税的优惠政策并没有落实到位，比如，对于技术创新人员的创造发明、技术入股、股票期权等个人所得，中国现行的个人所得税优惠政策并没有做出明确的规定，缺乏相应的优惠条款；另一方面，对于普通公民的创新发明所得收益，也没有明确的相应的税收优惠政策。这种现状不仅不利于调动创新技术人才的创新积极性，同时也不利于在整个社会中建立积极创新的意识和环境，对于中国全面发展以技术创新为主导的创新经济是毫无益处的。

政府采购政策是国家推动企业技术创新尤其是激励企业自主创新的重要政策之一。中国政府为了鼓励企业开展自主创新活动也相继颁布和实施了相关的政府采购优惠政策。虽然中国国务院早在1998年就下发了《国务院办公厅关于印发财政部职能配置内设机构和人员编制规定的通知》，并在其中明确了政府采购政策应作为财政部的主要职责之一，但是由于中国政府在颁布和实施政府采购相关的创新政策时缺乏系统性和制度性，使该创新政策推进方法的效果不甚显著。众所周知，政府采购政策作为一种直接性的创新政策推进方法，主要的目的是引导和鼓励本国的技术创新活动，同时为创新企业和创新产品创造市场，并且实施政府购买政策还可以对本国的创新产品起到一定的保护作用。不过，就目前情况来看，以上这些作用在中国技术创新体系中并没有明显表现出来。这主要是由于政策操作欠缺规范性所引起的。中国的政府采购政策的实施和操作经历了从试点到铺开的过程。在试点过程中，由于缺乏统一的操作规范，各试点城市和地区各自为政，降低了政策实施的效率。同时，现行的一些行政管理制度和财会制度与政府采购政策缺乏协调性，比如通过政府采购政策节约的资金在预算上体现得不明显，这就降低了政府采购政策实施和操作的积极性。此外也缺乏合理分配政府采购收益的方法。这些都造成了政府采购这项创新政策在中国推进的低效。鉴于政府采购政策对于促进技术创新和自主创新的重要作用，中国政府对此逐渐加以重视，并于2006年颁布了《国家中长期科学和技术发展规划纲要（2006—2020）》。该规划纲要明确了政府采购政策以及相关的配套措施。同时，为了更加有效地落实政府采购政策，中国财政部、科技部等相关部门又相继推出了六项实施细则，这为中国使用和开展政府采购这项创新政策推进方法提供了政策规范和依据。有了规范化的政策及实施细则，接下来的关键是如何实施和落实。就目前中国政府采购政策的落实情况来看，效果并不太理想。一方面，政策本身还存在着一些协调性和系统性缺乏的问题，导致政策实施缺乏有效性甚至不能顺利进行，另一方面，由于政策的相关宣传不及时和不全面，许多创新企业对其没有加以重视，从而降低了该政策对自身技术创新和自主创新的支持作用。同时，目前中国自主创新能力还较低的发展现状也从侧面说明了政府采购政策的落实仍然不到位的问题较突出。

对于技术创新领域来说，风险投资是以高新技术为基础，生产与经营技术密集型产品的投资。它作为推动技术创新发展的有力支撑和有效的创新政策推进方法，已经被越来越多的希望通过发展技术创新和创新经济来实现经济增长的国家所重视和使用。中国政府对此也高度重视，早在1985年就发布了《关于科学技术体制改革的决定》，其中就指出："对于变化迅速、风险较大的高技术开发工作，可以设立创业投资给以支持。"这是中国首次明确了风险投资对于发展技术创新活动的重要作用并确立了通过风险投资来保障和鼓励技术创新活动的模式。中国的第一个风险投资公司叫作中国新技术创业投资公司，成立于1985年9月，是经国务院批准的用于推进和实行国家的风险投资政策而建立的金融机构，其后又出现了几个类似的金融机构，虽然这些公司和机构的设立是为了更好地实施风险投资政策，但是受到当时经济和社会体制的制约，这些机构的运行效果都不好，但这种情况并没有影响中国风险投资政策的推进和完善。1991年，中国国务院发布了《国家高新技术产业开发区若干政策的暂行规定》，其中明确了条件成熟的部门和技术开发区可以设立风险投资基金和风险投资公司，用于分担技术创新中的风险并鼓励技术创新尤其是高新技术的研发和创新。其后，中国政府对于风险投资的相关政策的重视程度逐渐加深，并于1995年和1996年相继发布了《关于加速科技进步的决定》和《关于九五期间策划科技体制改革的决定》。这两个决定进一步强调了风险投资这项创新政策推进方法的重要性，并在相关领域进行了改革以协调和推动风险投资政策的运行。随着中国技术创新活动的展开以及创新经济发展模式的确立，中国政府逐渐加大了对风险投资政策的研究与制定，并鼓励各地区设立科技类的风险投资公司来分担从事技术创新尤其是高新技术创新的企业和个人的风险。但是，相比于发达国家，中国风险投资相关领域尤其是科技类风险投资的发展起步较晚，科技类风险投资以及相配套的政策措施很不成熟，这与中国现有的技术创新发展水平以及未来的技术创新发展要求是不相称的，需要进一步完善科技类风险投资体系。除了国有的风险投资公司以外，鼓励民营资本参与到科技类风险投资公司的建设中来，从而使不同性质和不同规模的风险投资公司能够适应各类技术创新活动。就目前情况来看，中国的风险投资公司还是以政府控股为主，但是整个风险投资领域却向着不同控股方式的多元化趋势发展，中国政府应进一步推动这种多元化发展趋势，这也是与中国技术创新发展方式和趋势相适应的。就世界范围来看，美国的风险投资发展最为成熟，它拥有较大的风险投资规模和多样化的风险投资资金来源，风险投资绩效高，不但风险投资回收率高、收益有保障，而且对于推动技术创新尤其是高新技术创新的作用效果明显。相比于美国，中国的风险投资规模较小，无论是从风险投资公司数量还是风险投资能力方面，与美国都有着较大的差距。这种差距导致创新风险较大、资金需求较多的高新技术创新活动的开展受阻。2011年的统计数据显示，中国的科技成果转化率大约为25%，而真正实现产业化的科技成果却不足5%，发达国家的科技成果转化率达到了80%，严重滞后的科技成果转化率说明中国的转化动力不足，转化政策不完善，转化资金不足以及转化壁垒多，这些都与风险投资配套体系的不完备有关。美国的风险投资资金来源多样，它不但来源于常见的政府拨款和金融机构等，还存在着企业、家庭或个人以及国外等资金来源，这不但增强了风险投资公司的运作灵活性，充实了风险投资体系，而且分担了风险投资公司自身的风险。与之相比，中国的风险投资的资金来源较单一，主要还是依靠政府拨款和金融机构贷款，这完全是由于中国的风险投资运作以及资金配置依然是计划性质的，没有将其放在市场化条件下由市场配置风险投资资源，从而使中国的风险投资领域缺乏灵活性，导致风险投资尤其是科技类风险投资运作范围较窄。相比于美国风险投资较高的投资收益和高绩效，中国在这方面还相对滞后。在投资收益方面，由于中国对于上市公司审查严格，许多风险投资公司在短时间内很难上市。另外，创新产品市场的产权体制不完善使产权流动缺乏良好平台，致使能够发挥多种作用的风险投资在中国实际上只是充当着产权投资的角色，这些都是导致中国风险投资回收率低并且绩效较低的原因所在。除此之外，中国的风险投资还存在着投资范围窄、较保守，投资人难以参与投资管理，缺乏融资渠道和工具等问题。中国风险投资资金的来源决定了科技类风险投资只能针对国家级或者国家重点开发的研究课题或项目，抑或是国家重点扶持的高新技术企业，对于那些对风险投资实际需求更为迫切的中小型企业的技术创新以及创新产品的生产和市场推广等所起的作用不理想。在成熟的风险投资体系中，风险投资公司不但向企业投入资金，还会参与投资企业的管理，这不但降低了风险投资的风险，还提高了资金利用效率以及风险投资资金收益率。风险投资方参与管理的模式可以使创新企业和风险投资公司各自从事自身擅长的业务，不用分出精力去涉及各项业务，这在很大程度上提高了企业的技术创新效率和风险投资资金的利用率。而在中国，由于风险投资公司的资金来源主要是政府财政拨款，风险投资的对象也主要针对国家级科研项目，中国的风险投资公司只是承担了提供资金的任务，而更加重要和有效的资金管理作用并不大，从而导致风险投资效率较低。此外，对于中国的风险投资，还缺乏相应的支持政策和融资渠道。目前，中国的风险投资尤其是科技类风险投资的相关支持政策主要着眼于宏观层面，对于提升风险投资可操作性和对风险投资方向有引导性的微观层面的政策措施较少。另外，作为储蓄率较高的国家，中国一直保持着较高的储蓄额，但随着利率的不断下降和储蓄收益的减少，中国居民的存款需要更多的投资和升值渠道，这对于风险投资资金来说是一个重要并且极有优势的融资渠道，但中国在这方面还没有形成完善的类似于发达国家的面向普通大众的风险投资基金体系。以上这些因素都造成了中国风险投资尤其是科技类风险投资较低的绩效，需要进一步改进和完善。

中小企业政策是指政府根据中小企业的实际情况和本国有关产业发展的特点，对各产业中的中小企业采取的一系列方针、措施和规定，它分为限制性政策和扶持性政策两大部分。由于中小企业与大企业相比在经济发展中处于不利地位，各国普遍采取的主要是扶持性政策。作为创新政策推进工具的中小企业政策就是政府为扶持中小企业的技术创新和自主创新而采取的政策方针。目前，中国针对技术创新的中小企业政策主要包括政策措施、中介机构服务、科技计划和针对中小企业的创新基金四个部分。中国政府在20世纪80年代发布的基于推动企业技术创新的《关于改进技术进步的若干政策的暂行规定》《关于加速技术进步的决定》等政策措施主要是针对大企业的技术进步和技术创新，在这些政策体系中很少关注中小企业的技术创新的推动和发展问题。随着中小企业在中国经济结构中的地位逐渐提升，与之相关的创新政策措施也逐渐得到了重视。在《关于加强技术创新、科技改革，实现产业化的决定》中就提到了推动中小企业技术创新的政策，之后与推动中小企业技术创新相关的政策措施、中介服务机构、科技计划、创新基金等相继发布或建立。1999年相继发布了关于促进中小企业技术进步和创新的政策法规，如《科技型中小企业技术创新基金的暂行规定》《关于进一步改善对中小企业金融服务的意见》《关于建立中小企业信用担保体系试点的指导意见》《关于出售国有小型企业中若干意见的通知》。2000年发布了《关于鼓励和促进中小企业发展的若干政策意见》，其中提出"切实加大对中小企业特别是高新技术类中小企业的扶持力度"，这是中国第一个明确提出对中小企业的技术创新活动加以扶持的政策。2002年《中小企业促进法》公布。这些政策措施组成了中国中小企业技术创新促进和扶持政策体系，为中国中小企业技术创新的发展提供了理论指导和切实的鼓励与扶持措施。中国的中小企业中介服务机构主要有中小企业技术创新服务中心、中小企业担保中心、生产力促进中心、高新技术孵化器等。其中，中小企业技术创新服务中心是中小企业的核心中介机构，它的服务形式以提供创新信息为主，这包括相关政策法规的发布信息、行业和产业的发展趋势、创新成果信息、创新人才信息及创新的投融资渠道信息等。它为中小企业技术创新的开展提供了全方位的服务。除此之外，该中心还肩负着提供创新技术和创新产品开发和交易平台的任务，有力地保障了技术创新的后续发展。该中心也为中小企业提供投融资服务以及针对中小企业进行政策法规培训服务等。中小企业担保中心主要针对中小企业的技术创新资金来源和渠道进行服务，它通过为中小企业提供信用担保的形式来为中小企业服务，这不但增加了中小企业的信用等级，拓宽了中小企业的技术创新融资渠道，并且分担了投资方的风险，进一步促成中小企业投融资的广泛和顺利进行。生产力促进中心的主要职能是促进中小企业技术创新成果的产业化和商业化，并协助中小企业在相关领域的组织和管理工作。同时，提供研发机构与企业的交流与合作，使技术创新理论成果通过企业生产和技术改进后进入创新市场，实现技术创新理论的真正价值并通过技术创新创造价值，同时对市场需求信息进行收集和研究，从而反馈给研发机构和企业，提高技术创新市场绩效。高新技术孵化器主要针对较高水平和能够体现世界技术发展趋势的相关创新技术，为之提供相关场地、设施和设备、孵化组织和管理、人才培训和融资等服务。到目前为止，中国实施的科技计划主要有星火计划和火炬计划两种。其中星火计划更贴近于中小企业，它通过技术扩散以及向中小企业尤其是乡镇企业提供技术设备的方式来促进中小企业技术水平的提升，并推动中小企业技术创新。火炬计划主要针对的是高新技术领域的技术创新活动，该计划的实施主要是为了促进高新技术的研发以及高新技术成果的产业化和商业化，并为高新技术的发展及实用性推广建立创新基金以保障高新技术研发和成果转化的顺利进行。1999年，中国正式启动了科技型中小企业技术创新基金，该基金是用于支持科技型中小企业技术创新的政府专项基金，通过拨款资助、贷款贴息和资本金投入等方式扶持和引导科技型中小企业的技术创新活动，促进科技成果转化，培育一批具有中国特色的科技型中小企业，加快高新技术产业化进程，提升中小企业技术水平，并带动中国整体技术水平尤其是高新技术水平的提升。

二 俄罗斯创新政策推进方法

在当今的知识经济时代，知识和经济的发展日新月异，而国家竞争力也成为衡量一国经济发展实力和绩效的重要指标之一。在众多因素之中，技术创新因素成为影响国家竞争力的不可忽视的重要因素，而创新政策是推动技术创新发展的有力保障，因此世界各国都努力制定有利于构建技术创新发展环境和推动技术创新活动的政策措施，并积极地进行创新政策的推进。俄罗斯在这方面也不例外。在制定各种技术创新政策的基础上努力尝试多种创新政策推进方法，并取得了一定的效果。这些推进方法主要表现在教育、企业、社会团体等领域的创新政策方面。

（一）教育领域的创新政策推进方法

创新性教育是培养创新人才的基础，因此俄罗斯非常重视创新性教育的开展。2004年，俄罗斯政府合并了教育部和科学部，成立了统一的教育科学部，创建教育科学部的目的就是使教育和科研更好地衔接和融合，使它们之间的联系更加有效，从而提高技术创新活动的效率。基于这个原因，俄罗斯已经把促进创新性教育的发展作为国家发展的战略目标进行规划和推进，也使教育和科研的有机融合成为俄罗斯发展创新性教育的重要任务之一。其实，早在20世纪90年代，俄罗斯就已经开始试水创新性教育，虽然在当时关于这方面的推进措施和促进机制还不完善，但是为后来俄罗斯创新性教育的成熟、有效开展创造了条件。从2006年开始，俄罗斯创新性教育进入了实质性发展阶段，关于这方面的推进方法和政策也更加有针对性和可操作性，其作用范围涵盖了从小学到中学再到高等教育的整个过程。

与实践结合得更加紧密是创新性教育与传统教育的最大区别。创新性教育不单是从书本获取知识的基础上开展教育，而是教学与实践相结合，将基础知识、教学和生产三个环节紧密结合起来，并在此基础上开展教学。因此，在教学过程中，不但需要学习基础性知识，还应包括科学研究、实习、训练等环节，并且在该过程中所用科研仪器或设备要与先进的技术创新发展水平相协调。总之，创新性教育的本质特征就是教学与实践相结合，基础性研究与应用性研究相结合。因此在大学教育中，尤其是在创新性大学教育中，首先要重视基础性学科的教育，没有自然科学、数学等基础性知识的积累，就无法在高水平的技术创新中做到游刃有余，技术创新活动也不可能顺利开展。同时，要保证和提高大学的科研和技术创新水平，还需要有专门的创新机构来对其进行组织和引导，有些创新机构是在大学中专门设立创新部门，有些是独立机构。在开展创新性教育的过程中，不但要重视创新人才的培养，也要重视人才的继续培训，这样才能保证建立立体的多层次的人才结构，并使人才队伍的形成具有强大的后续力。此外，技术转化中心是技术创新成果产业化、商业化的重要环节，因此也要重视在发展创新性教育过程中技术转化中心的建设。

在俄罗斯的高等教育领域中，高校的科研和生产之间联系得还不够紧密，因此无法满足俄罗斯发展技术创新和创新经济的需要，造成传统的高等教育模式的竞争力日益降低。俄罗斯采取多种措施鼓励高校转变教育模式，发展创新型大学，建立创新性的高等教育体制。俄罗斯联邦政府于2006年2月发布了第89号决定，规定在2006年向10所大学和3000所中小学提供80亿卢布的教育资金支持。2007年，在原有被资助学校的基础上，又增加了20所大学，资助总额达到了180亿卢布，并且俄罗斯政府还重点资助了在创新竞赛中获胜的学校，以鼓励各学校开展科学研究和技术创新活动。俄罗斯政府在颁布的《国家教育规划》中，制定了在2006年建立两所新型联邦大学的规划，这两所新型大学的主要目标是为俄罗斯培养创新型人才，这其中既包括可以从事技术创新的专业人才，也包括可以进行基础性研究的学者型人才，并且在学校内部建立科学研究中心和技术创新中心，以便学生利用学校提供的现代化的设备和基础性设施掌握所学知识，并在此基础上锻炼自身的实践技能，为今后从事技术创新活动打下良好的基础。新型大学可以利用自身先进的基础设施、科研水平来吸引高水平的学者和人才，并与学校自身培养的人才一起开创新的教育方法，这不但有利于教学水平的提高，也在总体上提升了教师队伍水平。此外，俄罗斯不但要将新型大学建成科学研究和技术创新的中心，还要使其成为发展创新经济和推动经济转型的中心。2007年，这两所新型联邦大学成为联邦政府教育署直属的大学，并以这两所大学为依托吸引世界各地的优秀人才加入。俄罗斯政府对于这两所以创新为理念的新型大学的重视还可以体现在对其资金资助方面，2007年联邦政府从预算内资金中划拨30亿卢布用于对这两所大学的经费支持。到2009年前，这一数字增加了近四倍。除此之外，联邦政府还鼓励商业机构或地方政府积极参与学校的建设，以加快创新型大学的建成和进一步完善。俄罗斯政府将创新型大学作为未来大学发展的一种模式，并努力使之成为技术创新发展的中心，更重要的是使之成为为技术创新培养和输送高水平人才的基地。俄罗斯政府希望通过努力在2020年前使本国的创新型大学跻身于世界百强大学之列。2008年3月，俄罗斯教育科学部发布了《2020年前俄罗斯教育——服务于知识经济的教育模式》的报告。同年9月，俄罗斯教育科学部召开委员会，讨论"教育与创新性经济发展——2009—2012年实施现代教育模式"规划的主要内容，进一步明确了俄罗斯创新性教育模式并制定了发展目标，就是以科技竞赛为平台对各高校进行选拔，在2020年前建成40—50所研究型和创新型大学，政府保证这些大学中技术创新的优先发展方向，同时大学的任务是在培养和输送人才的基础上保证俄罗斯在国际上的科研与技术创新水平。

  俄罗斯政府对于高校创新活动的促进机制体现在其所颁布的《国家教育规划》中，并且该规划还明确了完成高校创新性发展所要提供的条件支持。首先是要找到高校创新性发展的增长点，《国家教育规划》将其定位为技术创新活动的引领者，也就是学术带头人。该规划突出了学术带头人在高校创新性发展中的重要作用，并且规定向有潜力的人才提供资金、设备等各方面的保障措施，以鼓励他们引领技术创新的开展，传播教学和科研经验，这其中教师、有潜力的学生也是学术带头人的培养对象。其次是推行新的管理机制，在高校建立专门推动创新性发展的督导和管理委员会。除政府外，还同样鼓励社会组织广泛参与高校的创新性活动，目的是使高校的管理和组织机制、教学和科研体系更加透明。这样，一方面使高校开展技术创新的促进措施能够有效实施，另一方面更加有利于创新活动摆脱行政干预，使创新成果真正面向市场需求和社会经济的发展方向。最后是调整高校的投资机制，确保为促进高校创新性发展所划拨的资金能够直接且全部投入高校中。此外，还要调整教师的薪酬机制，使其与教学质量和技术创新成果相挂钩，增加教师在教育和科研方面的积极性。对于2020年前俄罗斯教育发展模式，俄罗斯政府正在对其进行持续的研究和进一步完善，目的是更加明确高校创新活动开展的投资机制和激励机制，以实现进一步扩大高校研究性工作的目标，并且优化教师队伍。2015年，俄罗斯希望参与科学研究和技术创新的教师数量所占比重增加到35%，2020年增加到42%。薪酬奖励也是俄罗斯政府促进高校创新活动的重要机制之一，通过逐步提高高校研究人员的资助经费和补充收入起到激励科研和技术创新的目的，俄罗斯政府希望高校研究人员的薪酬水平可以逐步与国外大学教师或者是本国商界人士的收入持平。除薪酬激励之外，俄罗斯政府还努力建设可以推动高校人才和研究人员自由流动的平台，同时为某方面条件相对缺乏的青年教师或研究人员提供资金和相关领域的行业性资助。政府还通过各种措施的颁布促进高校教师参加国内和国际上的尖端性学术交流，这包括资助本国高校教师或研究人员进行学术进修以及本国与国外大学之间的教师交流，等等。除了在学术界促进教师和科研人员的广泛交流之外，俄罗斯政府还鼓励商业界与大学进行无障碍角色转换，即政府的政策一方面鼓励教师和科研人员在高校从事教学、科研和技术创新活动，另一方面也同样支持他们参与到创新成果的产业化和商业化中来，这样在任何时候都可以为学术领域与商业领域的结合提供顺畅的交流渠道和交流信息，有利于在高校层面实现科研、技术创新与创新成果推广之间的有效衔接。此外，政府为促进年轻教师和科研人员之间进行学术新思想的交流和传播而提供的资助资金不是针对大学，而是针对个人，资助资金可以跟随个人自由流动，因此受到资金资助的研究人员或教师可以不受限制地自由选择工作地点，这样不管是在吸纳教师或研究人员的动力方面还是引进或交流人才的渠道方面都更加灵活。为了加强对科研和创新人才的培养，俄罗斯政府在2010年制定了硕士生和副博士培养计划，并计划在2015年前使这一计划的涵盖范围进一步扩大，在研究型大学中使所惠及的硕士研究生比例达到

20%，副博士的比例达到35%，在2020年前使这一比例再分别增加到25%和50%。

　　除了制定多种政策来鼓励高等学校进行创新性机制改革外，俄罗斯政府同样重视中等职业学校和中小学在技术创新方面的发展，并在其颁布的《国家教育规划》中明确了推动中等职业学校和中小学技术创新发展的政策措施。这其中包括在中等职业学校和中小学开展创新性竞赛，从而通过竞赛选拔人才，并为进一步完善创新性活动的开展提供必要的借鉴。俄罗斯总统梅德韦杰夫于2008年11月在向俄罗斯联邦会议所作的国情咨文中提到："国家政策应当以国家思想为基础，国家思想的核心是人，个人一生的成绩取决于其个人的主动性和自主性，取决于他的创新性活动和创造性劳动。培养这样的人，对我们比任何时候都重要。"从中可以看出，俄罗斯政府对于培养创新性人才的意识逐渐增强，重视程度也逐步提高。其制定的《2020年前政府发展构想》，总结了俄罗斯国家未来经济和社会发展的几个关键词：制度、投资、基础设施和创新，其中将与创新紧密相关的生产知识、传播知识、研究新技术、利用和推广新技术等方面作为俄罗斯未来的优先发展方向，这说明俄罗斯政府已经将发展科学、教育和技术等列入国家发展的战略构想中，并进一步明确了它们的重要作用。

（二）针对企业的创新政策推进方法

　　国家的创新政策是一国政治经济政策的重要组成部分，俄罗斯政府在制定科技政策和技术创新推进政策时是以选择科技领域的优先发展方向为宗旨的，并在确定优先发展方向的前提下选择技术创新和本国经济的发展路径，从而达到利用技术创新推动本国经济增长的目的。对科技领域优先发展方向的选择应建立在熟悉国际科技发展趋势以及俄罗斯本国现有科技水平和教育、科研等基础设施状况的基础上，同时还要分析国际及国内技术创新市场的情况，依照以上信息来明确本国优先发展的科技方向。

　　相对于其他国家，俄罗斯不仅在自然资源、能源以及工业、军事研发和生产领域具有明显的优势，同时还具有雄厚的科技实力和人才力量，比如俄罗斯国内的科学家人数占到全球科学家总人数的12%，这是个非常庞大的数字。但是俄罗斯的这些优势大都体现在工业和军事的研发及生产领域，在民用科技产品领域的研发和生产方面与其他发达国家的差距还很大。例如，俄罗斯研发的民用科技产品只占国际市场份额的0.3%，而这一数字在美国是36%，在日本是30%，可见，俄罗斯在对于国民经济具有重要贡献作用并且世界上其他国家重点发展的民用科技领域的技术创新从研发、推广到产业化、商业化等各环节都是差强人意的。造成这种状况的重要原因是相比于俄罗斯，其他国家更加重视小企业的创新。根据国际经验，知识资本引进和推广以及技术创新发展较好的企业一般运营情况也是很好的，企业在技术创新领域的良好发展直接带动了一个地区甚至整个国家的技术创新，同时也提高了创新产品产业化和商业化的绩效。相比于发达国家，俄罗斯在推动小企业技术创新方面还做得远远不够，但是俄罗斯政府已经意识到了问题的严重性，因而也逐步推出了一些相关的政策措施。目前，俄罗斯已经拥有近百家企业孵化器和各类科技创新园区，俄罗斯政府力求在全国范围内形成涵盖引进知识、制造知识、自主创新、成果推广等多个环节的企业创新网络体系。俄罗斯针对企业制定政策措施的主要目标是进一步推动和鼓励企业的创新活动，从而提高产品的产量和质量，增加产品的科技附加值，从而提高本国产品在国际市场上的竞争力和增加市场占有率，并逐步提升俄罗斯产品和技术在国际上的地位，最终达到促进经济增长和提高居民生活水平的目的。

虽然俄罗斯在推动企业创新方面做出了努力，制定和实施了一些具有针对性的创新政策，但是其企业在开展技术创新活动时缺乏足够的资金支持仍是阻碍企业技术创新发展的瓶颈。俄罗斯企业的创新资金仍是以自筹为主，来自政府或者其他组织的资金支持相对较少，这大大局限了企业创新资金的数量，对企业的技术创新活动的效率及水平都有重要的影响。针对这种情况，俄罗斯政府增加对企业的创新资金支持，同时鼓励其他组织或私人机构参与资助企业的技术创新活动，并且继续建立和完善与技术创新相关的基础设施。通过这些措施的推动作用，俄罗斯企业的技术创新水平和绩效有了明显提高。比如，俄罗斯已经建立起数十个围绕企业技术创新的技术创新中心，一些有利于提高企业技术创新水平的仪器设备也相继引进并帮助企业生产出大量符合现代高科技发展方向的创新产品，建立起一批技术教育和培训中心为企业的技术创新输送和培养人才，等等。

风险投资也是推动企业开展技术创新活动的重要机制之一。它不但解决了企业在技术创新过程中的研发资金难题，同时也大大降低了企业从事技术创新的风险，使企业的创新积极性加大。在风险投资这一机制中，投资人和企业并不是矛盾对立的关系，而是合作共赢的关系，投资人为创新企业提供资金支持，与企业共担风险，但却不会干预企业在技术创新过程中的技术方向选择、产品研发、生产和商业推广，二者取长补短，从而达到双赢的目的。俄罗斯政府正在大力推动风险投资机制在企业技术创新中的运作，同时还积极制定法律、政策来扩大风险投资的融资范围，比如鼓励退休基金、商业银行、保险公司广泛参与到企业技术创新的风险投资机制中。

另一个国家创新政策的有效机制是制定国家级重大创新项目。这些项目一般属于高新技术的研究领域，创新完成周期可能较长，创新成果的技术含量较高，且由此生产出的创新产品能够迅速且稳定地占领国内外市场。在制定国家级重大创新项目的过程中，俄罗斯一般采取三个步骤，第一步是确定若干个创新技术的优先发展方向，如目前俄罗斯选定的创新技术优先发展领域包括电子和信息技术、航空航天技术、新材料和新能源技术、生命科学技术、军事特种装备技术、环保及再生技术等；第二步是把这些优先发展的技术领域提交给专家委员会，专家委员会的成员除了知名的科学家和研究人员以外，还包括政府主要部门的领导和大型创新企业的代表；第三步就是通过筛选来进一步明确国家级重大创新项目名单。这一机制对于国家创新政策的顺利实施和国家创新体系的建立与完善都起到了重要的作用，它使创新从概念的提出、创新成果研发、产业化到商业化的各个环节都更加清晰，且各个环节之间可以有效衔接和相互协调，这些特点对于研发资金数量较大、周期较长且风险较高但对于一国技术创新发展有着重要意义的高新技术项目尤其重要。

三　小结

随着中国和俄罗斯对于开展技术创新活动以及发展创新经济的重

视程度逐渐加深，进行了多项有利于开展技术创新的改革，制定和实施了相关的创新政策措施用以推动和鼓励技术创新的展开。通过多年的努力，中俄两国在技术创新领域取得了丰硕的成果，也使中俄两国向创新经济发展的目标逐步靠近。虽然中俄两国的技术创新水平有所提高，并且技术创新和创新产品对国民经济的贡献率也有所提高，但是，从总体上看，与发达国家相比，中俄两国无论是在技术创新能力还是技术创新对于国民经济增长的贡献方面都有着较大的差距。因主办达沃斯峰会而广为人知的瑞士经济研究机构"世界经济论坛"发布的2012年国际竞争力排名显示，中国排名第29位，俄罗斯排名第67位，而2012年两国GDP在世界上的排名分别是第2位和第9位，从以上数据可以看出，作为处于GDP排名前十位的两个国家，能反映一国技术创新水平和绩效的国际竞争力排名却十分不理想，这与其作为两个较大的发展中新兴经济体的现状是极不相称的。这也说明了中国和俄罗斯的技术创新能力还很薄弱，发展技术创新和创新经济任重而道远。要想提升本国的技术创新水平，增强本国产品在国际上的竞争力就需要进一步研究和制定能够推动和鼓励技术创新与自主创新活动开展的政策和方法，并切实保障这些创新政策和推进方法的实施，提高实施绩效，这是提升技术创新绩效、实现创新经济发展的关键和核心。总之，中俄两国在创新政策推进方法的制定和实施上取得了重大的进步，但也有许多不足和需要改进的地方。

　　在财政政策方面，中国和俄罗斯财政政策的作用效果不甚理想。财政政策是主要的创新政策推进方法之一，对于企业的技术创新活动有着重要的推动性。政府财政政策的实现途径主要有税收优惠政策、财政补贴和公共投资等，这些创新政策在推进企业技术创新活动的开展和提升企业技术水平方面发挥着重要的作用，但是与发达国家相比，在这一领域中国和俄罗斯的实施效果还有待改进。如在税收优惠政策方面，中国和俄罗斯都存在着政策对象较窄的现象。两国的税收优惠政策主要针对的是具有一定科技和创新实力的企业或者技术引进企业，而对那些亟须改进或提升自身技术水平或者有着较强技术创新需求的企业，该政策的作用效果有限。实际上，对于税收优惠政策具有最为迫切需要的往往是那些还未形成科技和创新实力或者需要进行技术改造、升级的企业，应用范围偏窄严重制约了税收优惠政策的实施效果。此外，像税收优惠、财政补贴等政策往往具有地区性，大多只针对某些特定地区或机构。比如，某些税收优惠政策只针对位于科技园区内的企业，科技园区以外的企业无法在优惠政策中获得收益。这样处于不同地域的创新企业就无法做到在创新市场的调节下公平竞争，不利于技术创新活动的开展和创新市场的成长，同时有地域差异的优惠政策也为"寻租"行为的发生提供了温床。因此，中俄两国应进一步完善财政补贴和税收优惠政策，使财政政策的实施对象扩展到所有创新企业，打破区域之间或高新技术企业与非高新技术企业间的界限，使已形成和正在形成科技实力的创新企业都能从财政补贴和税收优惠措施中受益。财政政策的进一步合理化会推动企业的研发和技术创新活动的开展，进一步完善创新产品市场。此外，政府还应该采取措施进一步完善税收优惠政策中企业自主创新税收优惠，从而能够更有效地对企业的技术创新活动起到激励作用。在原有的税收优惠政策的基础上进一步扩大政策范围，比如扩大增值税的抵扣范围，完善企业所得税和个人所得税的政策思路，从而使税收优惠政策发挥更大的作用。同时，应进一步规范税收优惠政策的执行标准，营造一个良好的推动企业技术创新的税收制度环境。

对于技术创新来说，风险投资是对政府财政政策的有力和有效补充。技术创新是一个系统性的过程，需要大量的资金支持，单靠政府的财政政策是远远不够的，这就需要其他的金融渠道。企业在创新资金不足的情况下，一般会转向银行借贷，但是技术创新因其风险大、周期长的特点致使银行一般不愿发放数额较大、时间较长的贷款，这就形成了一对难以解决的矛盾。针对这类情况，最有效的解决办法就是风险投资尤其是科技类风险投资，已成为企业尤其是中小企业进行技术创新融资的有效渠道。风险投资体系的建立可以解决企业在技术创新活动中所面临的资金短缺问题，这不但推动了企业的研发和创新活动，同时也加速了创新成果的转化以及创新产品的产业化和商业化。此外，对于发展风险较大、收益周期较长的高新技术产业也起到了重要的推动作用。因此，风险投资已成为不可或缺的创新政策推进方法。俄罗斯的风险投资基金始建于1990年，并于2001年达到了高潮，至今，俄罗斯已经拥有数十家风险投资公司，但是值得注意的是，这些风险投资公司的投资对象仍然集中在俄罗斯的传统优势行业，如能源和原料出口领域，或者是针对金融投资，针对中小企业的技术创新或者高新技术研发和创新领域的风险投资非常少。针对这一情况，俄罗斯政府在2004年建立了由政府管理的风险投资公司，并于2006年正式成立了国家风险投资基金，目的就是推进风险投资领域中私人或国外风险投资基金不愿涉猎的中小企业技术创新和高新技术研发活动，解决中小企业和高新技术领域创新资金短缺的问题。相比于俄罗斯，中国风险投资的发展起步较早，利用风险投资来推动技术创新及高新技术发展的理念最早出现于中国政府在1985年发布的《关于科学技术体制改革的决定》中。在这个决定中，中国明确了风险投资基金作为促进技术创新发展的有益和重要方式。在中国风险投资行业发展的初期，投资主体主要是政府，投资基金的来源也主要是财政拨款和补贴，但随着中国风险投资行业的发展，投资主体也发生了变化，由原来单一的政府投资，发展到现在的政府、企业和国外投资的多元化风险投资主体，并且随着风险投资体系的不断完善和健全，政府在风险投资主体中所占比重逐渐缩小，而企业和国外投资成为主要的风险投资方。中国的风险投资发展经历了两个阶段。第一阶段是在风险投资市场还不健全、不成熟的时期，此时，政府所承担的任务是多方面的，既要作为风险投资的主要投资主体进行直接投资，又要对风险投资行业进行引导和管理；第二阶段是风险投资市场趋于成熟的时期，此时，政府不再担任风险投资的主要投资主体，而是由企业、国外等非政府性的投资方来运作风险投资基金，而政府的主要任务是采取政策措施来规范风险投资市场。根据发达国家的经验，投资主体多元化和加强政府对风险投资的规范和引导是风险投资发展的必然趋势。随着风险投资行业的不断发展，中俄两国的风险投资市场也趋于成熟和完善，两国政府应进一步采取政策措施来发挥政府对于风险投资的规范、引导和推动作用，克服风险投资市场失灵。

随着技术创新与创新经济在世界范围的快速发展，中小企业在技术创新中所发挥的作用越来越明显，中小企业的技术创新活动和技术创新成果在整个技术创新中所占的比重也越来越大，由中小企业技术创新所带来的经济效益和社会效益逐渐成为一国发展技术创新和创新经济所不可或缺的重要组成部分，这在发达国家表现得尤为突出。在美国大约有70%的创新成果来自于中小企业的技术创新活动，而德国的专利申请中约有2/3来自中小企业，这说明在技术创新发展较为成熟的发达国家，中小企业的技术创新已经成为国家技术创新体系中非常重要甚至是起决定性作用的部分。中国目前的中小企业数量达到了4700多万家，占到全国企业总数的97%以上，其中中小企业在技术创新中取得的发明专利和创新产品成果分别占到了总数的65%和80%，可以看出，中小企业的技术创新已经成为推动中国技术水平提升和技术创新发展的中坚力量。但中国中小企业的发展也存在着很多困难，面临着很多问题，比如融资难和市场准入难的问题已经成为中国中小企业发展的主要阻碍因素。目前，中国的中小企业融资主要以间接融资为主，并且间接融资主要还是依靠银行贷款。但是在银行方面，更愿意向回收贷款较为有保障的国有企业或大型企业贷款，这就造成了中小企业的融资困难，这是中国中小企业发展中的一个主要矛盾。而在发达国家使用得较为普遍的股权融资和债券融资由于中国资本市场发展还不完善，中小企业通过这两个途径进行融资的可能性很小。此外，在中国逐渐发展起来的民间融资，由于其融资成本过大，也不适合中小企业。这种局面主要是由体制问题以及由中国中小企业的特点所造成的。中国过去是典型的计划经济体制国家，通过40多年的改革开放，中国无论从经济体制改革还是经济总量上都取得了举世瞩目的成就。虽然有中国特色的社会主义市场经济发展迅速，但由于存在着过去计划经济体制的遗留问题，造成市场尤其是资本市场还不健全和成熟。比如在资本市场上针对中小企业上市的中小板块和创业板块并没有发挥出自身的融资特点，原因仍然是上市条件的制约，各种条条框框的限制使中小企业通过上市直接融资的方式面临困难。中国的中小企业有着自身鲜明的特点，如规模小、员工少、经营业务单一等，这就造成中小企业在利润增长、风险控制和管理水平上缺乏稳定性和操控性。总之，中国的体制问题、中小企业的自身特点、资本市场不健全，再加上与中小企业融资相关的诸如风险投资等政策措施体系的不完善都造成了中小企业的融资困难。此外，针对中小企业信贷的最低准入标准过高也为中小企业通过银行贷款进行融资制造了困难。中小企业融资难，直接影响了中国中小企业技术创新和自主创新活动的开展。相对于中国，俄罗斯的中小企业的发展仍然十分缓慢。就目前俄罗斯的经济形势来看，中小企业是最具发展前景和发展活力的企业形式，但是与发达国家相比，俄罗斯中小企业的发展还不理想。在发达国家，中小企业的数目占到企业总数的80%，能够提供的就业岗位数占到就业总人数的1/3，并且创造了近一半的国民生产总值。而在俄罗斯，中小企业的产值在国民生产总值中所占比重不超过10%或11%，其固定资产总值只占全行业的3%。[①] 在俄罗斯所占比重不大的中小企业中，创新企业的数量更少，其创造的价值只占国民生产总值的1%不到，可见，俄罗斯中小企业的发展还很落后，但发展潜力是巨大的。造成俄罗斯中小企业发展不畅的原因主要是重视程度不够、相关的政策法律体系不健全以及能源企业的挤占。俄罗斯经济的发展在很大程度上受到苏联时期的经济体制和经济结构的影响，在苏联时期，无论是从社会环境还是实际的产业结构来看，都突显出对于大型企业尤其是制造和能源企业的重视，对中小企业发展的重视程度不够。虽然随着俄罗斯经济转型的不断推进，俄罗斯政府逐渐认识到了中小企业的灵活性尤其是在技术创新中的活力，但是相对于其他国家，中小企业的创新活动起步较晚。此外，针对中小企业技术创新的相关推动和支持的政策法律体系还有待完善，应使之更加合理化。具有传统优势的能源行业在俄罗斯一直占据着垄断地位，它们不但垄断了生产资料和资金，也垄断了人才资源，这些都是阻碍俄罗斯中小企业发展和技术创新的重要因素，严重挤占了中小企业的发展空间和利润空间。总之，无论是中国还是俄罗斯，要想促进本国中小企业的发展，尤其是充分发挥中小企业在技术创新中的积极作用，就需要进一步注重政策制定，使推动中小企业技术创新的政策措施能够真正起到作用并得到不断改进和完善。在金融领域，要使政府财政拨款、税收优惠、风险投资基金等手段得到综合运用，完善中小企业技术创新和自主创新的资金来源渠道和方式，达到鼓励和扶持中小企业

---

① http://xreferat.ru.

技术创新的目的。制定针对中小企业的相关技术创新专项计划，促进中小企业技术创新成果的研发、生产、产业化及商业化。进一步降低中小企业在创新市场和金融市场的准入门槛，在拓宽中小企业融资渠道的同时增加其创新的利润空间。

技术创新和创新成果市场存在着巨大的风险和不确定性，对于风险应对能力较弱的中小企业来说，单凭企业自身来克服风险是不现实的，需要政府采取措施来分担企业尤其是中小企业的创新和市场不确定性所带来的风险。政府采购政策就是一个针对以上情况并在短时间内能够取得成效的重要措施之一。在发达国家，政府采购政策也是应用得最为广泛的创新政策推进方法。但就目前中国和俄罗斯政府采购政策的制定和实施效果来看，还主要集中在对于创新终端产品的购买上，并且只是针对某些具体创新成果或产品。例如中国和俄罗斯都有自己设定的《创新产品名录》，只有进入这个名录的创新产品才能享受政府采购的优惠政策。但是进入《创新产品名录》的创新产品只是整个创新产品中的很小一部分，这不利于从整体上推动企业的技术创新。这种终端认定形式的政府采购政策体系是不完善的，除了对创新产品的直接购买外，还应注重对于企业在技术创新过程中初始阶段的引导，只有这两方面共同作用，才能最大限度地发挥该政策的效用。鉴于政府的采购政策与企业的自主创新有不一致甚至冲突的地方，应在以下几个方面加以改进和完善：其一，应进一步明确自主创新产品的产权归属，因为政府采购政策的主要目标之一就是对自主创新的推动和激励，只有明确了自主创新产品的产权，才能有针对性地落实政府采购政策，从而达到预期效果；其二，应更加细致地明确政府对于自主创新产品从订购、使用、预算、目录制定到审查全过程的细节，从而在有效淘汰有缺陷的自主创新产品的同时支持真正有实力和质量较高的创新企业和创新产品；其三，应设立专项资金用于政府对于创新产品的采购，并及时对采购目录进行更新。

第六章 中俄技术创新经济绩效比较

第一节 中国技术创新经济绩效分析

一 概述

众所周知，技术创新确实能够达到促进一国经济增长的目的，这在技术创新较为先进、技术水平较高的发达国家早已得到了验证。中国政府之所以确定大力推动技术创新、发展创新经济的战略目标也是因为在改革开放40多年，在创造了"中国奇迹"之后，能够继续实现经济持续、稳定增长的目的。在明确技术创新具有推动经济增长的效果之后，需要进一步确定的就是技术创新对经济增长的具体绩效如何，因此需要对中国技术创新的经济绩效进行进一步的分析。

在技术创新过程中，研发投入是不可获取的重要因素之一，也是各国政府推动技术创新的主要手段。研发投入不仅为企业提供了创新资金从而扶持和鼓励企业的技术创新和自主创新，还可以引导技术创新发展的方向，提高创新绩效。只有当政府的研发投入达到并维持在一定水平时，企业的研发投入才能达到一定的规模，从而在微观层面上促进技术创新的发展。并且研发投入需要一个规模化突变的过程，而突变过程就意味着它不能随着市场需求的自然增加而增加，这就需要政府研发投入的突变引起企业投入的增加。可以看出，政府的研发投入对于企业创新来说是起着决定性作用的。此外，政府进行研发投入也可以降低企业的创新风险，从而促进技术创新，并进一步推动经济的发展。联合国世界知识产权组织在2011年发布的报告中称，中国的研发投入已经超过日本,成为世界上第二大研究开发投资国,位于美国之后。该报告指出,全球研发投入从1993年到2009年几乎翻番,在此期间,中低收入国家逐步加大了研发投入,它们在全球研发投入中所占的份额增加了13%,而中国占了其中的大部分。该报告提到,从1993年到2009年,中国的研发投入显著增长。1993年,中国在研发方面的投资仅占全球的3.3%,而2009年已上升到世界总投资的12.8%,超越了日本,领先于德、法、英这些老牌投资大国。一国研发投入规模的大小直接反映出其对技术创新重视程度的高低。鉴于研发投入在技术创新中所占据的重要位置和发挥的重要作用,在分析技术创新的经济绩效时,也应考虑这个因素,因此将这一因素加入本章的分析样本中。

表6.1列出了2004—2013年中国研发投入、技术创新市场成交额和国内生产总值GDP的情况。从表6.1可以看出,2004—2013年,中国研发投入呈逐年大幅度增加的趋势,同时,中国技术市场的成交额也得到了迅速增加。其中,技术市场成交额可以衡量技术创新情况。

表6.1　中国研发投入、技术市场成交额和国内生产总值情况(2004—2013)　　　　　　　　　(亿元人民币)

年份 指标	2004	2005	2006	2007	2008
GDP	159453.60	183617.37	215904.41	266422.00	316030.34
研发投入	1966.33	2449.97	3003.10	3710.24	4616.02
技术市场成交额	1334.36	1551.37	1818.18	2226.53	2665.23

年份 指标	2009	2010	2011	2012	2013
GDP	340319.95	399759.54	468562.38	518214.7	566130.2
研发投入	5802.11	7062.58	8687.00	10298.4	11846.6
技术市场成交额	3039.00	3906.58	4763.56	6437.00	7469.00

资料来源:国家统计局网站。

此外，通过表 6.1 也可以更为直观地看出以上三个指标的发展情况。

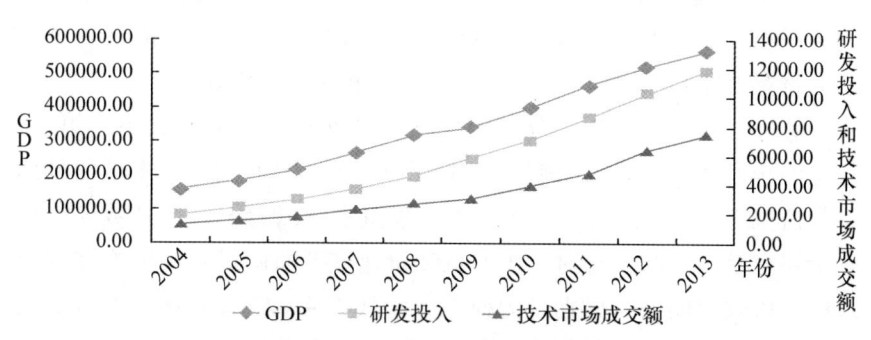

图 6.1 中国研发投入、技术市场成交额和国内生产总值变动趋势（亿元人民币）

从图 6.1 中可以直观地看出，研发投入、技术市场成交额和国内生产总值这三者之间的变动趋势大致相同，可以大致得出三者具有相关性的结论。

二 中国技术创新经济绩效实证分析

（一）数据的选择

利用截面数据进行回归分析来进一步研究研发投入、技术创新与经济增长之间的关系。其中研发投入（RDINV），用中国当年研发投入实际值来衡量；技术创新（TEC），用中国技术市场成交额来衡量，因为技术市场成交额能较准确地反映出技术创新成果从研发、产业化到商业化对国民收入的贡献，所以可以作为衡量技术创新的指标；国内生产总值（GDP）用当年的国内生产总值的实际值来衡量。

（二）建立模型及实证结果分析

面板数据中包括截面、时点和变量的三维信息，所以比单纯的截面或者时间序列模型更能全面地做出分析，使估计结果更接近真实过程。

利用中国 30 个地区的截面数据，2004—2013 年的 10 个时点数据，国内生产总值、研发投入和技术创新三个变量来构造面板数据模型，其中研发投入和技术创新为解释变量，国内生产总值为被解释变量。首先分别画出取对数以后的研发投入对 GDP 和技术创新对 GDP 的散点图。从散点图中可以看出，取对数后没有出现严重的异方差情况，因此决定用原数据的对数变量作为实证分析的变量。分别对三个对数变量进行单位根检验，利用 LLC 检验，结论是三个对数变量都为平稳变量，可以直接进行面板模型的构建。

通过对数据的分析，分别对建立的模型和结果分析如下：第一，建立混合模型和变系数模型，分别设为模型 1 和模型 2。模型的具体参数值见表 6.2。从表 6.2 的具体参数值中可以看出，变系数模型要优于混合模型。第二，对三个对数变量建立截面固定效应模型和截距维的随机效应模型，分别设为模型 3 和模型 4，模型的具体参数值见表 6.3。对模型 3 即截面固定效应模型进行冗余性检验，从而确定截面固定效应模型是否优于混合模型，检验结果见表 6.4。检验结果显示，F 检验的 P 值 <0.05，零假设固定效应模型是冗余的，小概率事件发生，拒绝冗余，即固定效应模型优于混合模型。对模型 4 即截距维的随机效应模型进行 Hausman 检验，从而为选择固定效应模型还是随机效应模型提供依据，检验结果见表 6.5。Hausman 检验的原假设选择随机效应模型，从检验结果中看出 P 值 <0.05，小概率事件发生，拒绝原假设，应选择固定效应模型。第三，建立截面变截距模型，分析没有观察的截面单元因素的影响（模型 5）。建立时期变截距模型，分析没有观察的时期因素的影响（模型 6）。模型具体参数值见表 6.6。从参数结果中可以看出，模型 6 的自变量系数都不显著，说明相比于截面个体，时间对该面板模型的影响并不显著。因此，综合以上结论，这里确定使用截面变截距的固定效应模型。对三个对数变量建立个体固定效应模型，参数具有显著性，DW 值为 0.997，由于固定效应模型的 DW 值过低，误差项有可能存在自相关，加入 ar（1）项进行修正，修正结果见表 6.7。修正后，造成其中一个自变量的系数不显著，DW 值没有得到明显改善。使用原固定效应模型估计结果，参数显著，但 DW 值不理想，说明还有其他因素影响 GDP 的增长，但是个体固定效应模型可以暂且不考虑其他因素的影响作用，因此这里只分析研发投入与技术创新对经济增长的影响。

表 6.2　　混合模型和变系数模型的具体参数值

	模型 1			模型 2			模型 2		
	B	t	P	B	t	p	B	t	p
c	7.24	96.38	0.0000	7.11	111.50	0.0000	7.22	136.47	0.0000
Log（RDINV）	0.41	13.95	0.0000				0.28	13.54	0.0000
Log（TEC）	0.18	6.71	0.0000	0.34	12.64	0.0000			
	Adjusted R-squared		0.72	Adjusted R-squared		0.90	Adjusted R-squared		0.92
	DW		0.33	DW		0.73	DW		0.75

表 6.3　　截面固定效应模型和截距维的随机效应模型的具体参数值

	模型 3			模型 4		
	B	t	P	B	t	P
c	7.69	96.02	0.0000	7.62	73.99	0.0000
Log（RDINV）	0.27	10.68	0.0000	0.28	17.23	0.0000
Log（TEC）	0.15	4.90	0.0000	0.17	6.32	0.0000
Adjusted R-squared			0.96	Adjusted R-squared		0.72
DW			0.997	DW		0.87

表 6.4　　冗余性检验结果

Effects Test	Statistic	Prob.
Cross-section F	38.969751	0.0000
Cross-section Chi-square	446.756382	0.0000

表 6.5　　Hausman 检验结果

Test Summary	Chi-Sq. Statistic	Prob.
Cross-section random	18.387968	0.0001

表6.6　　截面变截距模型和时期变截距模型的具体参数值

	模型5			模型6		
	B	t	P	B	t	P
c	7.69	96.02	0.0000			
Log（RDINV）	0.27	10.68	0.0000	0.09	0.17	0.87
Log（TEC）	0.15	4.90	0.0000	0.01	1.25	0.21
Adjusted R – squared		0.96	Adjusted R – squared		0.997
DW		0.997	DW		0.36

表6.7　　加入ar（1）修正后的固定效应模型具体参数值

	B	t	p
c	34.88	0.82	0.4104
Log（RDINV）	0.006	1.11	0.2686
Log（TEC）	0.02	3.35	0.0010
AR（1）	0.99	100.14	0.0000
Adjusted R – squared		0.998
DW		2.60

结合以上结果，得出结论：应建立个体固定效应模型。估计结果如下：

$$\ln GDP_{it} = 7.69 + 0.27 \ln RDINV_{it} + 0.15 \ln TEC_{it}$$

$$(96.02) \quad (16.68) \quad\quad (4.90)$$

$$R_2 = 0.96 \quad DW = 0.997$$

从回归结果中可以看出，研发投入和技术创新对经济增长都产生了正向的作用，验证了研发投入的增加以及技术创新的发展确实能够促进经济增长。从各变量参数的显著性来看，当技术创新因素每增加一个单位，国内生产总值会随之增加 0.15 个单位，即技术创新在经济增长绩效中所占比重约为 15%，说明中国技术创新的发展成果在促进经济增长中起到了重要且显著的作用，是推动中国经济增长的重要组成部分，但是技术创新对于经济增长的贡献度还有待提升。

第二节　俄罗斯技术创新经济绩效实证分析

从苏联时期开始，俄罗斯就拥有较高的科技水平和庞大的技术创新人才队伍，在某些领域如航空航天、医学、工程类等的技术水平都保持着世界领先地位。但随着苏联解体以及后来俄罗斯以"休克疗法"方式进行的经济转型不但没有使俄罗斯的技术创新在原有雄厚基础之上得到进一步发展，还导致了严重的经济停滞甚至衰退，这也进一步阻碍了技术创新的发展和技术水平的提高。之后，俄罗斯逐渐认识到了技术创新的重要性，尤其是梅德韦杰夫和普京两届政府表现出对通过推动技术创新和发展创新经济来实现俄罗斯经济复苏和重新崛起的强烈愿望，并制定了技术创新领域的战略规划和相关的政策措施以使俄罗斯这个老牌技术强国再次走上崛起之路。俄罗斯发展创新经济的效果有目共睹，但是同样存在着许多亟待改进的地方，技术创新在俄罗斯经济增长中的贡献率还较低，本节试图通过实证分析的方法来研究俄罗斯技术创新的经济绩效，透过具体的计量数据来展现技术创新在俄罗斯经济增长中所起的作用和所占的比重。

一　数据的选择

实证分析的主要数据来源为俄罗斯国家统计年鉴，由于统计内容有所不同，并未提供俄罗斯各地区科技和创新相关领域的统计数据，因此，拟采用年度数据来进行数据的分析和模型的建立。笔者收集到了俄罗斯从 1994 年到 2012 年 19 年的国内生产总值数据和国内专利申请量数据，其中以国内生产总值来衡量俄罗斯经济增长情况。另外，由于统计数据的缺失及统计内容的不同，这里采用俄罗斯国内专利申请量来衡量其技术创新发展情况。专利申请量可以反映一国技术创新的发展情况，是衡量一国技术创新发展的重要指标，因此，利用俄罗斯国内专利申请量作为实证分析数据是合理的。此外，由于只有年度数据，拟建立向量自回归（VAR）模型，加之样本较小，变量个数直接影响着模型参数估计的精度，因此只使用衡量俄罗斯经济增长情况的国内生产总值（GDP）和衡量技术创新发展情况的国内专利申请量（PA）两个变量来进行模型的建立和数据分析。

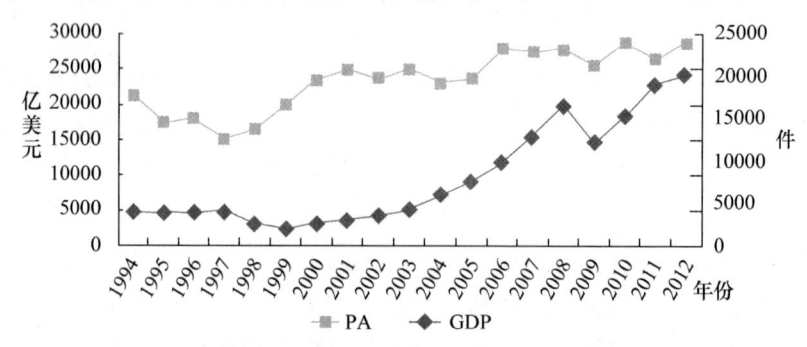

图6.2 俄罗斯国内生产总值和国内专利申请量数据折线图

做出两组数据的折线图（见图6.2），可以直观感受两组数据的相关关系。从图6.2中可以看出，从2000年开始直到2008年，俄罗斯的专利申请量有了大幅度增加，同时经济有了突飞猛进的发展。2008年的经济危机对俄罗斯经济打击严重，衡量技术创新发展情况的专利申请量减少，同时伴有经济状况的恶化。这些情况直到2010年俄罗斯政府对于技术创新的进一步大力推动及相关改革的实施后开始好转。再分别对两组数据取对数并做出折线图（见图6.3）。通过对图6.2和图6.3的比较，可以看出图6.3的相关趋势更加明显，因此这里采取两组数据变量的对数变量来进行模型的建立。建立VAR模型并选择VAR模型滞后期，利用赤池信息准则（AIC）进行分析。

二 建立模型和实证结果分析

通过对变量 $lnGDP$ 和 $lnPA$ 进行单位根检验，发现这两个变量都不是平稳变量，对其采取一阶差分后进行单位根检验，结果平稳，即 $lnGDP$，$lnPA-I(1)$，因此，决定利用 $lnGDP$ 和 $lnPA$ 变量进行模型的

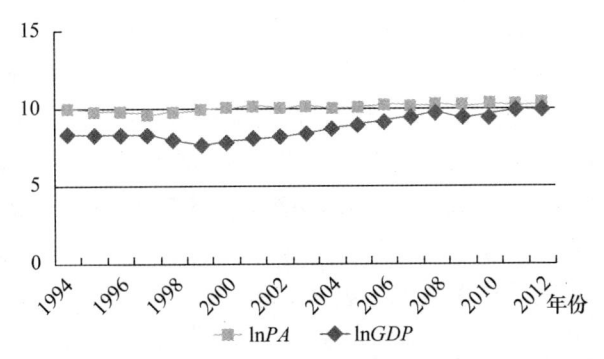

第六章 中俄技术创新经济绩效比较 229

图6.3 俄罗斯国内生产总值和国内专利申请量对数数据折线图

构建。第一，建立施瓦茨（SC）准则来确定模型的滞后期，检验结果见表6.8。从检验结果中可以看出，应将 VAR 模型的滞后期确定为1。第二，对 VAR 模型的特征根进行检验来确定 VAR 模型是否平稳。通过对 VAR 模型特征根作图，可以看出特征方程的根都在圆内，说明 VAR 模型平稳，从而可以进一步构造脉冲响应函数和进行方差分解。第三，构造脉冲响应函数和进行方差分解。因为 VAR 模型的两个变量 lnGDP 和 lnPA 是非平稳变量，并且 lnGDP，ln$PA-I$（1），所以分别对它们的一阶差分序列进行脉冲响应和方差分解分析。脉冲响应结果见图6.4。图6.4显示，VAR 模型稳定，因为脉冲响应函数趋于0，累积响应趋于非0常数，说明 VAR 模型构造合理。同时，还可看出技术创新对经济增长的冲击脉冲响应曲线近似一个阻尼正弦波，周期在7年左右。为了进一步分析技术创新因素冲击对俄罗斯经济增长波动影响的重要性，这里采用预测误差的方差分解方法，利用 Cholesky 分解对方差矩阵进行正交分解，进而分析技术创新因素冲击对经济增长波动的重要程度，结果见表6.9。可以看出来自 lnPA 的不同结构冲击对 lnGDP 的贡献度，即来自技术创新因素不同结构冲击对于俄罗斯经济增长的重要性。第四，格兰杰因果检验。利用格兰杰因果检验来分析技术创新因素波动与经济增长波动之间的关系。格兰杰因果检验的基本原理为：如果存在两个时间序列变量 xt 和 yt，用 x 的 k 阶分布滞后预测 xt 的均方差误差，如其与 xt 和 yt 的两个序列变量的 k 阶分布滞后预测的均方差无差异，那么就认为这两个变量之间存在单向或者是双向的格兰杰因果关系。具体检验结果见表 6.10。在原假设为 lnPA 不是 lnGDP 的格兰杰原因的假设检验中，P 值 $0.0303 < 0.05$，拒绝原假设，也就是说 lnPA 是 lnGDP 的格兰杰原因，而相反则不是。第五，用协整检验来确定两变量之间是否具有协整关系。检验结果见表 6.11。其中有一个协整关系中的检验数据 $7.025620 < 12.52$，所以 lnGDP 和 lnPA 存在协整关系。第六，建立向量误差修正模型（VEC）。模型的具体参数值见表 6.12。

表6.8　　　　　　　确定 VAR 模型滞后期的检验结果

Lag	LogL	LR	FPE	AIC	SC	HQ
0	-8.805339	NA	0.013237	1.350667	1.447241	1.355613
1	21.82402	49.77271	0.000479*	-1.978002*	-1.688282*	-1.963166*
2	23.44507	2.228944	0.000667	-1.680634	-1.197766	-1.655907

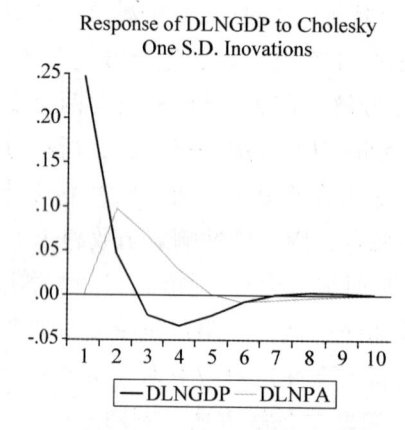

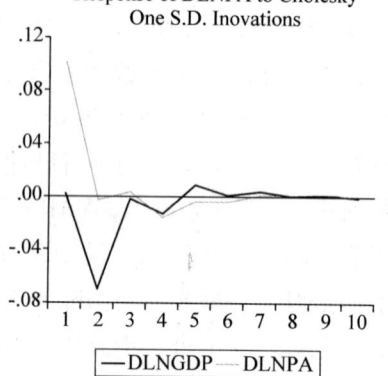

图 6.4　lnGDP 对技术创新因素（lnPA）冲击的脉冲响应路径图
说明：*表示 $P < 0.05$。

表6.9　　　　　　　预测误差的方差分解结果

Period	1	2	3	4	5	6	7	8	9	10
DLNGDP	100.000	86.885	81.994	81.445	81.567	81.518	81.465	81.456	81.457	81.457
DLNPA	0.000	13.115	18.006	18.555	18.433	18.482	18.535	18.544	18.542	18.543

表 6.10　　　　　　　　格兰杰因果检验结果

Null Hypothesis	Obs	F – Statistic	Prob.
LNPA does not Granger Cause LNGDP	16	4.88713	0.0303
LNGDP does not Granger Cause LNPA		1.14261	0.3541

表 6.11　　　　　　　　协整检验结果

Hypothesized No. of CE（s）	Eigenvalue	Trace Statistic	0.05 Critical Value	Prob.
无协整关系	0.803905	31.46294	25.87211	0.0091
一个协整关系	0.373981	7.025620	12.51798	0.3419

表 6.12　　　　　　　向量误差修正模型具体参数值

Cointegrating Eq	CointEq1
LNGDP（-1）	1.000000
LNPA（-1）	-6.345726
C	55.08503

结论是 lnGDP 和 lnPA 之间存在协整关系，其长期关系表达式为：lnGDP = 6.35lnPA - 55.09，即 lnPA 变动 1 个单位，lnGDP 变动 6.35 个单位。可以看出，在俄罗斯技术创新和创新经济的发展中，技术创新因素对经济增长的推动作用是很明显的，并且存在着明显的放大作用，技术创新因素的变动可以引发数倍的经济增长效用，效果明显。但是与发达国家相比，这一效用还是较低的。

第三节　小结

随着技术革命的发展，技术创新日益取代自然资源，成为决定一个国家竞争力的关键。传统的资源型国家如果不重视技术创新和技术进步，在新经济时代势必会受到巨大冲击。

胡锦涛同志曾在全国科技创新大会上发表重要讲话提出，到2020年，中国要基本建成适应社会主义市场经济体制、符合科技发展规律的中国特色国家创新体系，进入创新型国家行列。大力推动技术创新、发展创新经济是中国21世纪的重要战略之一。笔者利用实证分析的方法，证明研发投入对技术创新、技术推广有重要的推动作用，并进一步促进了经济增长。研发投入和技术创新对于经济增长有着明显的正向作用，并且相对于传统的经济增长内生因素诸如劳动力、资本等而言，研发投入和技术创新所起到的作用越发明显，对经济增长的贡献度在所有推动因素中所占比重也逐渐增加。增加研发投入是促进中国技术创新、发展创新经济的有效途径。针对中国研发投入不足以及技术创新在经济增长绩效中所占比重仍然较小的问题，中国应从以下几个方面做出努力：中国政府应加大研发投入并同时保持较高的投入水平，鼓励和支持技术创新，为发展创新经济提供可靠平台；在增加研发投入规模的同时，将研发资金向中小企业和以应用型研究为主的科研机构倾斜，提高技术创新成果产业化、商业化的转化效率；加强研发投入和技术创新两者之间的互动关系，使研发投入推动科技研发和技术创新，而技术创新所带来的经济成果又可以增加研发投入规模，从而形成良性循环；在保证国家对于技术创新资金支持的基础上，鼓励外资对于中国技术创新的资金注入，在解决研发投入尤其是中小企业技术创新研发投入不足的同时还可以与国外进行先进技术的交流，推动二次创新，提高创新绩效；在与国外进行技术交流的同时，加强国内各地区、科研机构及企业间的技术交流与合作，建立、健全科研人员流动机制，建立技术创新成果交易和交流平台。此外，要想提高技术创新的经济绩效，就要进一步推动产学研结合，使技术创新能够真正创造经济价值。

技术创新是经济增长的原动力，它对经济增长有着深层次的影响，技术创新绩效直接影响着俄罗斯经济增长的持续性和稳定性。从实证分析结果来看，俄罗斯的技术创新对于本国的经济增长有着明显的正向且长期的作用，且具有一定的放大作用，虽然这个放大作用相对于发达国家还不明显。通过对实证分析样本所包含的时间区间内俄罗斯经济增长数据的分析，可以得出俄罗斯的经济是在朝着复苏且快速增长的方向前进的，但是，经济增长绩效重点应该关注的不是增长数量，而是增长质量。就目前情况来看，俄罗斯经济增长质量还不高，而技术创新是提升经济增长质量的重要因素，俄罗斯政府应进一步采取措施来增加技术创新在经济增长中的贡献度。从实证分析结果来看，俄罗斯的技术创新因素是国内生产总值也就是经济增长的格兰杰原因，但是反过来却不是，说明经济增长还不是技术创新的主要推动因素，这表明俄罗斯所取得的经济复苏和经济增长成就并没有反映到技术创新上，也反映出经济增长对于技术创新的贡献不足。技术创新推动经济增长，但是技术创新也同样需要经济增长所带来的创新资金增加、创新环境改善等方面的支持，只有使之互为动因才能实现良性循环。俄罗斯在发展技术创新和创新经济中所面临的主要问题是如何正视资源经济与创新经济的关系，如何尽快摆脱资源经济的束缚而使创新经济成为经济增长中的主要驱动力，成为俄罗斯的主导经济发展模式。解决这些问题的关键是改革现有的经济发展模式，由资源经济发展模式向创新经济发展模式转变。这就需要改变原有的粗放型、低质量的经济发展模式，因为这种模式在国际经济发展乏力，尤其是能源价格下降的情况下，会对俄罗斯经济产生重大影响甚至会造成致命的打击。在这样的经济环境中要想取得经济的持续稳定增长可以说是天方夜谭，这不但不利于俄罗斯的经济转型，还会严重影响俄罗斯的国家经济安全，进而造成不可挽回的损失。所以，建立完备且系统性、协调性良好的创新体系是迫在眉睫的事情，同时，根据俄罗斯自身的国情，还需要调整好资源经济与创新经济之间的关系，使之能够互相补充和促进，而不是成为彼此的阻碍和绊脚石。俄罗斯拥有雄厚的科技基础和优秀的科研人才队伍，在处理好资源经济与创新经济之间的关系问题后，在为技术创新构建良好的软硬件环境后，不依赖资源而依靠创新的经济增长路径是可以实现的。

第七章　中俄创新政策经济绩效比较

在创新经济发展过程中，技术创新推动经济增长的作用机理是由技术带动经济，在微观层面即通过技术创新提升产品的研发和设计水平、改进生产工艺、增加产品技术附加值，并通过创新产品的商业化和产业化取得经济绩效。在宏观层面是由技术创新引导产业升级与产业结构调整，进而带动经济结构调整并最终实现整个社会的经济增长。可以说，技术创新对于经济增长的绩效是直接的，而制度创新对于经济增长起到的是间接作用。制度创新通过创新制度的具体表现形式即创新政策为技术创新从研发到创新产品的商业化和产业化的整个环节构建良好的制度环境，保证整个环节的顺利运行，并最终创造经济增长绩效。因此在分析创新经济绩效时，不仅需要分析技术创新对于经济增长的推动作用，同样也需要分析创新制度的经济绩效。

第一节　中俄创新政策经济绩效实证分析

在数据整理过程中，实现了对中俄两国对称变量的数据搜集与整理，因此在对中俄两国制度创新绩效进行实证分析时可以运用同一模型，这不同于在对技术创新绩效进行实证分析时由于数据有限及变量不对称所导致的使用不同模型的情况，使用同种模型更加有利于对两国制度创新绩效进行对称的比较分析。根据变量的设定和数据的特点，本书基于MATLAB软件，运用相关性分析模型进行中俄两国制度创新绩效的实证分析。

一 模型的建立

相关分析是对具有相关性的变量进行分析并衡量各相关变量间的相关程度。相关性体现了各变量数据间的波动方式是否一致，如果波动方式一致说明变量间有较强的相关关系，否则，说明变量间相关关系较弱。在通过相关性分析模型对数据进行相关性分析时，最直观的方法就是对于相关系数的测定。对相关系数的描述如下：

设随机变量 X 和 Y，其协方差为：

$$\mathrm{Cov}\ (X,\ Y)\ =\mathrm{E}\ (X\mid EX)\ (Y\mid EY) \tag{7.1}$$

其相关系数为：

$$\rho_{XY}=\frac{\mathrm{Cov}\ (X,\ Y)}{\sqrt{DX}\sqrt{DY}} \tag{7.2}$$

变量 X 与 Y 分布的客观性，决定了两变量的方差 DX 和 DY 是确定的，因此其相关系数 ρ_{XY} 与协方差 $\mathrm{Cov}\ (X,\ Y)$ 成正比，即对于任意两个变量 X 与 Y，$\mathrm{Cov}\ (X,\ Y)$ 值的大小决定了 X 与 Y 相关程度的高低。在实际应用中，通常使用相关系数 ρ_{XY} 来衡量变量间的相关关系，因为 ρ_{XY} 无量纲，用其对 X 与 Y 两变量的线性相关关系进行描述不会受到数据单位的影响，而具有量纲的协方差 $\mathrm{Cov}\ (X,\ Y)$ 受到变量数据单位的影响较大，同时利用 ρ_{XY} 来描述变量间的相关性也更加直观，ρ_{XY} 值越大，说明变量间相关性越高；反之，则越低。

二 数据的选择

在比较分析中俄两国创新制度时，分析对象为创新制度的具体表现形式，即创新政策，因此，在进行中俄两国创新制度绩效分析时，同样选择创新政策为对象来分析各创新政策与经济增长间的相关关系。笔者分别选择了中国与俄罗斯研发经费占 GDP 比重（RD）、教育公共开支占 GDP 比重（Ed）、私营部门国内信贷占 GDP 比重（Cr）、知识产权使用费（IPR）、企业纳税项（CT）五个变量来分析其与国内生产总值（GDP）的相关关系。其中研发经费占 GDP 比重衡量政府研发投入的相关创新政策，教育公共开支占 GDP 比重衡量创新政策中教育领域的推进政策，私营部门国内信贷占 GDP 比重衡量企业技术创新融资政策,知识产权使用费衡量对技术创新成果的产权保护政策,企业纳税项衡量税收政策,国内生产总值衡量经济增长状况。这里选择中俄两国1993—2012年的年度数据作为以上几个变量的数据分析样本。

三 实证结果分析

根据所收集到的研发经费占 GDP 比重、教育公共开支占 GDP 比重、私营部门国内信贷占 GDP 比重、知识产权使用费、企业纳税项五个变量与 GDP 的相关数据,利用 MATLAB 软件对五个变量与 GDP 的相关性进行分析,分别得到中国与俄罗斯五个变量与 GDP 间的相关系数(见表7.1和表7.2),并且相关系数都通过了显著性水平 F 检验。在通过实证分析得到相关系数的基础上,进一步进行回归分析并拟合回归方程(见表7.3和表7.4)。

表7.1　　　　中国创新政策各变量与 GDP 相关系数

	GDP	RD	Ed	Cr	IPR	CT
GDP	1					
RD	0.8575	1				
Ed	0.8847		1			
Cr	0.7334			1		
IPR	0.9954				1	
CT	-0.8337					1

表7.2　　　俄罗斯创新政策各变量与 GDP 拟合相关系数

	GDP	RD	Ed	Cr	IPR	CT
GDP	1					
RD	0.2726	1				
Ed	0.7679		1			
Cr	0.9428			1		
IPR	0.9475				1	
CT	-0.7699					1

表 7.3　　　　　　　中国创新政策各变量与 GDP 回归分析

变量 Y	变量 X	回归方程
GDP	RD	$Y = 4.0430X - 9.9690$
GDP	Ed	$Y = 4.0932X - 9.9946$
GDP	Cr	$Y = 0.1031X - 8.7433$
GDP	IPR	$Y = 0.5068X - 5.8116$
GDP	CT	$Y = -0.1244X + 7.1407$

表 7.4　　　　　　　俄罗斯创新政策各变量与 GDP 回归分析

变量 Y	变量 X	回归方程
GDP	RD	$Y = 1.0657X - 0.4012$
GDP	Ed	$Y = 0.9246X - 2.6310$
GDP	Cr	$Y = 0.3922X - 1.9161$
GDP	IPR	$Y = 0.2010X + 5.9416$
GDP	CT	$Y = -0.2115X + 3.1671$

从实证分析结果来看，在中国政府为推动技术创新而实施的创新政策中，衡量知识产权保护程度的变量知识产权使用费对于 GDP 的相关系数最高，一方面说明中国知识产权保护政策对于推动技术创新发展进而拉动经济的增长起着重要作用，另一方面说明中国采取的保护知识产权的相关政策效果较为明显。除知识产权保护政策之外，根据相关系数的大小对 GDP 影响程度从高到低依次为教育公共开支占 GDP 比重，研发经费占 GDP 比重和私营部门国内信贷占 GDP 比重，可以直观地看出中国的教育相关政策与国家对技术创新的资金投入政策对于经济增长的影响相当，并且作用效果高于企业技术创新融资相关政策，即中国政府在企业技术创新融资领域相关创新政策的制定和实施绩效还有待提升。企业纳税项对 GDP 的相关系数为负值，说明税收项目越多、税收负担越重导致企业尤其是技术创新企业的创新积极性越低，因此中国应该继续重视针对技术创新企业的税收优惠政策来推动企业技术创新活动的开展。

在俄罗斯，创新政策中对于 GDP 影响最大的仍是知识产权使用费，即知识产权保护政策对于推动技术创新进而拉动经济增长的推动作用较为明显。但是，从实证结果中可以看出，俄罗斯的私营部门国内信贷占 GDP 的比重与 GDP 的相关系数和知识产权使用费与 GDP 的相关系数相当，说明俄罗斯企业融资的相关政策对推动技术创新进而拉动经济增长的作用也较为明显。其次是教育公共开支占 GDP 比重所衡量的教育领域相关政策对于经济增长的促进作用也较为突出，但是作用效果不如以上两个因素。在对经济增长起正向作用的各因素中，衡量政府研发资金投入的相关创新政策的研发经费占 GDP 的比重与 GDP 的相关系数相对较低，说明俄罗斯在该领域的创新政策制定和实施方面还具有较大的提升空间。与中国相同，税收过多、税收负担过重会阻碍俄罗斯技术创新进而降低经济的增长。

第二节 小结

由于在对中俄两国制度创新对象所创新的制度的具体表现形式即创新政策进行实证分析时所选取的政策变量具有对称性，因此可以根据实证结果对中俄两国制度创新绩效进行直观的比较分析。

对于中俄两国来说，知识产权保护相关领域的创新制度对于两国经济增长的推动作用都是最为显著的。一方面说明知识产权保护政策对于保护技术创新主体的创新成果所有权、保障创新主体的创新收益、提升创新主体技术创新积极性方面作用明显，这对技术创新的发展进而经济的增长起到了重要的推动作用；另一方面也说明中俄两国都认识到知识产权保护相关政策的重要性，并在该领域加大了相关创新政策的研究、制定和实施，且取得了显著效果。同时，比较中俄两国在知识产权保护领域的创新政策，可以看出中国在这方面绩效更高，说明中国政府对于知识产权保护相关领域的制度创新重视程度更高，制度创新绩效也更好。鉴于知识产权保护政策对于推动技术创新进而促进经济增长的重要作用，中俄两国应进一步加大力度来制定和完善知识产权保护的相关政策，进一步提高制度创新绩效。

在创新政策中的教育推进政策领域，中国相关政策对经济增长的影响作用仅次于知识产权保护政策，可见中国对于通过大力发展教育、制定和实施教育推进政策、培养高素质人才来提升技术水平和技术创新能力进而推动经济增长的路径的重视程度和作用效果都十分明显。虽然俄罗斯政府在大力发展教育以提升教育推进政策实施绩效方面也做出很多努力，但与中国相比还具有一定的差距，应在该领域继续加强教育推进政策的研究制定和实施绩效。

在政府对于研发活动的资金投入等相关创新政策领域，俄罗斯与中国的差距较为明显。政府对于研发活动的资金投入是目前国际上主要也是主流的创新政策推进方法，它通过政府将预算的一部分用于支持和推动技术创新开展的资金投入，来推动技术创新活动的开展和相关政策的运行。与中国相比，俄罗斯政府对于研发活动的资金投入与GDP 相关性较小，说明该创新政策在俄罗斯实施的绩效远低于中国，因此俄罗斯应加大政府在研发活动中的资金投入，并通过该途径推动技术创新发展和经济增长。

在技术创新企业融资的相关政策领域，俄罗斯的制度创新绩效要优于中国。众所周知，技术创新具有不确定和外部性等特点，加之技术创新尤其是高新技术创新周期较长，所需资金较多，所以对于企业尤其是中小企业来说技术创新风险较高。较高的技术创新风险决定了融资渠道对于保障企业技术创新活动的顺利开展是十分重要的。高风险的技术创新可以为企业带来创新和技术垄断收益，但是较高的风险也使企业融资难度增加，这个矛盾如果无法得以解决，就会严重影响技术创新绩效，因此政府应通过制度创新来制定和实施创新政策并由此拓宽企业的技术创新融资渠道，目前最为主流的政策为风险投资政策。实证结果从计量分析的角度说明中国在为企业尤其是中小企业技术创新提供融资渠道的相关创新政策绩效低于俄罗斯，应进一步加大该领域的制度创新力度。

税收优惠政策尤其是对技术创新企业的税收优惠政策对于技术创新的推动作用也是十分重要的。从实证结果中可以看出，税收项目越多、税负越重会大大降低企业的技术创新积极性，从而阻碍经济增长。与俄罗斯相比，中国在针对企业技术创新税收优惠政策方面的绩效较低，应进一步细化针对不同技术创新主体的税收优惠政策，提升税收优惠政策的导向性和前瞻性，从而提高政策实施效果和效率并进一步优化在该领域的制度创新绩效。

第八章 结论与启示

无论是在改革开放40多年的时间里创造了"中国奇迹"并希望继续保持经济的持续稳定增长的中国，还是在经历了转轨危机并且在受到资源经济根深蒂固影响的情况下希望实现经济重新崛起的俄罗斯，发展创新经济都是它们必然和必要的选择。随着中国借助廉价的劳动力和丰富的资源等所发展起来的制造经济和俄罗斯资源经济的潜力逐渐被挖掘殆尽，发展技术创新和创新经济显得越发的重要和迫切，通过发展技术创新和创新经济实现经济的稳定增长是以中国和俄罗斯为代表的发展中国家的重要战略目标。波特曾在他的著作《国家竞争优势》中提到，经济的发展要经历四个阶段，那就是生产要素导向阶段、投资导向阶段、创新导向阶段和富裕导向阶段。目前，中国和俄罗斯都在实现由生产要素导向阶段、投资导向阶段向创新导向阶段的经济转型。在实现成功转型的路径中，最为迫切的就是加快技术创新，加速技术进步，缩小与发达国家的技术差距，提升本国产品的技术含量和附加值，提高经济的增长质量。经济转型与技术创新和创新经济的发展之间有着很强的互动关系，一方面经济转型所带来的经济结构和体制的变革为技术创新机制从建立、组织到管理等多个环节的完善奠定了结构和制度基础；另一方面，技术创新和创新经济对于产业结构和经济结构的影响也同样制约着经济增长方式和经济增长绩效。因此，经济转型和发展创新经济是互为动因，不可或缺的。通过对中国与俄罗斯在技术创新发展路径、创新政策及创新政策推进方法、技术创新经济绩效等方面多层次、多角度的比较分析，利用对比分析、实证分析的方法加以论证和研究，得出以下结论与启示。

第一，发展创新经济是经济转型的必然选择和发展趋势。创新经济是技术创新、政策创新、组织与管理创新等相互协调、相互作用的创新体系，它的发展路径是要使经济从外延型向内涵型、从粗放型向集约型、从注重经济增长数量到注重经济增长质量的转变，这是对传统经济结构和经济发展方式的挑战，也是经济转型的必然选择。对于中国来说，发展创新经济是在改革开放 40 多年，在创造了举世瞩目的经济成就之后开辟的又一条新的发展路径。随着国际经济局势的不断变化，以廉价劳动力、低成本的土地以及其他生产资料取胜的中国制造所带来的相对优势正在逐渐减少，以粗放型及要素型生产方式为主的制造经济的潜力已经越来越小，终究会被挖掘殆尽。就目前的情况来看，经济形势已经出现了由于依赖比较优势和资源消耗型制造经济所带来的弊端，比如资源消耗所带来的成本增加，其他发展中国家劳动力成本降低所导致的中国劳动力优势日益缩小，严重的环境污染等，这些都和中国实现稳定、可持续的经济发展目标相悖。中国必须找到一条新的可以提升经济增长质量、保持经济长期稳定增长的发展之路，这就是由制造经济向创新经济转变的发展之路。而对饱受"休克疗法"转型之苦的俄罗斯来说，选择一条正确的道路，使经济能够重新崛起并实现快速稳定增长的愿望更为迫切。对于俄罗斯的经济发展来说，有两大因素制约其顺利进行：一个是俄罗斯转型之初，由于缺乏科学性与合理性的转型方式和方法，导致俄罗斯经济受到重创，使经济增长停滞甚至衰退；另一个是对资源经济的过度依赖，导致俄罗斯的经济增长一直处在一个不健康、缺乏可持续性的路径之上，这不但使俄罗斯经济容易受到国际能源价格的影响，威胁经济安全，也使本国产品附加值低，缺乏竞争力。以往世界范围内的经济发展主要遵循的是比较优势理论，比较优势理论在世界经济结构和经济走势中起到了重要作用。比较优势理论，简单来说，就是每个国家的经济都按照自身比较优势的方向和路径来发展。比如发展中国家在劳动力、土地成本、资源等方面比发达国家具有优势，那么发展中国家就发展劳动密集型或资源密集型产业；而发达国家在人才、技术和资本等方面较发展中国家有优势，因此发达国家大都发展技术密集型或资本密集型产业。在很长一段时期内，这种比较优势理论以及按照此理论发展起来的世界经济结构和经济秩序都是国际经济发展的主流，并且在中国和俄罗斯的经济转型初期，利用该理论进行的经济发展也起到了一定的作用。在中国，利用相对低廉的劳动力和土地价格以及较为丰富的资源，使以劳动密集型和资源密集型为主的制造产业迅速壮大并快速发展起来，使中国成为著名的世界工厂和制造中心，同时，利用劳动力、土地、资源等方面的比较优势，吸引了大量的国外资本，虽然投资仍大都集中在劳动密集型和资本密集型产业里，但是却为中国带来了巨大的利润收入以及国外先进技术的引进和应用，这为中国自身技术水平的提升和技术创新的发展提供了必要的物质基础和技术交流途径。中国改革开放 40 多年来所取得的成水平就有很大部分得益于具有比较优势的经济发展模式。在俄罗斯也同样如此，俄罗斯的比较优势主要集中在丰富的能源上，它也是典型的以资源和能源出口作为支撑国家经济主要手段的国家。俄罗斯利用出口资源所获取的巨额收入支撑了本国经济和社会的发展，尤其是为技术创新的发展提供了必要的资金保障。虽然比较优势所带来的经济增长成就了中国和俄罗斯目前的经济成果，但是随着原有的比较优势逐渐缩小，甚至成为比较劣势，这种经济发展模式就不足以支撑本国经济的发展甚至成为其阻碍，此时，就需要寻找新的发展路径，为经济的增长提供新的动力。发展创新经济就是利用技术创新使之成为新的比较优势从而保持经济持续稳定的增长，是中国和俄罗斯这两个发展中国家在转型中期的必然选择。此外，作为传统的在技术和创新方面具有比较优势的发达国家，也因为国际经济形势的变化而逐渐改变了经济和产业发展模式。在 2008 年经济危机以来，国际市场的需求逐渐缩减，在具有传统优势的技术密集型产业之外，发达国家开始注重劳动密集型和资源密集型产业的发展，这也在另一层面挤压了中国和俄罗斯这类发展中国家原有的比较优势产业和产品，它们必须寻找新的经济增长推动力和新的经济增长点。总之，要想通过经济转型达到经济的快速、持续、稳定增长，发展创新经济是必然选择。

第二，发展创新经济的内涵就是将比较优势向竞争优势转变。利用比较优势来进行生产和国际贸易的方式在很长的时期里维持着国际经济秩序，每个国家都有自身的比较优势，像中国和俄罗斯这样的发展中国家，低廉的劳动力、土地以及丰富的能源就是它们的比较优势，利用这些优势进行的生产活动和国际贸易活动成为维持两国经济增长的主要方式和途径。中国的劳动密集型和资源密集型产品以及俄罗斯的能源产品在国际市场上与发达国家的技术密集型和资本密集型产品进行贸易，用以此获取的利润维持本国经济发展及购买和引进国外先进技术。虽然这种方式确实为两国带来了可观的利润，同时也为技术水平的提升和技术创新的发展创造了条件，但是这种生产方式和贸易方式在国际市场上始终没有竞争力可言。如何在国际贸易中提升本国产品的附加值和技术含量，使产品从低端向中高端发展并增加产品在国际贸易中的竞争实力，这些问题的解决需要依靠创新经济的发展，发展创新经济就是使本国产品由外延式的比较优势向内涵式的竞争优势转变。随着国际贸易发展范围的扩大，中俄两国也不断地努力加入高新技术产品的国际产业链中，在获取利润的同时在一定程度上有益于本国科技的发展，但是我们仍应看到，即便如此，高技术产品产业链中的核心部分或高端环节仍然是两国很难涉足的，可以参与的仍然是依靠本国比较优势而进行的低端生产环节，因此，改变经济和贸易发展模式，利用发展创新经济和自主创新的方式使本国产品具有竞争优势是两国势在必行的经济发展路径。利用发展创新经济的方式来实现由比较优势向竞争优势的转变，一方面是保障本国经济能够持续、稳定增长的必然要求，另一方面也是在不断变化发展的国际经济大背景下的必然选择，是因为在现有的国际经济背景下那些原有的比较优势已不再是比较优势。如中国在改革开放40多年里，比较优势就是充裕且价格低廉的劳动力、土地、资源等，中国充分利用这些优势提升了自身的经济发展水平。而随着国际经济形势的发展和经济环境的变化以及中国对劳动力资本、资源、环境等可持续发展的逐渐重视，劳动力以及土地、资源等的价格上升，很多外资企业向其他发展中国家转移的事实就是这种情况的真实写照。同样，俄罗斯能源的高储备是其比较优势，但是能源是不可再生的，这种比较优势变成比较劣势只是时间的问题，加之资源经济容易受到国际能源价格的影响，严重威胁国家经济安全，单纯地依靠资源经济也阻碍了俄罗斯寻找新的经济增长点。总之，利用比较优势发展经济并不能作为长期发展战略，这无益于缩短与发达国家的经济差距。可以说，由比较优势向竞争优势转变并不是说完全脱离比较优势,而是在比较优势的基础上利用技术创新和创新经济来提升本国产品的技术附加值,从而形成真正的竞争优势。关于竞争优势理论认识较为深刻、阐述较为详尽的就是经济学家波特,他曾经提到"新的国家竞争优势理论必须把技术进步和创新列为思考的重点"[1],这也说明发展创新经济、提升技术创新水平是一国产品真正具有竞争实力的必要途径,也是提升经济增长质量的有效途径。"一国产业是否拥有可与世界级竞争对手较劲的竞争优势"[2]是波特竞争优势理论的重要依据,要与世界级的竞争对手较劲,就需要缩短与发达国家在研发和技术领域方面的差距,并将其作为一国长期的发展战略,实现这一点就需要发展创新经济。

第三,在向创新经济转型的过程中应该注重处理好创新经济与制造经济、创新经济与资源经济之间的关系。转型国家在转型初期,由于经济基础较弱,需要在短期内实现经济的快速增长以维持国家经济和社会的发展,因此,像中国和俄罗斯这样在经济转型初期将经济增长侧重点放在发展制造经济或者资源经济上的情况是有其合理性的。中国改革开放40多年所取得的成就有目共睹,这些成就提升了中国在世界上的经济地位,增强了中国的经济实力,提高了人民的生活水平。这些都是与中国大力发展劳动密集型和资源密集型制造产业密切相关的,虽然这些产业是粗放型的、资源消耗型的,是缺乏可持续性的,产品是低端的、缺乏竞争力的,但是这些产业确实使中国在短期内实现了经济的快速增长,为中国的经济转型提供了有力的物质和资金保障。俄罗斯也是如此。俄罗斯一直依靠资源经济来维持本国的经济发展和较高的居民生活水平及福利水平,也使俄罗斯尽快解决了转型危机所带来的诸多经济和社会问题,利用自身的资源禀赋来扭转经济和社会困境对于当时的俄罗斯来说是合理的且迫切的。虽然这样的经济发展模式给俄罗斯带来了许多经济顽疾,产业结构不合理、经济增长减速、易受到国际能源价格及国际经济形势的影响、国家经济安

---

[1] [美]迈克尔·波特:《国家竞争优势》,李明轩、邱如美译,中信出版社2012年版,第30页。

[2] [美]迈克尔·波特:《国家竞争优势》,李明轩、邱如美译,第37页。

全难以保障，等等，都是对于资源经济的长期依赖所造成的。以上的情况都要求两国在转型之路上重新定位经济发展模式，改变经济增长的侧重点。尤其是经济增长的节奏在步入稳定期之后，寻找新的经济增长方式成为必然。但是，在短时期内完全脱离原有的经济发展模式和增长方式也是不现实的，这需要制造经济与创新经济或者资源经济与创新经济并存作为转型期的过渡，这遵循了事物发展的内在规律，同时也是由中国和俄罗斯的国情所决定的。对于中国而言，随着政府在发展创新经济的战略指引下，对技术创新和自主创新的重视程度逐渐增大，创新企业和创新产业对于本国经济增长的贡献度越来越大，中国正稳步走在创新经济的转型之路上。但是，也应注意到，作为在改革开放40多年中为中国经济高速发展发挥了重要作用并仍旧占据中国经济重要位置的制造经济在短期内不能并且也无法完全摆脱，中国仍需要利用这些产业来维持经济的增长和发挥对技术创新的推动作用。俄罗斯也是如此，资源经济对于俄罗斯经济和社会的影响可以说是根深蒂固的，在短期内完全脱离资源经济，不但不利于俄罗斯经济的重新崛起和继续发展，也会动摇经济和社会根基，从而造成严重后果，同时也不利于向创新经济转型的顺利进行。因此，中俄两国要正确处理好自身发展创新经济与制造经济或资源经济之间的关系，使制造经济或资源经济在最大程度上发挥对创新经济发展的有益作用，这就需要在制定经济发展长期战略目标的前提下注重对经济结构和产业结构的调整，在此基础上使创新经济逐渐代替制造经济或者资源经济，并逐步成为中国和俄罗斯的主导经济发展模式。

第四，在创新经济发展中，技术创新是推动两国创新经济发展的源动力。发展创新经济离不开技术创新，技术创新是推动创新经济发展的动力之源，技术创新发展绩效直接决定着创新经济发展的成功与否。只有通过技术创新和自主创新才能提升本国的科研和技术水平，改善经济结构和产业结构，增加产品的技术附加值，提升产品在国际市场上的竞争力，引领世界科学与技术的研发方向和发展趋势，这些因素都是创新体系的重要组成部分，可以看出，每一个因素都与技术创新和自主创新密切相关。技术创新的重要性已经被中国和俄罗斯两国充分认识到了，并将发展重点向技术创新领域转移。

中国的技术创新发展走的是引进、模仿、合作研发、自主创新之路，这是由中国的国情决定的。新中国在成立之初，基础差、底子薄，经济情况不容乐观，科技水平与发达国家相比更是有着巨大的差距。改革开放40多年，中国的经济实现了飞速发展，在这期间科技水平也有了显著提高，技术创新活动逐渐增多，但是前期的技术创新活动主要集中在军事或者航空、航天等大型研发项目上，企业的技术创新活动积极性不高，加之在政策层面对于企业技术创新活动的推动力度欠缺，使作为创新主体的企业技术创新难成规模，也无法发挥其在创新经济发展中的应有作用。随着中国政府对于发展创新经济和全面建立创新系统的重视程度逐渐提升，企业的技术创新和自主创新活动也日趋活跃，并成为中国经济增长中的重要组成部分。

与中国有所不同，俄罗斯继承了苏联雄厚的科技基础，在转型初期，技术创新绩效和科技水平一直高于中国，即便在遭受了转型危机和经济危机的重创之后，俄罗斯依靠雄厚的科技基础和科技人才资源，在很多领域的技术仍然处于世界先进水平行列。但是也应看到，转型危机和经济危机使俄罗斯陷于经济恶化之中甚至出现了衰退的迹象，这在很大程度上影响了俄罗斯技术创新的整体发展，加之对于资源经济的过度依赖，进一步挤占了技术创新和创新经济的发展空间。在普京和梅德韦杰夫两届政府的共同努力下，俄罗斯重新定位了经济发展的长期战略目标，那就是发展创新经济，在这个契机下，俄罗斯的技术创新得以继续发展。如果说创新经济是一辆汽车的话，技术创新无疑就是这辆汽车的心脏——发动机，没有了技术创新这个发动机，创新经济这辆汽车就失去了本质的功能。中国和俄罗斯政府也应充分认识到这一点，将国家的长期发展战略转移到依靠技术创新发展创新经济和建立创新体系上来。

第五，技术创新对于发展创新经济固然重要，但也不能忽略创新政策对于技术创新发展的重要作用。前面提到，如果将创新经济比作一辆汽车，那么技术创新就是这辆汽车最重要的部分——发动机，而创新政策可以看作维护发动机正常运转的润滑油，有没有润滑油，润滑油的质量如何都直接影响着发动机能否运转以及运转的效率。创新政策也是如此，虽然它不直接对创新经济的发展起作用，但它却是维护和协调技术创新活动正常开展的关键因素，是推动创新经济顺利进行的重要部分。只有创新政策得到不断完善和改进，对创新环境加以改善，对创新方向加以引导，对与创新有关的软件和硬件加以建设和健全，才能使技术创新活动蓬勃开展起来。

对于中国和俄罗斯来说，两国在创新政策的设计和制定背景以及理念上都有很多相似之处。比如，中国和俄罗斯在转型初期，经济水平和技术水平都与发达国家有着很大的差距，技术水平的提升和技术创新的推进都起步较晚，需要对国外的先进技术进行引进和模仿。当然，与技术创新密切相关的创新政策也有许多需要改进和完善的地方，需要借鉴发达国家的先进经验。两国仍处于从计划经济向市场经济转型的时期，因此，市场调节资源优化配置的能力还有待提高。与技术创新及其创新产品产业化、商业化相关的创新产品市场无论是在运作体制上还是在运作环境上都还不成熟，这些都需要创新政策加以协调和引导；由于历史和传统原因以及长期实行计划经济体制，中国和俄罗斯政府多多少少都带有强势政府的性质，这就容易导致政府对于市场干预过多，这不利于市场经济的有效运行，同时政府失范行为还会导致严重的后果。在创新市场方面，创新政策是由各级政府制定的，创新政策制定的目的是最大限度地解决创新市场的失灵问题，同时还不能对创新市场的正常运行进行过多干预，要对创新市场起到有益的补充作用。政府应在某些需要政府发挥作用且作用效果较好的领域如政府购买、研发资金的筹集和投入方面进行引导；由于关于创新政策理念的提出及相关的研究起步较晚，中国和俄罗斯的创新政策从制定到实施还没有形成系统性，这些也需要积极向发达国家借鉴经验。对于创新政策而言，各项创新政策应能够相互协调，互为补充，形成完整的政策体系，在这方面中国和俄罗斯政府都以此为目标而努力着。

虽然就目前情况来看，中国和俄罗斯的创新政策体系还不是很完备，但是却有着广阔的发展前景。与发达国家相比，中国和俄罗斯在风险投资以及其他融资手段上还不完善，这会导致技术创新资金不足，从而进一步增加技术创新风险。针对此种情况，中国和俄罗斯应大力发挥政府资助政策的作用，加大政府对于技术创新的资金投入，不论是对于研发的投入，还是对于创新产品产业化、商业化方面的投入，政府都应加大力度，从而弥补融资渠道缺乏对于技术创新的不利影响。此外，政府在落实对技术创新的资金投入的同时，还要充分发挥政府资助对于技术创新的方向性引导，引导技术创新向能够体现世界领先技术水平和能够增强国家科技竞争实力的方向发展；引导企业与企业之间、企业与科研机构之间的技术创新合作，提高创新成果的转化效率；政府资助的重心在向上游研发领域倾斜的同时，也不能忽略对下游如技术引进、改造等环节的资助，这也是符合目前中国和俄罗斯仍旧需要借助对国外先进技术进行吸收和再创新的具体国情的；政府还应重视将政府资助和财政拨款的对象范围扩大化，不仅仅针对大型企业的技术创新，还要关注逐渐趋于活跃的中小企业的技术创新活动。虽然相对于发达国家，中国和俄罗斯的创新风险投资体系还不完备和完善，但是创新风险投资确实是一条推动技术创新发展的重要途径，因此两国应在借鉴国外先进经验的基础上加快健全创新风险投资机制和体系，充分利用民间资本，拓宽企业尤其是中小企业的技术创新融资渠道。

就目前情况来看，中国和俄罗斯的政府资助重点还在研发阶段，而技术创新最具风险和不确定性的阶段却集中在创新成果的转化阶段，这就需要政府资助政策向创新成果的产业化、商业化阶段转移，从而实现技术创新和科学研发的应用价值。税收优惠政策是创新政策中最具激励作用且应用最广泛的政策，主要针对的是企业的技术创新活动，就目前中国和俄罗斯在该政策领域的表现来看，与发达国家相比，对企业的技术创新活动的激励作用还远远不够，在这方面两国也应进一步完善税收优惠政策体系。首先，应进一步加大对于税收的减免额度和比例，从而增强对于企业在技术创新尤其是技术创新初期的激励作用；其次应扩大税收优惠政策的实施范围，目前两国的税收优惠政策大多针对位于科技园区的企业，而忽略了园区外的企业在技术创新活动中对税收优惠政策的需求。此外，还应注重研究和制定与中小企业尤其是从事自主创新活动的中小企业相关的税收优惠条款。在政府购买政策领域，两国的共同特点是政府购买所针对的对象范围较窄，针对技术创新领域的产品较少，即便是创新产品也大多集中在国防、军事、航空航天领域。政府购买对于科技进步和技术创新具有明显的推动作用，因此两国政府应进一步扩大政府购买范围，除了与国家安全相关的重要高科技领域外，还应向具有发展前景并能引领世界技术发展趋势的高新技术领域扩散，从而从整体上提高技术创新水平。要想实现这一点，两国政府就必须尽快建立起一套完备的政府采购政策措施并制订政府采购计划，从而有效调节和引导技术创新活动的开展并能够降低企业的技术创新风险。同时，两国政府还应通过政府购买政策对于本国某些技术尤其是自主创新技术予以保护，这并不是脱离创新市场的低效率的保护，而是因为中国和俄罗斯在某些自主研发的创新技术领域与国外还存在着较大的差距。如果不予以保护，就会增加创新风险或直接影响这些创新技术未来的发展。此外，中俄两国还应进一步缩短与发达国家在风险投资政策领域的差距，风险投资相关政策以及风险投资基金是为企业拓宽融资渠道、降低企业创新风险的重要途径，在美国、德国等技术创新水平较高的国家，风险投资政策体系健全，风险投资基金也很成熟，这在很大程度上推动了本国技术创新的发展。因此，中国和俄罗斯应鼓励风险投资，拓宽风险投资的资金来源，让不同的投资主体都能够参与到风险投资领域中来，充分发挥风险投资政策和风险投资基金对于技术创新活动的推动和引导作用。

第六，经济发展模式与转型实现途径决定了创新经济的发展。对于像中国和俄罗斯这样处于转型期的发展中国家来说，发展创新经济的关键是选择何种经济发展模式以及实现这种经济发展模式的途径。对于中国来说，原有的资源消耗型或者要素租金依赖型的制造经济发展模式已经不适应当前中国经济和社会发展的需要，应该向创新经济发展模式转型，这就需要在经济结构、产业结构等多方面进行改革，改变原有的简单粗放型的生产方式，向资本和技术密集型转变，提升产品附加值和科技含量。在技术创新发展方面，不能单纯依靠对于国外先进技术的引进和吸收，还应在此基础上自主创新，提升创新能力和本国产品的国际竞争力。由于转型危机和经济危机给俄罗斯经济带来的重创，相比于中国，俄罗斯希望通过改变原有的经济增长方式以及依靠发展创新经济来使本国经济重新崛起的愿望更为迫切。资源经济对于俄罗斯经济和社会的影响如此之深，以至于在很长时间内都无法摆脱资源经济对于俄罗斯经济发展的束缚，因此，俄罗斯不应再走转型之初"休克疗法"的老路，而应循序渐进，在正视本国国情的基础上，在利用资源经济带来巨额收益的同时，稳步向创新经济转变，使经济结构和产业结构更为合理，逐渐摆脱本国经济和社会对于资源经济的过度依赖，这也是增强俄罗斯经济安全性的唯一选择。在技术创新领域，俄罗斯应在充分利用本国雄厚科技实力和人力资本的同时，对于国外的先进技术进行引进和吸收，取长补短。总之，不论是中国还是俄罗斯，在未来应选择的经济发展模式就是创新经济发展模式，它可以帮助中国经济实现持续、健康、稳定的增长，也可以帮助俄罗斯摆脱"资源陷阱"所带来的不良后果并走上经济重新崛起之路。在实现创新经济发展模式的途径上，重要的不是速度而是质量，应在全面认识本国国情的基础上借鉴国外的先进经验，找到适合自身的实现途径。

第七，发展创新经济，使之成为经济转型的长期战略和最终目标，这不仅是中国和俄罗斯的必然选择，也可以成为其他发展中国家和新兴经济体的参考和借鉴。像乌克兰、波兰等同样处于经济转型的东欧中亚国家，长期依赖资源经济或者传统的粗放型经济的发展方式，造成了经济增长不可持续等严重后果，使增长愈加粗放化，产品附加值提升有限，与发达国家在技术水平上的差距增加。造成这种情况的原因与中国和俄罗斯相似，因此它们可以依照本国国情，在借鉴中国和俄罗斯转型模式和途径的基础上发展适合自身的创新经济之路。此外，像印度、巴西这些新兴经济体，它们的创新能力与中国相近，同样也在致力于国家创新体系的建立和本国创新经济的发展，而中国和俄罗斯发展创新经济的路径可以为其提供有价值的参考和借鉴。

参考文献

蔡乌赶：《技术创新、制度创新和产业系统的协同演化机理及实证研究》，《天津大学学报》2012年第9期。

陈镜明：《论市场经济条件下我国企业技术创新的动力机制》，《世界科技研究与发展》2000年第1期。

陈向东、胡萍：《我国技术创新政策效应实证分析》，《科学学研究》2004年第2期。

陈志武：《重新思考中国奇迹》，《中国品牌》2008年第3期。

程工：《技术创新与经济增长实证分析》，《上海经济研究》1999年第5期。

崔维军、郑伟：《中国与主要创新经济体创新能力的国际比较：基于欧盟创新指数的分析》，《中国软科学》2012年第2期。

杜伟：《技术创新与制度创新的互动关系探析》，《山西财经大学学报》2004年第1期。

［荷］范·杜因：《经济长波与创新》，刘守英、罗靖译，上海译文出版社1993年版。

冯之浚主编：《国家创新系统的理论与政策》，经济科学出版社1999年版。

［英］弗里曼：《工业创新经济学》，华宏勋、华宏慈等译，北京大学出版社2004年版。

高雯雯等：《中国专利产出与经济增长的协整分析》，《情报杂志》2006年第1期。

金军等：《政府对研究与开发补贴引导企业技术创新的激励机制》，《北京理工大学学报》1999年第4期。

［美］迈克尔·波特:《国家竞争优势》,李明轩、邱如美译,华夏出版社2002年版。

李志强等:《市场结构与经济创新》,《中国软科学》2001年第10期。

林毅夫:《"后发优势"与"后发劣势"——与杨小凯先生商榷》,《新闻周刊》2002年第18期。

林治华、赵小妹:《俄罗斯经济安全状况的动态分析》,《东北亚论坛》2010年第1期。

凌江怀、李成、李熙:《财政科技投入与经济增长的动态均衡关系研究》,《宏观经济研究》2012年第6期。

刘华:《专利制度与经济增长:理论与现实》,《中国软科学》2002年第10期。

［美］诺斯:《经济史中的结构域变迁》,上海三联书店1994年版。

彭纪生:《中国技术协同创新研究》,中国经济出版社2000年版。

戚文海:《创新经济:经济转轨国家经济发展道路的新取向——以俄罗斯为研究重点》,《俄罗斯中亚东欧研究》2007年第6期。

戚文海:《从资源型经济走向创新型经济:俄罗斯未来经济发展模式的必然选择》,《俄罗斯研究》2008年第3期。

戚文海:《制度变迁、技术创新、结构调整与经济增长:以体制变迁中的俄罗斯为例》,《国外社会科学》2010年第1期。

邱爽:《产权、创新与经济增长》,经济科学出版社2009年版。

［比］热若尔·罗兰:《转型与经济学》,张帆、潘左红译,北京大学出版社2002年版。

［美］萨缪尔森等:《经济学》,萧琛等译,华夏出版社1999年版。

宋河发、穆荣平、任中保:《促进自主创新的政府采购政策与实施细则关联性研究》,《科学学研究》2011年第2期。

眭纪刚:《技术与制度的协同演化:理论与案例研究》,《科学学研究》2013年第7期。

［美］R.科斯、A.阿尔钦、D.诺斯:《财产权利与制度变迁——产权学派与新制度学派译文集》,上海三联书店1991年版。

唐朱昌:《经济转型与社会公平的悖论——来自俄罗斯的启示》,《东北亚论坛》2009年第5期。

童伟、孙良：《中俄创新经济发展与政策保障机制比较研究》，《俄罗斯中亚东欧市场》2010年第4期。

王明友：《知识经济与技术创新》，经济管理出版社1999年版。

吴敬琏：《发展中国高新技术产业：制度重于技术》，中国发展出版社2002年版。

邢国繁、张曙霄：《资源禀赋、创新经济与俄罗斯未来》，《东北亚论坛》2012年第3期。

［美］熊彼特：《经济发展理论——对于利润、资本、信贷、利息和经济周期的考察》，何畏、易家祥译，商务印书馆2000年版。

徐友龙：《马凯谈科学发展》，《观察与思考》2004年第15期。

许倩倩：《研发投入和技术创新对经济增长的影响——基于中国30个地区的面板数据实证研究》，《现代管理科学》2012年第10期。

许庆瑞、谢章澍、杨志蓉：《企业技术与制度创新协同的动态分析》，《科研管理》2006年第7期。

颜鹏飞、王兵：《技术效率、技术进步与生产率增长：基于DEA的实证分析》，《经济研究》2004年第12期。

杨公仆、夏大慰：《产业经济学教程》，上海财经大学出版社2002年版。

杨瑞龙：《制度创新：经济增长的源泉》，《经济体制改革》1993年第5期。

杨武、王玲：《技术创新溢出的乘数效应与加速效应研究》，《科学学研究》2005年第3期。

易纲、樊纲、李岩：《关于中国经济增长与全要素生产率的理论思考》，《经济研究》2003年第8期。

余秀江、胡冬生、何新闻等：《我国技术创新影响因素的动态分析：基于SVAR模型的实证研究》，《软科学》2010年第8期。

余志良、谢洪明：《技术创新政策理论的研究评述》，《科学管理研究》2003年第6期。

约翰·伊特韦尔：《新帕尔格雷夫经济学大辞典》（第二卷），经济科学出版社1996年版。

张立群：《我国经济增长方式转变进程分析》，《学习与研究》2006年第 2 期。

张伟、曹洪军、王宪玉：《经济增长中的技术创新与制度创新关系探讨》，《科技与经济》2003 年第 5 期。

张战仁：《中国创新发展的区域关联及空间溢出效应研究——基于中国经济创新转型视角的实证分析》，《科学学研究》2013 年第 9 期。

赵树宽等：《技术创新、技术标准与经济增长关系研究》，《科学学研究》2012 年第 9 期。

赵玉林：《创新经济学》，中国经济出版社 2006 年版。

郑伟红、贾朋俭：《俄罗斯经济增长原因及对中国经济发展的启示》，《经济问题》2008 年第 3 期。

周惠珍：《投资项目经济评价》，中国审计出版社 1997 年版。

周茜、葛扬：《科技创新演化与创新经济发展》，《科技进步与对策》2012 年第 10 期。

朱春奎：《财政科技投入与经济增长的动态均衡关系研究》，《科学学与科学技术管理》2004 年第 3 期。

Abernathy, W. J., Utterback, J. M. "Patterns of Industrial Innovation." *Technology Review*, 1978 (80).

Akihiro Yoshikawa, "Dynamism of Japanese Entrepreneurs: Turbulence, Productivity and Innovation." thesis (Ph. D.), University of California, Berkeley, 1987.

Angus Maddison. The World Economy Historical Statistics, the OECD Development Centre, 2003.

Arrow, K. J.. "Essays in the Theory of Risk Bearing." *The Journal of Business*, 1971.

Arrow, Kenneth. "The Economic Implications of Learning by Doing." *Review of Economics Studies*, 1962.

Bengt-Åke Lundvall, Björn Johnson, Esben Sloth Andersen, Bent Dalum, "National Systems of Production, Innovation and Competence Building." *Research Policy*, 2002 (2).

Bernstein Jeffery. "The Effect of Direct and Indirect Taxincentives on Canadianindustrial R&D Expenditures. " *Canadian Public Policy*, 1986.

Bronwyn H. Hall, Raffaele Oriani. "Does the Market Value R&D Investment by European Firms? Evidence from a Panel of Manufacturing Firms in France, Germany, and Italy. " *International Journal of Industrial Organization*, 2005 (5).

Bruce Bartlett. "The 1981 Tax Cut After 30 Years: What Happened to Revenues?" SSRN Worki ng Paper Series, 2011.

Burgelman, R. A., Christensen, C., Wheelwright, S. C. *Strategic Management of Technology and Innovation.* McGraw-Hill Education, 1996.

Burns, T., Stalker, G. M. *The Management of Innovation*, London: Tavistock, 1961.

Carlsson, B. "Internationalization of Innovation Systems: A Survey of the Literature. " *Research Policy*, 2006 (35).

Carter Bloch. "The Market Valuation of Knowledge Assets. " *Economics of Innovation and New Technology*, 2008 (3).

Chris Freeman. "Continental, National and Sub-national Innovation Systems-Complementarity and Economic Growth. " *Research Policy*, 2002 (2).

Clayton M. Christensen. *The Innovator's Dilemma: When New Technologies Cause Great Firms to Fail.* Harvard Business School Press, 1997.

ChunYao Tseng, DaChang Pai, ChiHsia Hung. "Knowledge Absorptive Capacity and Innovation Performance in KIBS. " *Journal of Knowledge Management*, 2011 (6).

D. Brown, S. Earle, D. Lup. "What Makes Small Firm Grow? Finance, Human Capital, Technical Assistance, and the Business Environment in Rumania. " *Economic Development and Cultural Change*, 2005 (19).

Damanpour, F., Evan, W. M. "Organizational Innovations and Performance: The Problem of Organizational Lag. " *Administrative Science Quarterly*, 1984 (29).

Damanpour, F. "Organizational Innovation: A Meta-analysis of Effects of Determinants and Moderators. " *The Academy of Management Journal*,

1991 (34).

Daniel Shefer, Amnon Frenkel. "R&D, Firm Size and Innovation: An Empirical Analysis." *Technovation*, 2003 (1).

Drucker, P. *Innovation and Entrepreneurship: Practice and Principles*, New York: Harper & Row, 1985.

Edwin Mansfield. John Rapport, "Anthony Romeo Social and Private Rates of Return from Industrial Innovations." *The Quarterly Journal of Economics*, 1977, 91 (2).

Evgeny A. Klochikhin, "Russia's Innovation Policy: Stubborn Path-dependencies and New Approaches." *Research Policy*, 2012 (9).

Frank Dignum, Mark Greaves. *Issues in Agent Communication (Lecture Notes in Computer Science)*, Springer. 2000.

Freeman, C. *The Economics of Industrial Innovation*, The MIT Press, 1982.

Freeman, C. *Technology Policy and Economic Performance: Lessons from Japan*. London, Frances Pinter, 1987.

Furman, J. L., Porter, M. E., Stern, S. "The Determinants of National Innovative Capacity." *Research Policy*, 2002 (6).

Fu-Sheng Tsai, Linda, H. Y. Hsieh, Shih-Chieh Fang, Julia L. Lin. "The Co-evolution of Business Incubation and National Innovation Systems in Taiwan." *Technological Forecasting*, 2008 (8).

Giovanni Schiuma, Antonio Lerro. "Knowledge-based Capital in Building Regional Innovation Capacity." *Journal of Knowledge Management*, 2008 (5).

Guellec, D. and B. van Pottelsberghe de la Potterie. "The Impact of Public R&D Expenditure on Business R&D." *OECE Science, Technology and Industy Working Papers*, OECD Publishing, Paris, 2000.

Hall Bronwyn, Renan Joan Van. "How Effective Are Fiscal Incentive for R&D." NBER Working Paper Series, 1999.

Haugeneder, H., Steiner, D. "Cooperation Structures in Multi-Agent Systems." *Verteilte Künstliche Intelligenz und Kooperatives Arbeiten*, 1991.

Heribert Reisinger, Engelbert J. Dockner, Artur Baldauf. "Examining the

Interaction of Marketing and Financing Decisions in a Dynamic Environment Die Analyse der Beziehungen von Marketing-und Finanzierungsents Cheidungen in Einem Dynamischen Umfeld. " *OR Spektrum*, 2000, 22 (1).

Hill, C. and G. Jones. "Strategic Management Theory: An Integrated Approach. " *California Management Review*, 1998 (4).

Hodgson, G. *Economics and Evolution: Bringing Life back into Economics.* Cambridge: Polity Press, 1993.

Hugo Pinto, João Guerreiro. "Innovation Regional Planning and Latent Dimensions: The Case of the Algarve Region. " *The Annals of Regional Science*, 2010 (2).

International Encyclopedia of Human Geography. Oxford: Elsevien, 2009.

Jacques Mairesse, Pierre Mohnen. "The Importance of R&D for Innovation: A Reassessment Using French Survey Data. " *The Journal of Technology Transfer*, 2004 (1 − 2).

James M. Utterback. *Mastering the Dynamics of Innovation*、Harvard Business Review Press, 1996.

Jan Fagerberg, Martin Srholec. "National Innovation Systems, Capabilities and Economic Development. " *Research Policy*, 2008 (37).

Jorge Niosi. "National Systems of Innovations are 'X-efficient' (and X-effective) . " *Research Policy*, 2002 (2).

Jussi S. Snellman, Jukka M. Vesala, David B. Humphrey. "Substitution of Noncash Payment Instruments for Cash in Europe. " *Journal of Financial Services Research*, 2001 (2 − 3).

K. Motohashi, X. Yun. "China's Innovation System Reform and Growing Industry and Science Linkages. " *Research Policy*, 2007 (8).

Kanter, R. M. "When a Thousand Flowers Bloom: Structural, Collective, and Social Conditions for Innovation in Organizations. " *Research in Organizational Behavior*, 1988 (10).

Kao, C. "Efficiency Decomposition in Network Data Envelopment Analysis: A Relational Model. " *European Journal of Operational Research*,

2009 (192).

Klette, T. J, Moen, J. "R&D Investment Responses to R&D Subsidies: A Theoretical Analysis and Econometric Evidence." NBER New Working Paper, 1998.

Korres, George M. "Industrial and Innovation Policy in Europe: The Effects on Growth and Sustainability." *Bulletin of Science, Technology & Society*, 2007 (27).

Leigh Tesfatsion. "Introduction." *Computational Economics*, 2001 (1).

Leonard-Barton, D. "Core Capability and Core Rigidities: A Paradox in Managing New Product Development." *Strategic Management Journal*, 1992 (5).

Lundvall, B. A. *National Systems of Innovation: Towards a Theory of Innovation and Interactive Learning*. Pinter Publishers, 1992.

Mansfield, E., Rapoport, J., Romeo, A. "Social and Private Rates of Return from Industrial Innovations." *Quarterly Journal*, 1977.

Mansfield, E., "The R&D Tax Credit and Other Technology Policy Issues." *The American Economist*, 1986.

Marceau, J. *Reworking the World: Organisations, Technologies and Cultures in Comparative Perspective*, New York: W. de Gruyter, 1992.

Maria Lusia Petit, Boleslaw Tolwinski. "Technology Sharing Cartels and Industrial Structure." *International Journal of Industrial Organization*, 1996.

Mark Dodgsona, John Mathewsb, Tim Kastelle, Mei-hih Huc, "The Evolving Nature of Taiwan's National Innovation System: The Case of Biotechnology Innovation Networks." *Research Policy*, 2008 (37).

Miha Škerlavaj, Mojca Indihar Štemberger, Rok Škrinjar, Vlado Dimovski. "Organizational Learning Culture—The Missing Link between Business Process Change and Organizational Performance." *International Journal of Production Economics*, 2006 (2).

Miles, I. "Patterns of Innovation in Service Industries." *IBM Systems Journal*, 2008 (1).

Ming-Chin Chen, Shu-Ju Cheng, Yuhchang Hwang. "An Empirical Investigation of the Relationship between Intellectual Capital and Firms' Market Value and Financial Performance." *Journal of Intellectual Capital*, 2005 (2).

Naubahar Sharif. "Emergence and Development of the National Innovation Systems Concept." *Research Policy*, 2006 (5).

Nelson, R. R. *National Innovation Systems: A Comparative Analysis*. New York: Oxford University Press, 1993.

OECD. Government Venture Capital for Technology Based on Firms, OECD/GD (97) 201, 1997.

P. Stoneman. *Technological Diffusion and the Computer Revolution*. Cambridge University Press, 1976.

P. Stoneman. *The Economic Analysis of Technical Change*. Oxford University Press, 1983.

Patrick Francois, Huw Lloyd-Ellis. "Schumpeterian Cycles with Pro-cyclical R&D." *Review of Economic Dynamics*, 2009 (4).

Paul Geroski, Mariana Mazzucato. "Learning and the Sources of Corporate Growth." *Industrial and Corporate Change*, 2002 (4).

Quinn, J. B., Baruch, J. J., Zien, K. A. *Innovation Explosion: Using Intellect and Software to Revolutionize Growth Strategies*. Simon & Schuster, 1997.

Rahim Bah, Pascal Dumontier. "R&D Intensity and Corporate Financial Policy: Some International Evidence." *Journal of Business Finance & Accounting*, 2003 (5).

Robert Kaiser, Heiko Prange. "The Reconfiguration of National Innovation Systems: The Example of German Biotechnology." *Research Policy*, 2004 (33).

Roper, N., Hewitt-Dundas, "Innovation Persistence: Survey and Case-study Evidence." *Research Policy*, 2008 (1).

Rothwell, R. and W. Zegveld. *Industrial Innovation and Public Policy: Preparing For the 1980s and the 1990s*. Praeger, 1981.

Rothwell, R. and Dodgson, M. "European Technology Policy Evolution:

Convergence towards SMEs and Regional Technology Transfer." *Technovation*, 1992.

Roy Rothwell. "Successful Industrial Innovation: Critical Factors for the 1990s." *Rand D Management*, 1992 (6).

S. S. Tereshchenko. "Innovations and the Information Society of Russia." *Scientific and Technical Information Processing*, 2010 (1).

Saviotti, P. "Technological Evolution, Variety and the Economy." *Books*, 1996.

Schreyiogg, G., Geiger, D. "The Significance of Distinctiveness: A Proposal for Rethinking Organizational Knowledge." *Organization*, 2007 (1).

Teece, D. J. "Profiting from Technological Innovation: Implications for Integration, Collaboration, Licensing and Public Policy." *Research Policy*, 1986 (15).

Tom Broekel, Thomas Brenner. "Regional Factors and Innovativeness: An Empirical Analysis of Four German Industries." *The Anals of Regional Science*, 2011 (1).

Van de Ven, A. H. "Central Problems in the Management of Innovation." *Management Science*, 1986 (9).

Yoshitaka Osawa, Yoshiyuki Yamasaki. "Proposal of Industrial Research and Development Performance Indices." *R&D Management*, 2005 (4).

Zaher, Z. and Zantout, A. "Test of the Debt-Monitoring Hypothesis: The Case of Corporate R&D Expenditures", *Financial Review*, 2005 (1).

Zollo, M., and Winters, S. G. "Deliberate Learning and the Evolution of Dynamic Capabilities." *Organization Science*, 2002 (3).